중산층 경제학

중산층 경제학

노영우 지음

시장을 실질적으로 움직이는 힘

매일경제신문사

차례

서문: 중산층의 역설　7

PART 1　중산층이 중요한 이유

1　1988년의 추억과 중산층　14
2　중산층에 대한 경제적 정의　24
3　우리나라의 평등 의식이 높은 이유　32
4　자기실현적 예언이 가능한, 중산층　38
5　중산층 경제를 이해하는 첫걸음　47

PART 2　우리나라 중산층은 어떻게 생겨났을까

1　우리는 모두 중산층이었다　60
2　상가 투자로 돈 번 중산층　64
3　월급만으로 경제적 독립을 이룬 중산층　69
4　사회사업가로 변신한 중산층　74
5　중산층이 되고 싶은 사람들　79
6　중산층을 거부하는 중산층　84

PART 3 중산층 경제를 이해하는 일곱 개의 키워드

1 욕망_중산층의 욕망은 무한하지 않다 92
2 회색_섞인 색이 아니라 실용적인 색 99
3 공정_학연, 지연 없이 노력과 실력으로 104
4 지대_중산층 성장의 적, 독점권 경쟁 110
5 소비_소득보다 더 중요하다 118
6 점유_소유에 대한 집착에서 벗어날 때 123
7 상속_중산층의 이야기가 될까 133

PART 4 중산층이 알아야 할 경제정책 메커니즘

1 중산층의 효율성과 형평성 142
2 미국 '트럼피즘'은 중산층 혁명 151
3 현대 선거는 중산층이 가른다 162
4 중산층에게 유리한 정책이란 170
5 점점 똑똑해지는 중산층 181

PART 5 중산층의 시장을 보는 눈

1 주식_좋은 정보와 나쁜 정보 192

2 채권_저성장 시대의 대안 203

3 금리와 환율_투자 종목을 바꾸는 열쇠 210

4 노후_생애소득과 쓰는 돈 218

5 학벌_신호를 읽는 중산층의 능력 226

6 비트코인_합리적으로 이해하는 법 233

PART 6 중산층의 위기와 돌파구

1 AI가 가져올 양극화 244

2 인구소멸의 중심에 선 중산층 259

3 중산층을 현혹하는 마귀, 포퓰리즘 269

4 용의자의 딜레마에 빠진 중산층 275

맺음말: 중산층이 〈오징어 게임〉을 만든다면 282

서문

중산층의 역설

'내가 만난 사람의 8할은 중산층이다. 하지만 내가 쓴 글의 8할은 그들의 이야기가 아니다.'

중산층의 역설은 여기서 시작된다. 신문과 유튜브 등에 나오는 사람들은 대부분 특이한 사람들이다. 돈이 아주 많거나 지위가 아주 높은 사람들은 선망의 대상이 되기도 하고 때론 비판의 대상이 되기도 한다. 어찌 됐든 이들의 일거수일투족은 세간의 관심을 끈다. 반대인 경우도 있다. 아주 가난하거나 장애가 있는 사람 등 소외계층도 자주 거론된다. 그들에 대한 관심도 많다.

하지만 너무 부자도, 너무 가난하지도 않은 사람들, 능력이 아주 뛰어나지도, 그렇다고 큰 장애가 있는 것도 아닌 중간에 있는 사람들의 이야기는 자주 나오지 않는다. 몇 가지 이유가 있다. 먼저 그들의 스토리는 자극적이지 않고 밋밋하다. 특별한 반전을 기대하기도 힘들다. 두 번째는 중간에 있는 사람들은 위로 올라가거나 아래로 내려가는 과정에 있는 사람들로 간주되기도 한다. 중간에 있는 사람들조차 자신들이 아닌 다른 사람들의 이야기를 입에 더 많이 올린다. 그러다 보니 정작 자신들의 얘기는 쏙 들어간다.

그렇다고 그들은 할 얘기가 없을까. 몇 가지 경험들이 떠오른다. 기자 초년병 때 한 기업에 비판적인 기사를 쓴 적이 있다. 회사에 비판적인 기사에는 대부분 최고경영자(CEO)가 함께 언급이 된다. 많은 부분 CEO의 책임으로 간주되기 때문이다. 기사가 나간 후 해당 회사의 언론 담당 직원이 연락을 해왔다. 그는 회사와 CEO의 입장을 적극적으로 해명했다. 그러면서 기사 수정을 요구했다. 한참 통화는 했지만 사실 관계가 명확한 기사를 바꾸기는 어렵다. 각자가 하고 싶은 말을 하고 상황은 일단락됐다.

얼마 후 그는 다시 찾아왔다. 아직 할 얘기가 남았을까 생각하며 다시 만났다. 그는 다짜고짜 '고맙다'는 말을 건넸다. 이유는 자신이 생각하는 회사와 CEO의 문제를 제대로 써줬기 때문이라는 것. 얼마 전 전화로 기사가 잘못됐다고 항의할 때와 180도 다른 태도였다.

그는 당시에도 기사에 전적으로 동의했지만 자신이 언론 상대로 회사를 홍보하는 일을 하는 직원이기 때문에 그렇게 말할 수밖에 없었다고 했다. 중간에 있는 사람들은 평소 자신들이 하는 일과 자신의 생각 간에 괴리가 클 수 있다는 생각을 했던 것도 그때였다.

더 노골적인 경우도 있었다. 국제통화기금(IMF) 외환위기가 닥쳤던 1997년 정부는 은행산업 경쟁력을 강화한다는 명목하에 많은 은행들을 퇴출시키는 구조 조정을 단행했다. 취재 과정에서 만난

한 은행 직원은 우리 경제의 발전을 위해 은행 구조 조정의 필요하다는 정부와 은행 경영진의 입장을 누구보다 열심히 설명했다. 은행 구조 조정과 관련한 기사를 쓸 때 그의 얘기는 늘 참고가 됐다.

그러던 어느 날 은행원들은 명동성당에 모여 정부의 은행 퇴출 결정을 반대하는 철야 농성을 했다. 현장에 갔다가 우연찮게 그를 다시 만났다. 붉은 머리띠를 두르고 누구보다 열심히 '퇴출 반대' 구호를 외치고 있었다. '이런 불일치를 어떻게 설명해야 할까' 하는 생각도 들었다.

장애인 봉사단체에서 일하는 사람을 만난 적도 있다. 그도 평소에는 장애인 인권과 복지의 필요성을 누구보다 열심히 말했다. 그와 만났을 때 대화의 주제도 늘 그런 쪽이었다. 하지만 어느 정도 친해진 다음 저녁 때 소주 한잔 할 때는 조금 다른 얘기가 나온다. 그도 월급을 조금 많이 받아 아이 학원을 옮겨주고 싶다는 생각, 조금 더 넓은 아파트로 이사 가고 싶은 생각을 털어놨다. 그럴 땐 장애인 인권과 복지를 역설하는 활동가와는 다른 소시민이었다.

상류층과 소외 계층의 얘기는 언제나 선명하다. 그들의 주장을 뒷받침해주는 이론도 많고 나름대로의 논리도 탄탄하다. 우리 사회의 많은 중산층들은 그들을 입장과 논리를 대변하는 일을 한다. 정작 자신들의 얘기를 할 기회는 많지 않다.

놀이터에 있는 시소는 중간을 중심으로 오르내린다. 올라가고 내려가는 것은 눈에 잘 띈다. 하지만 양쪽의 오르내림은 중간에서 중심을 튼튼하게 잡아주기 때문에 가능한 일이다. 경제도 마찬가지다. 위아래 계층이 눈에 띄지만 중간에 있는 사람들이 중심을 잡지 못하면 그들은 존재할 수 없다.

  이 책은 중산층이 말하는 경제 이야기를 담았다. 이 책을 쓰기 위해 만나서 얘기를 나눠본 100여 명의 중산층들은 경제와 관련한 그들의 처지와 생각을 솔직하게 들려줬다. 중산층들은 선명한 논리와 이론은 아니더라도 각각의 분명한 입장이 있었다. 그들이 들려준 경제와 삶에 대한 얘기와 다양한 경제 이론들을 엮었다. 한국과 미국에서 경제학을 공부하고 경제 분야에 다양한 취재 경험을 한 것이 중산층의 이야기를 풀어내고 정리하는 데 도움이 됐다.

  중산층의 이야기는 기존의 경제 이론에서 말하는 논리와 다른 점도 많았다. 사람에 경제 이론을 맞추는 것이 당연한 것임에도 불구하고 그동안 논리를 우선시하는 이론에 사람을 맞춰오면서 중산층의 생각이 왜곡된 측면도 있었다. 예를 들어, 대부분의 중산층은 지금보다 잘살고 싶지만 그렇다고 돈을 무한정 많이 벌고 싶다고 하지는 않았다. '사람의 욕망이 무한하다'는 가정으로 시작하는 자본주의 경제학의 많은 논리들은 이런 점에서 중산층의 생각과 맞지 않았다.

  중산층은 경쟁을 두려워하지도 않았다. 공정한 게임의 규칙이 확립된다면 자신이 패자가 되더라도 인생에서 제대로 된 경쟁을 한번 해보고 싶어 했다. 경쟁이 없이 자원을 적당히 나눠 갖는 것은 그들의 체질과 맞지 않았다. 자신이 노력해서 번 것들에 대한 애착도 강했다. 한동안 우리 사회를 지배했던 '나라가 잘되면 모두가 잘될 수 있다'는 논리는 더 이상 중산층에게 통하지 않았다. 오히려 국가 전체의 부가 늘어나는 과정에서 자신들의 재산이 침해

받는 것에 대해 민감하게 반응하는 모습을 보였다.

투자를 통해 돈을 벌고 싶어도 우리나라 자산 시장이 돈 많은 사람에게 '기울어진 운동장'인 탓에 실제로 돈을 벌기 어려운 현실도 있었다. 그 와중에 적은 돈으로 시작했지만 작은 상가부터 시작한 부동산 투자를 통해 돈을 꽤 번 사람의 노하우도 들을 수 있었다.

중산층들은 좋은 명분이 있다면 자신의 것을 나눠줄 용의도 있었다. 우리나라는 자본주의 경제 발전 시기가 짧아 할아버지, 아버지, 본인 등 3대의 재산을 합해보면 모두가 경제적으로 평등하다는 특징도 있었다. 이런 이유 때문에 모두가 이구동성으로 경제가 양극단으로 치닫는 것을 걱정하는 목소리를 냈다.

그들의 생각과 이를 뒷받침하는 경제 이론을 접목해보니 나름대로 일관성 있게 경제와 관련한 중산층의 생각을 정리할 수 있었다. 중산층 입장에서 경제를 어떻게 설명할 수 있는지, 아울러 중산층이 잘사는 경제는 어떤 것인지 등에 대한 아이디어도 제시하고자 했다.

책을 만드는 데 많은 사람들이 인터뷰에 응해주고 그 과정에서 솔직하게 자신이 처한 상황과 생각하는 바를 들려줬다. 깊이 감사드린다. 그들의 생각을 정확하게 적고 경제 이론과 접목시키고자 했지만 만약 그 과정에서 논리적 비약이나 오류가 있다면 전적으로 필자의 책임이다. 아울러 책의 취지에 공감하고 편집 과정에서 많은 아이디어를 제공해주고 지도 편달을 아끼지 않았던 매경출판에도 다시 한 번 고맙다는 말씀을 드린다.

PART 1

중산층이
중요한 이유

1988년의 추억과
중산층

    2016년 〈응답하라 1988〉이라는 드라마가 유행했었다. 1988년 서울 쌍문동을 배경으로 소시민들의 생활을 그린 드라마다. 다양한 사람들이 어우러져 사는 모습 속에서 많은 재미와 감동이 있었다. 개인적으로는 1988년 즈음 쌍문동 인근인 도봉구에 살았기에 어렸을 적 생각이 많이 났다. 그 정도로 실제 우리의 과거 삶을 비교적 정확하게 묘사한 드라마였다.

    〈응답하라 1988〉는 드라마 단골 소재인 상류층의 호화스러운 생활도, 출생의 비밀이나 얽히고설킨 복잡한 가족관계도, 사람들을 깜짝 놀라게 할 자극적인 반전도 없었지만 많은 사랑을 받았다. 드라마에는 몇몇 가족이 나온다. 가장 잘사는 것으로 묘사된 '정환이네 집'은 처음부터 그리 잘사는 집은 아니었지만 복권에 당첨되면서 하루아침에 부자가 된다. 부자라고 해도 그저 번듯한 이층 집 한 채와 먹고사는 데 지장 없을 정도의 돈을 갖고 있는 집이다.

덕선이네 집은 아버지가 은행원으로서 번듯한 직장이 있는 집이었다. 그런데 어느 날 보증을 잘못 서면서 가세가 어려워져 정환이네에 세를 들어 사는 신세가 됐다. 살림살이는 어렵지만 나름대로 기죽지 않고 열심히 살아가는 사람들이다. 이밖에 홀아버지 밑에서 자라며 바둑 천재가 된 택이, 학교 선생님 아들이지만 사고뭉치인 도롱뇽 등이 등장한다.

그들은 모두가 장단점이 있다. 정환이네는 돈은 많지만 큰 아들이 공부를 못했고, 덕선이네 집은 가세는 어렵지만 큰딸은 서울대에 들어갈 만큼 공부를 잘했다. 택이는 가세도 어렵고 공부도 못했지만 바둑을 출중하게 잘 뒀고 도롱뇽은 만능 엔터네이너로서의 자질이 있었다. 그러다 보니 잘난 사람도 잘난 척하지 않고 못난 사람도 그리 못나 보이지 않으면서 서로가 어우러져 오순도순 살아가는 모습이 정겨웠다.

미래를 꿈꾸는 '주관적인' 중산층

1980년대 후반 서울 변두리에 살던 사람들도 모두가 꿈이 있었고 그 꿈을 이루려고 노력했다. 미래가 있는 사람들은 절대 기가 죽지 않고 무시당하지도 않는다. 그런 의미에서 모두는 평등했고 현재의 삶은 제각각이지만 미래는 그럴 듯한 '중산층'이 되려는 꿈을 갖고 살았다. 경제적인 잣대를 들이대면 그들 중 일부는 중산층이 아니다. 하지만 미래를 꿈꾸는 그들은 모두가 '주관적인 중산층'이었다.

1988년 고등학생이었던 출연자들은 극중에서지만 모두가 나름대로 꿈을 이뤘다. 정환이는 비행기 조종사가 됐고 덕선이는 비행기 승무원이 됐다. 바둑을 잘 뒀던 택이는 바둑기사가, 그중에 공부를 잘했던 선우는 의사가 됐다. 독한 마음을 품고 사법고시를 공부했던 덕선이의 언니는 법조인이 된다. 학교 다닐 때 공부도 못하고 말썽만 부렸던 도롱뇽은 훗날 분식집을 운영하며 돈을 제법 많이 벌었다.

중산층의 삶과 관련해 드라마가 보여주는 몇 가지 경제적인 포인트가 있다. 1988년 서울 변두리인 쌍문동은 당시 서울 전체적으로 보면 중간 또는 중하 정도의 사람들이 살던 동네다. 우선 등장인물들의 소득은 제각각이지만 편차가 그리 크지 않다. 가장 잘사는 정환이네 집과 드라마에서 가장 어렵게 사는 덕선이네 집 사이의 소득 격차가 있지만 눈에 띄게 크지는 않다.

통계청 자료를 살펴보면 시장소득을 기준으로 했을 때, 1990년 하위 20% 계층의 소득과 상위 20% 계층의 소득을 비교한 소득 5분위 배율은 3.93배(도시 2인 이상 가구 기준)로 집계됐다. 정환이네가 상위 20%, 덕선이네가 하위 20%라고 가정해보면 정환이네 월 소득이 덕선이네의 4배 정도였다는 얘기다. 같은 기준으로 측정한 이 비율은 2016년에는 6.27배로 늘어난다(2011년부터는 가계금융복지조사로 조사 방식이 변경돼 이전과의 직접적인 비교가 어렵다. 새로운 방식의 조사에서 소득 5분위 배율은 2023년 전체가구 대상 조사에서 5.72배로 조사됐다).

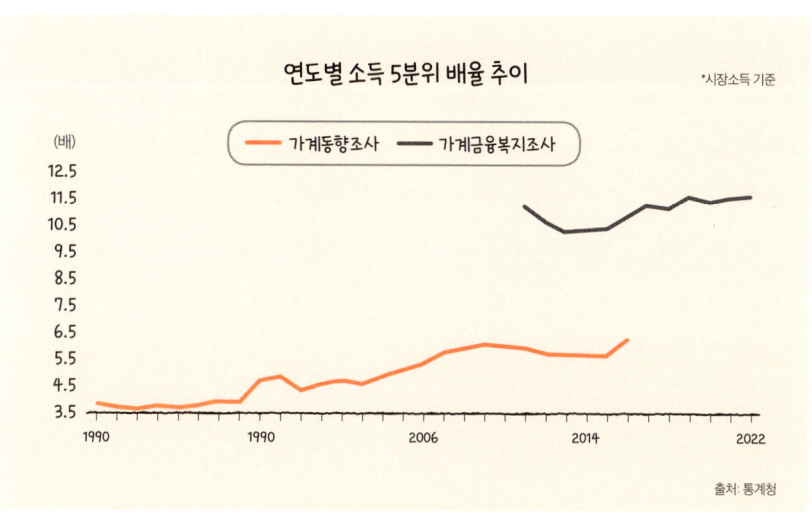

드라마에서 소득보다 소비에서의 차이는 더 적다. 가장 잘사는 집이 소비하는 패턴과 가장 어려운 집이 소비하는 패턴의 차이가 크게 나지 않는다. 정환이네 반찬 개수가 한두 개 많고, 옷차림이 조금 세련된 것 정도다. 부잣집 부부가 일본 여행을 가는 것도 다른 사람과 차별화되는 포인트로 묘사된다.

특히 우리나라 사람들이 민감해하는 교육에 대해서는 거의 차이가 없다. 극중에 나오는 아이들은 모두 같은 독서실을 다닌다. 당시 과외가 금지된 탓에 사교육을 받는 장면은 나오지 않는다. 무엇보다 집안이 어려운 아이들이 학교에서 공부를 잘했다. 더 중요한 것은 그들의 출발점이다. 지방에서 상경을 했던 서울 토박이이건 간에 여러 가지 이유로 한곳에 모이게 됐지만 이들은 모두 비슷한 환경에서 출발했다.

모두가 특별한 뒷배경이 없었고 자신들이 열심히 노력해서 먹고살아야 하는 사람들이다. 부자가 된 사람도 복권에 당첨돼서 운이 부를 이루는 데 큰 역할을 했음을 보여주기도 한다. 뿌리가 비슷했기에 시간이 지나면서 계층이 분화되더라도 소비 패턴에 큰 변화를 가져오기 어려웠다. 또 돈이 많다고 해서 다른 사람을 무시하거나, 돈이 없다고 해도 별로 기죽을 필요가 없었다. 특히 운에 의지해 부자가 된 사람들은 잘난 척하지 않고 자신이 가진 부를 나눠줄 줄도 아는 사람들로 묘사된다.

드라마에 나오는 학생들의 미래를 보면 계층 이동이 상당히 자유로운 사회였다. 극중에서 셋방살이를 하거나 홀어머니 밑에서 어렵게 살았던 아이들이 공부를 열심히 해서 훗날 의사와 법조인이 되는 장면이 나온다. 또 공부는 못했지만 대인관계가 좋은 장점이 있었던 아이들도 나중에 그럴듯한 직업을 가지고 나름대로 경제적으로 부족함이 없이 사는 장면도 나온다.

현재는 낮은 계층에 있더라도 자신의 노력으로 계층 상승을 할 수 있다면 사람들이 서로를 무시할 수 없게 되고 건전한 경쟁 메커니즘이 작동하게 된다. 실제 1988년을 살아온 사람의 입장에서 보면 〈응답하라 1988〉의 스토리는 상당 부분 현실과 가깝다. 주변 친구나 친지들을 보면 드라마에 나오는 캐릭터를 연상시키는 사람들이 꼭 있었고 30년이 지난 그들의 인생 스토리도 일치하는 부분이 많았다.

〈응답하라 2025〉의 모습은?

1988년 이후 30년이 넘게 흘렀다. 〈응답하라 2025〉를 기획한다면 어떤 스토리를 만들 수 있을까? 2025년에 고등학교를 다니는 학생들은 정확히 '응팔'에 나오는 학생들의 자식에 해당하는 사람들이다. 그들에게 〈응답하라 1988〉을 보여준다면 어떤 반응을 보일지 생각해보면 30년 만에 우리 사회가 얼마나 바뀌었는지를 알 수 있다.

먼저 반지하 전세방에 사는 사람들의 자녀가 서울대 또는 의대를 진학한다는 것부터 비현실적으로 생각될 것이다. 서울 변두리 전세방을 사는 사람들의 경제력으로는 명문대를 수시로 보낼 만한 스펙을 쌓기가 사실상 불가능하다. 또 정시로 대학을 보내려면 막대한 입시 학원비를 내야 한다. '응팔'처럼 독학으로 혼자 공부해서 명문대나 의대를 가는 것은 그야말로 하늘의 별 따기만큼 어려워졌다.

'응팔' 때와 비교할 수 없을 정도로 소득과 소비의 격차가 커졌다. 응팔에 나오는 빈부격차는 2층 집에 사는 정환이네와 그 집 반지하에 세 들어 사는 덕선이네 정도가 가장 컸던 것 같다. 당시 강북 2층 집 정도의 가격은 1억 원 내외로 추산된다. 1억이 작은 돈은 아니지만 이 정도는 열심히 일하면 모을 수 있는 돈으로 여겨졌다.

세월이 지나면서 빈부격차는 부동산에서 갈렸다. 과거 언론보도에 따르면 1988년 30평형 강북 아파트 값은 평균 8,000만 원, 강남 아파트 값은 평균 7,000만 원 정도였다고 한다. 물론 당시 강남은 개발이 완성되기 전이었다. 2024년 쌍문동 30평대 아파트 값은 평균 5억 원 내외인 반면 비슷한 평형의 서초동 반포 지역 아파트 값은 40억 원을 오르내린다.

당시 강남에 아파트를 산 사람과 강북에 아파트를 산 사람은 거의 비슷한 돈을 모아 집을 샀지만 30년 후 아파트 재산은 강남에 산 사람이 8배가량 많다. 소득의 크기가 벌어지는 것도 문제지만 소득 격차가 생기는 이유가 아파트 값 때문이라니 기가 막힌다. 이런 식의 소득 격차를 이해하고 인정할 수 있는 사람들은 많지 않을 것 같다.

소득의 격차는 소비의 격차로 이어진다. 2018년 〈SKY 캐슬〉이라는 드라마가 인기를 끈 적이 있다. 우리나라 최상류층의 사람들이 모여 사는 동네가 배경으로 나오고 거기서 아이들을 의대와 명문대에 보내려는 극단적인 사교육 방식이 소개된다. 거기 나오는 학생은 과목별 전담 과외교사는 물론 생활기록부와 스케줄을 관리해주는 전담 코디 선생님까지 등장해 지도를 받는다.

아이를 명문대에 보내기 위해 얼마인지 계산도 되지 않는 수많은 비용을 지출하는 것은 물론 불법과 탈법을 넘나들며 온갖 권모술수까지 동원해 아이를 명문대에 보내는 과정이 소개된다. 현실이 드라마만큼 극적이지는 않겠지만 이 드라마가 인기를 끈 것은 현실을 어느 정도 반영하고 있었기 때문이다.

아이러니컬한 점은 〈SKY 캐슬〉에서 아이들에게 입시가 전부라며 사교육에 열을 올리는 학부모들이 불과 30년 전에는 '응팔'에 나오는 덕선이나 정환이 같은 사람이었다는 점이다. 2025년 학부모들은 30년 전 고만고만한 동네에서 중산층으로 살면서 고만고만한 아이들과 어울려 공부하면서 의사도 되고 변호사도 된 사람들이다. 하지만 그들 중 일부는 상류층에 진입하면서 괴물이 돼버렸다.

마치 학벌이 자신들의 지위를 세습해줄 것이라는 생각 속에 자식들을 비인간적인 사교육 시장으로 내몰고 있다. 자신들은 사교육 없는 세상에서 스스로의 노력으로 일정 이상의 지위를 획득했지만 그 지위를 물려주는 수단으로 물불을 가리지 않는 사교육을 선택하는 모순적인 상황이 전개되고 있는 것이 한국의 현실이다.

악화는
양화를 구축한다

'악화는 양화를 구축(어떤 세력 따위를 몰아내고 대체함)한다'는 경제학에서 자주 인용되는 일종의 법칙이다. 영국의 상인 토머스 그레샴이 1598년 영국 여왕 엘리자베스 1세에게 보낸 편지에서 유래된 것으로, 훗날 스코틀랜드 경제학자 헨리 더닝 매클라우드Henry Dunning Macleod에 의해 '그레샴의 법칙'으로 명명됐다.

사회적으로 해악을 끼치는 사안들은 처음에는 소수지만, 점점 양화를 구축하면서 다수를 차지하게 된다. 막대한 돈을 들인 사교육이 효과를 발휘하고 실제 〈SKY 캐슬〉식 교육을 받은 아이들이 명문대에 들어가면서 교육에서의 사교육 열풍은 거세게 불고 있다. 불법과 탈법을 넘나드는 사교육이라는 악화가 공교육이라는 양화를 구축하는 현상이다.

소비의 양극화도 진행되고 있다. 어느 날부터 머리부터 발끝까지 명품으로 휘감은 사람들이 TV를 비롯해 여러 곳에서 자주 눈에 띈다. 5,000원짜리 식사가 있는 반면 50만 원이 넘는 '오마카세(お任せ)(주방장의 재량에 따라 그날의 신선한 재료를 사용해 요리를 제공하는 식사 방식)'도 있다.

소득은 겉으로 드러나지 않지만 소비는 우리 눈에 보인다. 소비 행태를 보면 누가 중산층인지, 누가 상류층인지를 확연하게 알 수 있다. 자본주의 사회에서 부자가 비싼 옷을 입고 비싼 음식을 먹는 것은 어찌 보면 당연하다. 하지만 이런 당연함은 30년 전 '응팔' 세대에게는 감춰져 있었다.

계속 성장하는 경제에서는 소비보다는 투자가 경제성장을 견인한다. 정부는 소비보다 저축을 유도했고 고가품과 사치품에는 특별소비세(현재의 개별소비세)를 물리는 등 강도 높은 대책도 마다하지 않았다. 소득 격차보다 소비 격차가 크지 않았던 이유다.

사람들의 경제 심리와 행동에 더 큰 영향을 미치는 것은 소비다. 소비 격차가 적절한 수준으로 유지되면 열심히 일해 소비를 늘리려는 의욕을 자극할 수 있다. 달리기 경주를 할 때 상대방이 조금만 앞서간다면 그를 따라잡기 위해 열심히 달리는 것과 비슷하다. 반면 소비 격차가 걷잡을 수 없이 커지면 반대 현상이 발생한다. 사람들의 상대적 박탈감은 커지고 넘을 수 없는 벽 앞에서 좌절하고 포기하는 사람이 늘어난다.

경제가 성장하면서 소득이 늘고, 이로 인해 소비가 늘어나고, 늘어난 소비는 다시 성장을 촉진하는 것이 선순환 구조다. 소비 격차의 진행 속도가 소득보다 빨라지면 꼬리가 몸통을 뒤흔드는 현상이 발생할 수 있다. 소비 양극화로 경제 내의 수요가 줄고 이는 성장을 가로막고 정체된 성장은 다시 소득을 줄이는 악순환 고리가 형성된다. 이때 경제는 쪼그라들면서 중산층은 붕괴하고 양극화는 확대된다.

양극화는 사회적인 의미도 내포한다. 중산층이나 상류층들은 자신이 현재 계층에서 이탈할 것 같은 불안감을 느낀다. 젊은 사람들은 미래에 대한 희망을 잃어버려 꿈과 이상을 포기하고 일시적인 소비에 집착한다. 편의점에 가서 삼각 김밥을 사먹으며 돈을 모아 백화점에서 명품을 사는 '편백족'이라는 신조어도 생겨났다. 모두 우리의 쓸쓸한 자화상이다.

'응팔' 주인공인 덕선이와 정환이는 어렵게 살면서도 꿈을 키워왔고 그 꿈을 이뤘다. 하지만 그렇게 살아온 덕선이와 정환이의 아들, 딸들은 소득과 소비의 양극화와 부동산이 갈라놓은 계층 의식에 빠져 허우적거리고 있다.

사람들은 이제 지방과 서울로 갈라지고, 서울은 강남과 강북으로 갈라지고 있다. 상류층의 끼리끼리 문화가 고착화되고, 계층 이동이 갈수록 어려워지는 사회에 살고 있다. 특히 이런 사회를 만든 사람들이 30년 전 한곳에 모여 오순도순 함께 살았던 사람들이라는 게 아이러니컬하다.

중산층에 대한 경제적 정의

경제적 기준을 적용하면 중산층은 소득이 중간값의 50%에서 150% 사이인 사람들을 일컫는다. 소득의 중간값이란 소득이 가장 높은 사람부터 가장 낮은 사람까지 일렬로 줄을 세웠을 때 중간에 있는 사람의 소득을 말한다. 예를 들어, 숫자가 1부터 9까지 있다면 중간에 있는 수는 5가 된다. 말 그대로 한 사회에서 중간 정도의 소득을 얻는 사람이다.

통계청이 발표하는 소득분배지표에 따르면 2023년 기준으로 우리나라의 '균등화중위소득'은 시장소득 기준으로 연간 3,851만 원, 처분가능소득 기준으로는 3,757만 원이다. 시장소득 기준 균등화중위소득은 2011년 2,192만 원에서 2023년에는 3,851만 원으로 75.7% 증가했으니 10년간 1,659만 원가량 늘어난 셈이다.

중산층을 정의하기 위한 용어들

몇 가지 용어를 정의할 필요가 있다. 먼저 '균등화소득'이란 가구의 소득을 가구원의 루트값으로 나눈 개인소득을 말한다. 예를 들어, 가구소득이 1억 원, 가구원이 4명이라면 균등화개인소득은 1억 원을 4의 제곱근인 2로 나눈 5,000만 원이 된다. 반면 1인당 개인소득은 2,500만 원이다. 이렇게 계산하는 이유는 가구당 소득을 가구원들이 함께 공유하는 경우가 많아, 단순히 가구의 소득을 사람 수로 나눈 개인소득보다 소득을 높게 평가하는 것이다.

예를 들어, 4인 가족의 경우 집을 하나 얻으면 4명이 함께 생활한다. 또 자동차를 비롯해 소파와 같은 가구나 냉장고 같은 것도 하나 들여놓으면 함께 사용할 수 있다. 반면 1인 가구의 경우 집을 얻고 가구를 들여놓는 데 돈이 많이 든다. 이 때문에 4인 가구가 연간 1억 원을 번다면 1인 가구가 연간 5,000만 원을 버는 경우와 비슷한 생활수준을 유지할 수 있다는 계산이 된다.

시장소득에서 각종 세금이나 건강보험료 등 사회보장부담금, 이전지출과 같은 것들을 빼고 더하면 실제 소비에 활용할 수 있는 '처분가능소득'이 나온다. 이 소득을 기준으로 한 균등화중위소득은 2011년 2,087만 원에서 2023년에는 3,757만 원으로 80%가량 증가했다.

균등화중위소득은 균등화평균소득과 조금 다르다. 중위소득은 중간에 위치한 사람의 소득이고 평균소득은 모든 사람의 소득을 더해 사람 수로 나누어 평균한 값이다. 평균소득이 중위소득보다

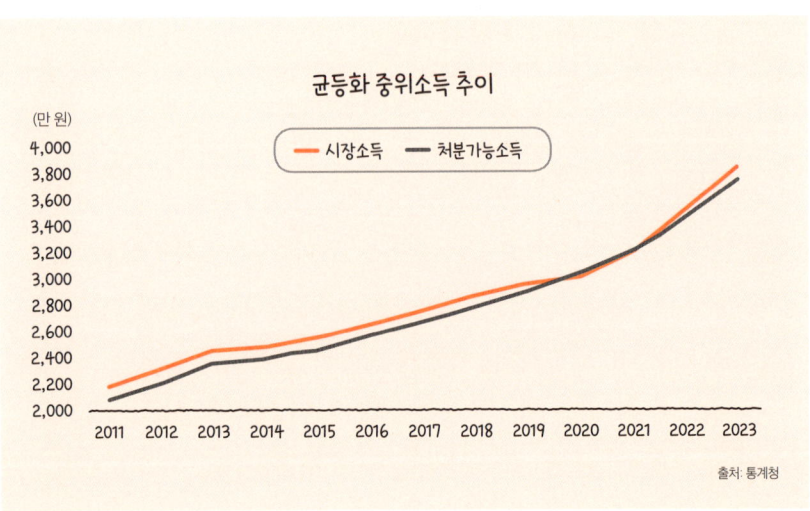

크면 상위소득과 하위소득의 격차가 상대적으로 크다는 것을 의미한다. 우리나라의 경우 평균소득이 중위소득보다 500~800만 원 정도 더 크다.

2011년 이후 12년간 우리나라 소득은 계층별로는 어떻게 변해왔을까? 소득 5분위별로 2011년보다 2023년에 얼마나 소득이 늘었는지를 살펴보면 알 수 있다. 소득 5분위는 소득이 높은 사람부터 낮은 사람까지 20% 단위로 끊은 비율을 말한다. 소득 1분위는 하위소득 20%인 사람들이고 소득 5분위는 상위소득 20%인 사람들을 일컫는다.

시장소득을 기준으로 봤을 때 소득 하위 20%에 속하는 1분위의 소득증가율은 63.2%로 파악됐다. 같은 기간 소득 상위 20%인 5분위의 시장소득증가율이 55.9%인 것을 감안하면 소득이 적은

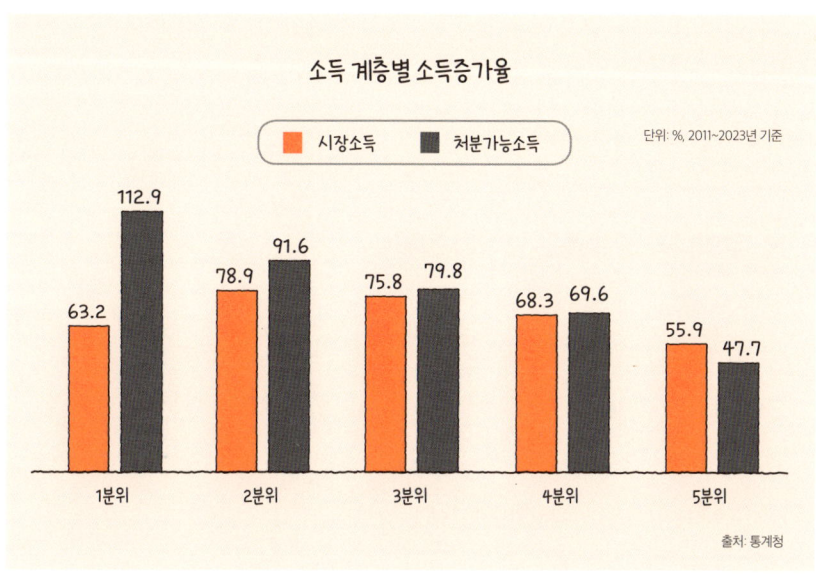

하위계층의 소득증가율이 더 높았다. 즉, 상대적으로 소득이 적을수록 소득증가율이 높았다.

세금이나 각종 사회보험료 등을 제한 가처분소득을 기준으로 한 소득증가율은 1분위의 경우 112.9%, 5분위가 47.7%로 나타나 하위계층의 소득증가율이 상위층 소득증가율보다 2배 이상 높았다. 물론 하위계층은 소득이 적기 때문에 조금만 올라도 상위층에 비해 상대적으로 소득증가율이 도드라지게 커진다. 지표상으로 볼 때, 2011년 이후 우리나라의 하위층을 위한 소득재분배 원칙이 어느 정도 작동했음을 보여준다(다만 통계의 한계상 이 지표는 2011~2023년 기간으로 한정된다). 중간층에 속하는 소득 2~4분위의 경우 시장소득증가율은 68~75%, 가처분소득을 기준으로 한 소득증가율은 69~91%

에 달했다. 하위층보다는 소득증가율이 낮았지만 상류층보다는 높았다.

우리나라 중산층은 얼마나 될까

2023년 11월 기준으로 우리나라 총 가구 수는 2,273만 가구다. 중산층은 균등화중위소득의 50~150%의 소득을 얻는 집단이다. 시장소득을 기준으로 했을 때 중산층이 전체 인구에서 차지하는 비율은 2011년 50%에서 2023년에는 53.6%로 3.6%포인트 늘어났다. 1,218만 가구 정도가 중산층에 속한다고 볼 수 있다. 처분가능

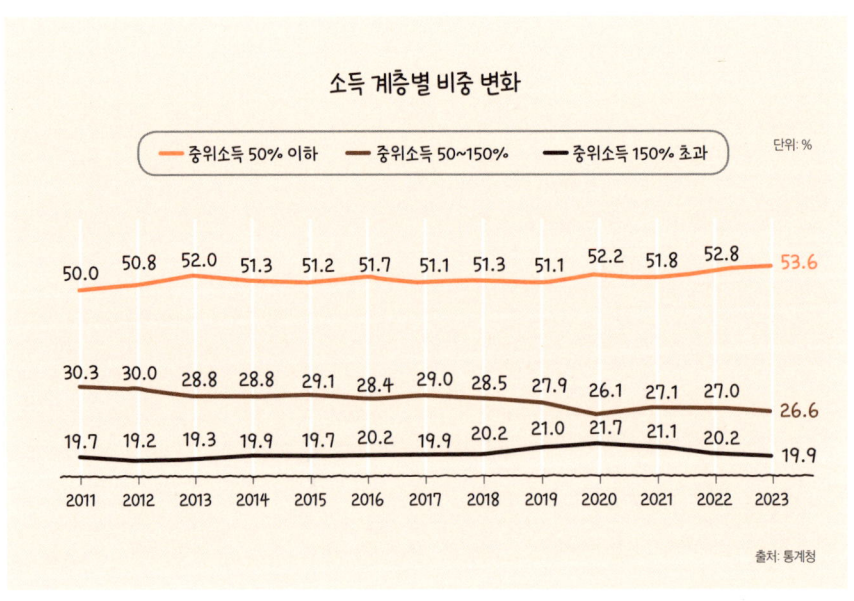

소득을 기준으로 한 중산층의 비율은 같은 기간 55.1%에서 63%로 7.9%포인트 늘었다. 이 기간 중위소득의 50%가 안 되는 하위계층의 비율은 시장소득 기준 2011년 19.7%에서 2023년 19.9%로 거의 변화가 없었다. 가처분소득 기준으로는 같은 기간 18.5%에서 14.9%로 3.6%포인트 줄어들었다. 가처분소득 기준으로 하위계층이 줄어든 것도 재분배 정책 효과라고 볼 수 있다.

반면 시장소득을 기준으로 한 상위계층의 비율은 같은 기간 30.3%에서 26.6%로 3.7%포인트 줄었다. 가처분소득을 기준으로 한 상위층 비율은 26.3%에서 22.1%로 4.2%포인트 감소했다. 2011~2023년 시장소득을 기준으로 우리나라 계층구조의 변화를 살펴보면 상위계층의 비율은 줄어든 반면 중산층의 비율은 늘어났다. 하위계층은 거의 변화가 없었다.

결국 2011년 상위계층에 속했던 사람 중의 일부가 중산층화되면서 증산층의 비율이 늘어난 것이다. 처분가능소득을 기준으로 했을 때는 하위계층과 상위계층의 비중이 동시에 줄어든 반면 중산층의 비중은 늘어났다. 단순 지표로 볼 때 재분배 정책 효과로 상위층과 하위층의 중산층화가 진행됐다고 볼 수 있다.

경제협력개발기구(OECD)는 중산층의 기준을 중위소득의 75%에서 200% 사이로 정의한다. 시장소득을 적용해 이 기준에 따르면 우리나라 중산층의 비율은 2011년 49.7%에서 2023년에는 52.9%로 소폭 늘어나는 데 그쳤다. 처분가능소득을 적용할 때는 같은 기간 52.3%에서 59.3%로 7%포인트가량 늘어난다. OECD 국가 간 중산층 비중을 비교해보면 우리나라는 OECD 평균 수준으로, 미국

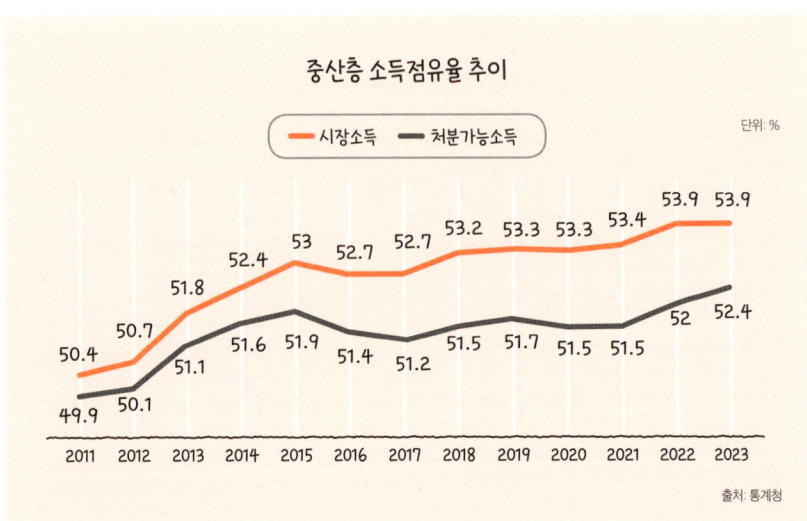

보다는 높고 독일, 프랑스, 스웨덴 등 유럽 국가보다는 낮은 편이다.

그렇다면 전체소득 중에서 중산층이 차지하는 소득은 어느 정도가 될까? 이때 소득의 상하위 20%를 각각 제외하고 20~80% 사이인 사람들의 소득을 중산층의 기준으로 생각하고 계산한다. 통계청에 따르면 소득이 20~80% 사이에 있는 사람들이 우리나라 총 소득에서 차지하는 비율은 시장소득 기준으로 2011년 49.9%에서 2023년에는 52.4%로 늘어난다. 처분가능소득 기준으로는 같은 기간 50.4%에서 53.9%로 증가했다.

하위 20% 계층이 차지하는 소득 비중은 시장소득 기준으로는 2011년 4.1%에서 2023년에도 4.1%로 변화가 없었다. 처분가능소득 기준으로는 같은 기간 5.4%에서 6.9%로 소폭 늘어났다. 반면 소득 상위 10%인 사람들의 소득 비중은 시장소득 기준으로 2011

년 46.1%에서 2021년에는 43.6%로 소폭 감소했다. 처분가능소득 기준으로는 44.2%에서 39.2%로 줄었다. 점유율이 소폭 줄었지만 여전히 상위 10%인 사람들이 40% 안팎의 소득을 차지하고 있다.

③
우리나라의 평등 의식이
높은 이유

　통계청의 자료를 살펴보면 2010년 이후 우리나라의 중산층 비율은 비교적 완만한 속도로 조금씩 늘어나고 있는 것으로 보인다. 하지만 시계를 조금 더 확장해보면 다른 얘기를 할 수도 있다. 통계청은 1990년부터 중위소득 50~150% 사이에 있는 인구 비율을 발표해왔다. 당시에는 전체 가구를 대상으로 한 조사가 아니었고 도시 2인 가구 이상을 대상으로 한 조사를 통해 이 지표를 발표했다. 전체 가구보다 표본 수가 부족하지만 그래도 중산층의 변화를 볼 수 있는 지표다.
　이 지표를 기준으로 했을 때 우리나라는 1990년에 시장소득을 기준으로 한 중산층 비율이 73.7%로 파악됐다. 이 비율은 1992년에는 75.4%로 더 높아졌다. 다소간의 기준 차이는 있지만 유럽의 복지국가로 일컬어지는 스웨덴과 핀란드도 중산층 비율이 70%를 넘지 않는다.

과거에 두터웠던
한국의 중산층 비율

1990년대 우리나라는 개발도상국가였지만 유럽의 복지 국가보다 훨씬 더 두터운 중산층을 갖고 있는 나라였다. 중산층 비율은 1992년을 정점으로 조금씩 하락하기 시작한다. 그러다 IMF 외환위기를 겪은 1997년을 기점으로 하락 폭이 커져 1998년에는 이 비율이 67.7%로 뚝 떨어진다. 계속 하락세를 보이면서 2008년에는 62%까지 떨어졌다. 이후 다시 조금씩 상승하는 추세를 보이고 있다.

우리나라가 국민의 4분의 3이 중산층인 나라였다는 것을 생각해보면 우리의 평등의식이 다른 나라보다 더 높은 것은 이상한 일이 아니다.

'10분위 소득 계층'은 소득이 가장 낮은 사람부터 10% 단위로 끊어 만든 자료다. 소득이 가장 낮은 10%의 사람이 1분위, 소득이 가장 높은 10%의 사람이 10분위에 해당한다. 소득 상위 10%에 들어가는 소득을 하위 10%의 소득으로 나눈 값인 10분위 배율은 1990년 3.3으로 집계됐다.

하위 10%의 월 평균소득이 100만 원이라면 상위 10%의 평균소득은 330만 원이란 얘기다. 이 정도의 소득 차이라면 그리 크게 느껴지지 않을 수 있다. 하지만 2016년에는 이 비율이 5.01배로 높아진다. 도시 2인 가구가 아닌 전체 가구를 대상으로 한 조사에서는 2016년 8.62로 파악됐다.

내가 100만 원을 벌 때 다른 사람이 300만 원을 번다면 나도 열심히 해서 많이 벌어야겠다는 생각을 하게 된다. 그런데 내가 100만 원을 벌 때 다른 사람은 500만 원을 넘게 번다면 이건 좀 따라잡기 힘들겠다는 생각이 든다. 급기야 내가 100만 원을 벌 때 다른 사람이 860만 원을 번다면 이때는 처음부터 시도조차 하지 않고 포기하게 될 수도 있다.

1990년 초반 통계를 보면 많은 사람들이 다들 자신과 비슷하다고 생각하면서 살았다. 물론 당시도 부자가 있고 가난한 사람도 있었지만 그 차이가 크지 않았다. 특히 미래에는 계층이 올라가는 경우가 많았고 때론 계층이 역전되기도 했다. 하지만 시간이 지나면서 계층 간 차이는 훨씬 더 벌어졌고 극복하기 어렵다고 느끼는 사람도 많아졌다.

현재는 중산층이 아니라고 해도 미래에 중산층이 되거나 현재의 중산층이 미래의 상류층이 될 수 있다면 계층 이동이 활발한 사회다. 이런 사회가 건전한 사회라고 할 수 있다. 현재 중산층이 얼마나 두터우냐와 함께 계층 이동이 얼마나 활발한지도 중요한 지표가 된다.

계층 이동이 점점 줄어드는 사회

통계청이 2023년 발행한 '한국의 사회동향'은 이와 관련해 몇 가지 지표를 던져준다. 통계청은 이 자료에서 2007년부터 2008년까지, 그리고 2020년에서 2021년까지 두 기간을 통해 우리나라 소득 계층이 각각 어떻게 이동했는지를 '재정패널조사' 자료를 활용해 분석했다.

분석 결과 우리나라는 2007년보다 2021년에 소득 계층 간 이동이 더 정체된 것으로 파악됐다. 예를 들어, 2007년 10분위 소득 계층 중 가장 낮은 계층에 속하는 1분위 소득 계층에 있는 가구 중 2008년에도 1분위에 있는 가구의 비율은 6.14%로 조사됐다. 2007년 1분위에 속했던 사람이 100명이었다면 이 중 61명 정도는 계속 1분위에 머물고 있다는 얘기다. 1분위에서 2분위로 소득이 상승한 가구는 2.01%, 3분위로 상승한 가구는 0.78% 등으로 파악됐다.

1분위에서 10분위로 퀀텀 점프를 한 가구는 0.06%였다. 이 통계자료를 활용해 우리나라 사람 중 1년 후 계층이 1분위 이상 상승한 비율을 계산하면 33.24%가 나온다. 즉, 우리나라 가구 중

2007년보다 2008년에 계층이 한 계단이라도 오른 사람의 비율이 33.24%라는 얘기다. 같은 방식으로 계층이 하락한 비율을 계산해보면 28.75%, 계층이 유지된 비율은 38.02%가 된다. 100명의 사람이 있었다면 계층이 올라간 사람은 33명, 계층이 하락한 사람은 29명, 계층이 유지된 사람은 38명 정도란 계산이 나온다.

13년이 지난 2020년 같은 방식으로 조사를 해보면 어떤 결과가 나올까? 2020년보다 2021년에 계층이 상승한 비율은 27.16%로 집계됐다. 2007년 33.24%보다 6%포인트가량 하락했다. 우리나라가 13년 새 계층 상승의 통로가 그만큼 막혔다는 얘기다. 2020년 계층이 하락한 비율은 26.68%, 계층이 유지된 비율은 46.17%로 계산됐다. 계층이 하락한 비율은 2007년보다 소폭 줄어든 반면 계층이

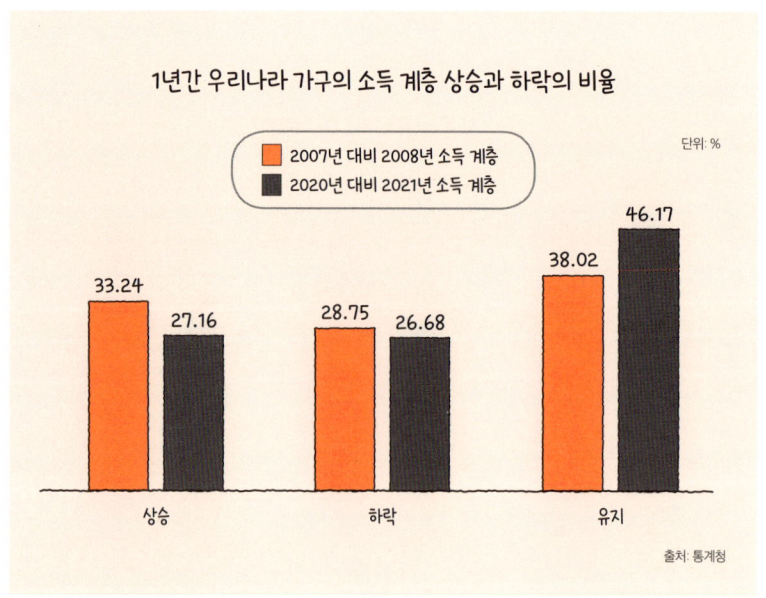

유지된 비율은 무려 6%포인트가량 올랐다.

그럼 중산층의 계층 이동성은 어떻게 바뀌었을까? 통계청의 자료를 이용해 2007년과 2020년 중산층에 속하는 소득 3~8분위에 속하는 사람들의 계층이 1년 후에 어떻게 바뀌었는지 살펴봤다.

그 결과 2007년 중산층이 1년 후에 상위계층이 되는 비율은 9.2%로 파악됐다. 2020년에는 이 비율이 7.6%로 떨어졌다. 중산층에서 하위계층으로 하락하는 비율은 2007년 9.5%에서 2020년 7.6%로 하락했다. 1년 후에도 계속 중산층을 유지하는 비율은 2007년 81.5%에서 2020년에는 85.2%로 올라갔다.

중산층이 역동적으로 움직이는 시대는 상하위 계층 이동이 활발한 것이 일반적이다. 그런데 우리나라는 갈수록 중산층이 상위계층이나 하위계층으로 이동하는 비율이 떨어지고 있다. 또 중산층을 계속 유지하는 비율은 올라가고 있는 상황이다.

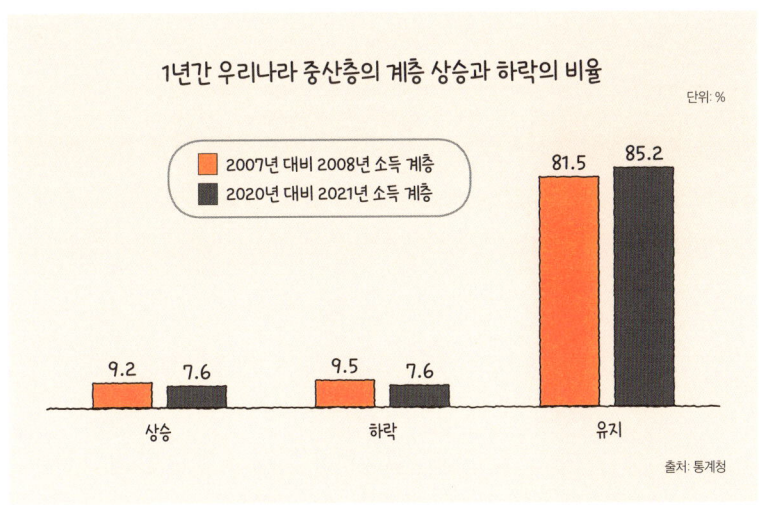

자기실현적 예언이 가능한, 중산층

경제 전망과 날씨 전망의 공통점과 차이점은 뭘까? 먼저 과거와 현재의 데이터를 가지고 미래를 전망한다는 점은 공통점이다. 이 전망에 따라 사람들은 계획을 세운다. 하지만 전망이 자주 틀린다는 점도 비슷하다. 전망이 틀렸다고 해서 딱히 책임을 물을 수도 없다는 특징도 함께 갖고 있다.

다른 점도 있다. 날씨는 현재 상태는 정확히 알고 있지만 경제는 현재 상태를 정확히 알지 못한다. 일반인은 물론 경제전문가들도 경기가 지금 고점인지 저점인지 현재로서는 알 수 없다. 시간이 일정 기간 지난 다음에야 경기의 고점과 저점 여부가 확인된다. 반면 날씨는 현재 맑은지 흐린지 비가 오는지 등을 확인할 수 있다.

날씨예측과
경제예측의 차이

보다 근본적으로 다른 점은 전망을 하는 주체가 미래의 상황에 대해 영향을 미칠 수 있느냐 하는 점이다. 날씨의 경우 내일 비가 올 것이라고 전망을 하든지 맑을 것이라고 전망을 하든지, 어떻게 전망을 한다고 해도 이 전망이 내일 날씨에 영향을 미치지 못한다. 전망과 독립적으로 날씨는 결정된다. 이런 점에서 날씨 전망은 객관적이다.

반면 경제는 전망을 하는 주체와 전망의 내용이 미래경제에 영향을 미친다. 이 점에서 경제 전망은 객관적이지 않다. 이 때문에 경제 전망은 미래가 아닌 현재를 위한 것이다. 보다 구체적인 예를 들어보자. 어제 비가 왔고 오늘도 비가 왔다. 그래서 기상학자는 내일은 비가 오지 않을 것으로 전망했다. 과거 사례를 보니 비가 연속적으로 3일 이상 오는 경우는 극히 드물었기 때문이다. 기상학자가 전망을 하든 안하든 내일 날씨는 그의 전망과는 무관하게 결정된다.

경제는 어떨까? 어제도 경기가 안 좋았고 오늘도 경기가 좋지 않다. 내일은 경기가 회복될 것으로 아주 유명한 경제학자가 전망했다고 생각해보자. 사람들은 이 경제학자의 전망을 믿는다. 그럼 내일 경기가 회복될 것으로 믿고 오늘 소비를 늘린다. 내일 경기가 좋아지면 소득이 늘어날 것으로 기대하기 때문이다.

이런 전망을 믿는 사람들이 많아지면 경제 전체적으로 소비가 늘어난다. 소비가 늘어나면 경기는 회복된다. 유명한 경제학자의 전망이 개인들의 현재 행동에 영향을 미치고 이 영향으로 미래 경기가 좋아진다.

그래서 경제 전망은 객관적이지가 않다. 내일의 경기는 오늘의 경제 전망과 이 전망을 믿고 행동하는 경제주체들의 경제활동으로부터 영향을 받는다. 반면 이 사람의 전망에 사람들이 반응을 하지 않는다면 소비는 늘어나지 않고 내일 경기는 여전히 위축된다.

이 경우 이 사람의 전망은 틀린 것이 된다. 전망이 현재의 경제행위에 영향을 미치고 현재의 경제행위가 미래의 경제에 영향을 미치는 인과관계가 강하게 작용한다. 이처럼 사람들이 경제 전망을 하는 이유 중 하나는 현재의 경제 활동에 영향을 미치기 위한 것이다.

경제 전망이
경제 현실에 미치는 영향

경제 전망을 하는 주체 스스로가 경제 활동에 영향을 미치는 경우도 있다. 대표적인 경우가 정부가 하는 경제 전망이다. 정부는 매년 말 내년도 경제운용 방향을 발표하면서 성장률 전망치를 내놓는다. 정부가 내년 국내총생산(GDP)성장률 전망치를 3%로 내놓는다면, 정부가 이 전망에 맞춰 경제운용을 하겠다는 의지의 표시로 받아들여야 한다.

성장률이 3%가 안 된다면 재정에서 돈을 푸는 경제정책을 통해 정부 차원에서 인위적으로 투자나 소비를 늘려 이 수준을 맞추겠다는 얘기다. 이런 점에서 정부의 경제 전망은 경제정책의 일환이다. 정부와 비슷한 시기에 우리나라 중앙은행인 한국은행도 경제 전망을 내놓는다.

한은은 시중에 풀린 돈의 양을 조절하는 통화정책이라는 강력한 정책 수단을 갖고 있다. 이 때문에 한국은행의 경제 전망도 이 정도 수준을 맞추겠다는 의지가 반영된 것으로 해석하는 것이 맞다. 경제학에서는 정책수단을 갖고 있는 정부와 같은 기관이 하는 경제 전망을 '자기실현적 전망 self fullfilling expectation'이라고 부른다.

반면 민간 연구소의 전망은 단순히 전망만 하는 것이다. 이들은 정부처럼 경제 전망을 실현하기 위한 강력한 정책 도구가 없다. 객관적인 경제현상들을 조사해서 미래를 단순히 예측하는 것이다. 이 때문에 민간 연구기관들이 전망을 할 때는 한국은행이나 정부의 경제정책을 전제로 하는 경우가 많다. 이런 정책 방향을 전제로 해외 동향이나 내부의 경제 흐름을 파악하여 미래를 예측하는 것이다.

유튜버나 개인들이 경제 전망을 하는 경우도 있다. 마찬가지로 단순히 미래를 예측하는 것이다. 이런 사람들의 전망은 정부의 정책을 비롯한 많은 가정하에 하게 되는 미래 예측이다. 이런 가정들이 달라지면 미래도 전망과 달라진다. 재미있는 것은 가정이 두세 번 틀려도 미래 전망은 맞아 떨어질 수 있다. 서로 상쇄되는 가정들이 달라지면 결과에 영향을 미치지 않기 때문이다. 이때는 미래를 맞췄다고 해서 전망을 잘했다고 볼 수 없다. 이런 점에서 경제 전망이 미래를 맞추는 것의 여부는 중요하지 않다. 더 중요한 것은 전망을 만들어가는 경제 논리다.

경제적으로 나눠지는 계층 간에도 미래를 전망하고 예측하는 힘이 다르다. 통계청에 따르면 우리나라의 중산층 기준인 '중위소득 50~150%'에 해당하는 인구 비중은 2023년 시장소득 기준으로 53.6%다. 중위소득 150%가 넘는 상류층은 26.6%, 중위소득의 50%가 안 되는 하류층은 19.9%를 차지하고 있다. 처분가능소득 기준으로 같은 기준을 적용하면 중산층은 63%다. 소비의 기준이 시장소득에서 세금과 각종 사회보험금을 제외한 처분가능소득인 점을 감안하면 이 소득 기준으로 우리나라의 중산층은 63%를 차지하고 있다.

다음은 인구 비중보다 전체소득에서 계층별로 얼마만큼의 소득

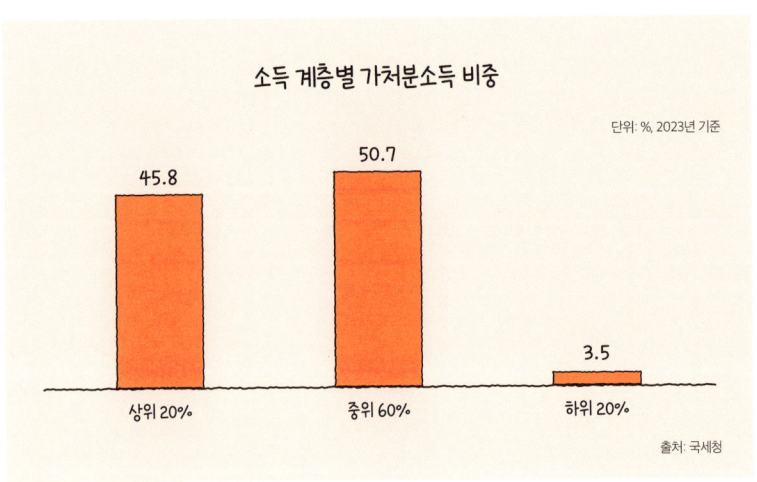

을 보유하고 있는지를 살펴보자. 2023년 국세청 납세 자료를 기반으로 한 계층별 소득 기준으로 봤을 때 우리나라 상위 20%에 속하는 상류층의 소득은 전체소득의 45.9%를 차지했다. 다음으로 중위 60%의 소득 비율은 50.7%, 하위 20%의 소득 비율은 3.5%로 집계됐다. 여전히 중산층이 전체소득에서 차지하는 비율이 가장 높다.

중산층이 사람 수의 비율도 가장 많고 소득에서 차지하는 비중도 가장 높다. 또 상류층으로 갈수록 소비 성향이 낮아진다. 통계청 가계동향조사결과에 따르면 소득 하위 20%의 소비 성향은 86.9%로 매우 높았다. 100만 원을 벌면 86만 9,000원을 소비에 사용한다는 애기다. 중산층에 해당하는 소득 20~80%의 소비 성향은 60% 전후였고, 상류층인 소득 상위 20%의 소비 성향은 40% 조금 넘는 데 불과했다.

중산층이 바꾸는 경제

중산층은 우리나라 소득의 가장 많은 비중을 차지할 뿐만 아니라 돈을 벌어 소비에 사용하는 비율도 상류층보다 훨씬 높다. 중산층의 소득과 소비 비중이 높다는 것은 이들이 보유한 경제의 흐름을 좌우할 수 있는 힘도 가장 크다고 볼 수 있다. 예를 들어, 중산층이 미래 경기를 낙관적으로 보고 현재의 소비를 늘린다면 미래 경기는 실제로 호황 국면을 이어갈 수 있다. 반면 중산층이 미래를 어둡게 보고 소비를 줄인다면 경기 회복은 요원해질 가능성이 높다.

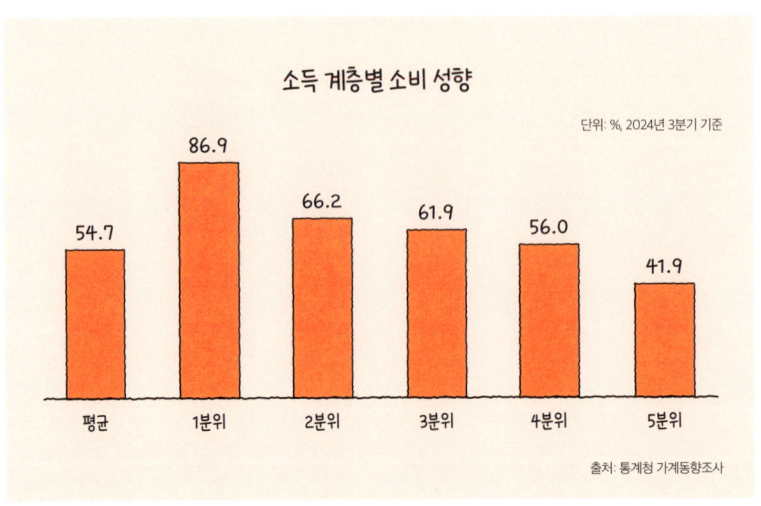

이 점에서 중산층의 경제 예측은 다른 계층보다 자기실현적 요소가 강하다. 예를 들어, 내년 성장률이 2%에서 3%로 올라갈 것으로 전망한다면 중산층들은 자신들의 소득이 늘어날 것으로 예상하고 미리 소비를 늘린다.

중산층이 소비를 늘리면 이는 경제 전체적으로 수요를 증가시키고 수요가 늘어나면 기업들의 생산도 늘어난다. 그렇게 우리나라 성장률이 실제 2%에서 3%로 올라갈 수 있다. 상류층은 정보를 많이 갖고 있을 수는 있지만 소비가 차지하는 비중이 높지 않아 경제 행위 자체가 중산층보다는 자기실현적이지 못하다. 하류층은 소득 비중이 낮아 실제 경제에 미치는 영향이 미미하다.

중산층인 사람들을 대상으로 경제에 대해 이야기할 때 그들로부터 미래 경기에 대한 질문을 받는다. 그럴 땐 다시 역으로 물어본다. "내년에 소비를 늘릴 계획인가요?"라고 물어보면 "소득이 줄어들어 소비 늘리기가 어렵다"는 답이 돌아온다. "주변 친구나 친지들은 어떻습니까?"라고 다시 물어보면, 그들은 친구나 친지도 비슷한 상황이라고 한다. 그러면 "당신 같은 중산층이 소비를 줄이려고 하는데 경기가 좋아질 리가 있습니까?"라고 되묻게 된다.

이런 분위기는 우리 경제 외부에서 큰 충격이 발생하지 않는다면 대체로 맞아 떨어지는 얘기다. 역설적이지만 중산층인 사람들은 전문가들에게 경기 전망을 물어볼 것이 아니라 자신들이 어떤 생각을 하고 있는지를 정리해보면 스스로 경기를 예상할 수 있다. 이런 예상이 어설픈 경제 전문가들보다 훨씬 더 정확할 때가 많다.

부동산과 주식시장도 마찬가지다. 두 시장 모두 큰손들이 움직이는 시장이긴 하지만 가격이 큰 폭으로 오르내리기 위해서는 중산층이 가세해야 한다. 예를 들어, 집값이 오를 것이라고 예상하면 큰손들이 먼저 움직이고 시장이 꿈틀거린다. 하지만 큰손들만으로는 집값이 많이 오르지 않는다. 그러다 중산층들이 나서서 집을 사기 시작하고, 이들이 가세하면 부동산은 '대세 상승장'이라는 것이 열린다.

부동산 상승장에서는 항상 영혼까지 끌어 모아 집을 산다는 '영끌'과 많은 빚을 내서 집을 산다는 '빚투'라는 말이 따라 다닌다. 영끌과 빚투는 모두가 중산층이 무리하게 집을 살 때 발생하는 현상이다. 중산층들은 대출을 여기 저기서 받아 집을 사는 것이 보통이다. 사람들은 대세 상승장이라 중산층이 집 사기에 본격적으로 나선다고 얘기하지만 실상은 중산층이 '영끌'과 '빚투'를 통해 막대한 수요를 창출하기 때문에 집값이 대폭 오르는 대세 상승장이 열리는 것이다.

주식시장도 마찬가지다. 중산층들이 가세해야 주가는 본격적으로 오른다. 주식시장에서는 객장에 아이 울음소리가 들리면 그때가 주가가 정점이라는 말이 있다. 이 말을 뜯어보자면, 객장을 찾는 사람들은 중산층이고 아이 업은 사람이 등장하는 시기는 중산층이 주식을 사는 것이 가장 확산됐을 때를 의미한다.

중산층은 부동산이나 주가를 다른 사람에게 물어보지 말고 주변에 자신과 비슷한 중산층들이 얼마나 시장에 참여하고 있는지를 보면 집값이나 주가가 꼭지인지 바닥인지 짐작할 수 있다. 다시 한번 강조하지만 중산층은 '자기실현적 전망'을 할 수 있는 경제주체들이다.

5

중산층 경제를
이해하는 첫걸음

　경제학을 배웠든 안 배웠든 우리는 알게 모르게 경제학의 논리에 사로잡혀 있는 경우가 많다. 자본주의 경제학은 18세기 애덤 스미스가 지은 '국부론'이라는 책에서 비롯됐다. 이후 수많은 경제학자들이 경제의 기본원리를 설명해왔다. 이론을 전개하는 출발점은 '대표적인 개인'이다. 경제 내에 있는 모든 사람이 대표적인 개인의 특성을 갖고 있다는 것이다.
　대표적인 개인을 이야기할 때 가장 중요하게 생각하는 개념이 '합리성'이다. 한 사회와 국가 경제는 이런 합리적인 개인들이 모여 만드는 것이다. 경제학에서 말하는 개인에는 부자와 가난한 사람, 중산층 등의 구분이 없다.
　모든 개인은 합리성을 기반으로 각자 이익을 가장 높일 수 있는 선택을 하고, 그 선택의 결과가 이어지면서 누구는 부자가 되고 누구는 가난한 사람이 될 수도 있다. 부자나 가난한 사람이 됐다고 해서 '합리성'을 추구하는 대표적인 개인의 특성이 바뀌지 않는다.

'합리적인' 개인을
가정하는 경제학

부자들은 더 부자가 되기 위해 합리적인 선택을 하고, 가난한 사람들은 부자가 되기 위해 합리적인 선택을 한다. 대표적인 개인을 상정하지만 자본주의 사회에서 자본이 많은 사람들이 상대적으로 정보도 많고 문제를 해결할 수 있는 수단도 많다. 또 자본주의의 특성상 자본의 논리가 우선된다. 자본을 많이 가지고 있는 사람들은 부자들이어서 그들의 입장이 상대적으로 많이 반영된다.

자본주의 경제에는 반대의 편향도 있다. 19세기 칼 마르크스는 '자본주의 경제는 자본가와 노동자로 구성된다'고 봤다. 아울러 자본가와 노동자는 각각의 입장과 행동하는 원리가 서로 다르다고 주장했다. 자본주의 경제학에서 말하는 '(모든 사람을 포괄하는) 대표적인 개인'의 가정을 받아들이지 않은 것이다.

마르크스 경제학에서는 사람을 크게 두 가지 종류로 나눈다. 생산 수단을 소유한 자본가와 자신의 노동력을 팔아 생활하는 노동자가 대표적이다. 자본가와 노동자는 생각하는 것도, 목적도 판이하게 다르다. 자본가가 보는 경제와 그들의 생활원리와 노동자가 보는 경제와 생활원리는 다를 뿐만 아니라 서로 상충한다. 자본가는 노동자의 잉여가치를 통해 이윤을 올리는 주체로 정의된다. 둘 사이 상충하는 입장 속에서, 자본주의 사회는 필연적으로 노동자가 주체가 되는 사회로 전환한다는 것을 마르크스는 논리적으로 서술한다.

자본주의와 사회주의 경제학은 현재에도 가장 많이 인용되고 활용되는 경제학의 두 가지 흐름이다. 하지만 이들 경제학의 논리에서 '중산층'이라는 사람들은 특화되지 않는다. 중산층은 어느 사회에서나 구성원의 50~70%를 차지하는 핵심 계층이다. 그럼에도 불구하고 이론적인 영역에서는 이들의 눈으로 세상을 보는 것은 쉽지 않다.

어떨 땐 자본의 논리, 어떨 땐 노동의 논리가 중산층을 대변한다. 그렇기 때문에 중산층을 위한 경제를 설명하는 것은 논리적으로 일관적이지도 않고 선명하지도 않다. 많은 사람들이 현대 사회에서 중산층의 역할과 그들을 위한 정책이 중요하다고 이구동성으로 말하면서도 그럼 구체적으로 뭘 할 것인가에 대해서는 해답을 내놓지 못하는 것도 이론적인 뿌리가 선명하지 않기 때문이다.

중산층의 관점에서 경제를 이해하는 첫걸음은 무엇일까? 기존 자본주의나 사회주의 경제학의 문법으로는 중산층의 경제를 설명하기 어렵다. 중산층 경제를 얘기하기 위해서는 경제에 대한 정의에서부터 출발할 필요가 있다.

경제를 정의하는 3가지 키워드:
사람, 시장, 관계

경제에 대한 정의는 동양과 서양이 조금 다르다. '경제'라는 뜻의 영어 단어 'Economy'는 고대 그리스어 중 가계를 뜻하는 'oikos'와 관리를 뜻하는 'nemein'의 합성어에서 유래했다. 말뜻을 그대로 풀어보면 경제란 '가계의 살림살이를 관리하는 것'이다. 반면 동양의 어원은 조금 다르다. 동양에서 말하는 경제란 '경세제민經世濟民'의 약자다. 경제세민은 세상을 경영하고 백성을 다스린다는 뜻이다.

서양은 '개인'에서 시작해 경제를 말하는 반면 동양에서는 지도층과 백성 간의 관계를 표현하는 방식으로부터 경제를 설명하고 있다. 이 같은 어원에 걸맞게 사람이 물질적인 생활을 잘 영위할 수 있는 방법과 정부가 여러 가지 정책을 통해 국가를 잘 경영하기 위한 원리로 경제가 자주 언급된다.

동서양의 어원에서 보면 경제와 관련한 몇 개의 키워드가 보인다. 먼저 경제를 하는 주체다. 서양은 경제의 주체로 개인들을 얘기하고 있고 동양에서는 국가를 말한다. 자본주의 경제가 발달하면서 기업이라는 주체도 생겨났다. 개인, 기업, 정부 등 경제주체를 떼어내놓고는 경제를 생각할 수 없다.

다음은 '관계'다. 개인이 살림살이를 잘하기 위해서는 다른 개인들과 관계를 잘 맺어야 한다. 국가가 사람들을 잘 다스리기 위해서는 국가에 속한 사람들과 좋은 관계를 형성하는 것이 중요하다.

기업을 잘 운영하려면 기업을 둘러싸고 있는 근로자, 경영진은 물론 소비자와의 관계도 잘 만들어야 한다.

경제의 중요한 부분은 사람들이 맺는 관계라고 할 수 있다. 그리고 경제주체들이 관계를 맺는 장소는 '시장'이다. 시장이란 경제주체들이 모여서 관계를 맺는 물리적 또는 개념적인 공간이다. 경제적인 관계는 대부분 시장에서 형성된다.

경제의 어원과 현실적인 시대 변화를 감안해서 경제를 정의하면 경제란 '사람이 시장이라는 공간에서 관계를 맺어가는 것'이라고 할 수 있다. 사람, 시장, 관계라는 세 단어에 경제의 모든 이론과 현실이 담겨있다. 예를 들어, 내가 오늘 아침에 마트에 가서 우유를 사는 경제 행위에는 나와 마트 주인이라는 '사람'과 마트라는 '시장', 그리고 마트에서 물건을 사고파는 행위로서의 거래라는 '관계'가 등장한다.

정부가 세금을 걷거나 중앙은행이 시중에 돈을 공급하는 것도 시장에서 개인들이 맺는 관계에 영향을 미치기 위한 것이다. 예를 들어, 정부가 소득세율을 높이면 일을 하는 사람들이 세금을 이전보다 많이 내야하고 이 같은 제도 변화로 근로자들은 노동시장에서 기업들과 관계를 맺을 때보다 높은 임금을 요구하게 된다. 또 중앙은행이 시중에 공급하는 돈의 양을 늘리면 금리가 떨어져, 은행과 개인이 대출이라는 관계를 맺을 때 낮은 금리가 적용된다.

경제가 분류하는 '사람'

경제에서 말하는 세 가지 개념 중 가장 중요한 것이 '사람'이다. 모든 경제 행위는 사람을 위한 것이기 때문이다. 사람들은 각자가 처한 입장에 따라서 여러 가지 다른 이름으로 불린다. 먼저 평범한 직장인을 일컫는 '근로자' 또는 '노동자'라는 말이 있다. 그리고 근로자와 노동자들을 고용해 회사를 경영하는 '경영인'도 경제에서 이야기하는 사람에 포함된다.

'법인'처럼 회사 자체가 사람인 경우도 있다. 법인이란 법적인 인격을 부여받은 단체 또는 재산을 말한다. 법인은 물리적인 의미에서의 사람은 아니지만 경제적인 의사결정을 할 수 있고 각종 권리와 의무도 부여된다. 그래서 법인은 경제에서 말하는 넓은 의미의 사람에 포함된다.

또 경제에서 말하는 사람에는 '정부'도 포함된다. 한 나라의 경

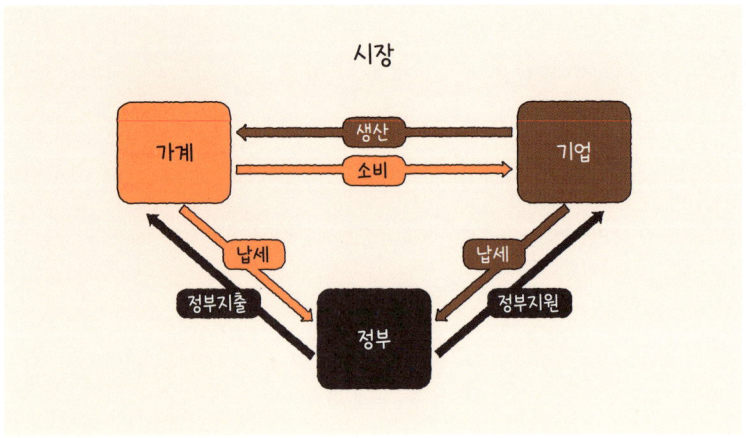

제를 운용하는 과정에서 정부도 다양한 형태로 경제적 의사결정을 하면서 참여하고 있기 때문이다. 개인, 법인, 정부 등을 모두 합해 경제학적 용어로 '경제주체'라고 부른다.

경제 행위에 따라서 사람을 분류하기도 한다. 시장에서 물건을 사는 사람들은 소비자라고 부른다. 소비자는 가장 좋은 물건을 가장 적은 값에 사려고 다양한 노력을 한다. 물건을 만들어 파는 생산자도 있다. 생산자 입장에서 보면 소비자에게 물건을 최대한 많이, 그리고 최대한 비싸게 팔려고 할 것이다.

또 직장에서 일하는 근로자 입장에서는 적게 일하고 최대한 많은 월급을 받고 싶어 한다. 반면 근로자를 고용해서 기업을 운영하는 기업주 입장에서는 최대한 적은 임금을 주고 일 잘하는 근로자를 고용하려고 한다.

경제주체로서의 정부는 국민들로부터 세금을 거둬 나라 살림을 운영한다. 이때 정부는 최대한 안정적인 세금을 확보하려고 할 것이다. 세금을 내는 기업과 개인 입장에서는 적은 세금을 내고 많은 혜택을 국가로부터 받으려는 생각이 있다. 이처럼 각 경제주체들은 자기가 처한 상황에 따라 다른 생각을 하는 것이 일반적이다.

동일한 사람이라도 입장에 따라 여러 가지로 불리는 이름이 다르다. 직장에 고용되어 일하는 사람은 기업과의 관계에서는 근로자로 불리지만 시장에 가서 물건을 살 때는 소비자라고 부른다. 세금을 낼 때는 납세자라고 부르기도 한다. 물리적으로는 한 사람이지만 각각 처한 입장에 따라서 다른 이름으로 불리는 것이다.

기업은 회사로서 의사결정을 할 때는 법인, 근로자를 고용할 때는 고용인, 기업을 운영할 때는 경영인 또는 기업주 등으로 불리기도 한다. 모두가 같은 사람을 다른 방식으로 부르는 용어들이다. 아울러 정부도 공무원, 규제당국 등으로 이름이 다르게 불린다.

근로자, 소비자, 납세자 등등이 물리적으로 한사람일 경우가 많다. 또 기업주, 경영인, 납세자, 생산자 등등이 모두 한사람일 경우도 있다. 작은 가게를 운영하는 자영업자의 경우에는 근로자이면서 기업주, 경영인이기도 하다.

경제에서는 한사람이 입장에 따라 여러 가지 이름으로 불리고 또 각각의 입장에서 의사결정을 해야 할 경우도 많다. 이 때문에 각각의 입장에 대한 이해가 매우 중요하다. 예를 들어, 자영업자의 경우 근로자 입장에서는 무리하게 임금을 올려달라고 해놓고 경영자 입장이 될 때는 임금을 깎으려고 한다면 모순이 생긴다. 정부를 운영하는 공무원 입장에서도 세금을 최대한 많이 걷으려는 의사결정을 하고 막상 자기가 납세자 입장이 되었을 때 세금을 깎으려고 한다면 마찬가지로 의사결정이 어려워진다.

사람을 소비자, 생산자, 근로자, 납세자 등 기능적으로 구분하기도 하지만 계층적으로 구분하기도 한다. 많이 사용되는 방법이 상류층, 중산층, 하류층 등으로 재산이나 소득 정도에 따라 계층을 나누는 것이다. 이런 구분이 하나 더 들어가면 경제에서 말하는 사람은 조금 더 복잡해진다.

상류층은 자본가나 기업가를 포함하는 경우가 많다. 또 고위공무원이나 기업 근로자 중 직급이 높은 사람을 포함한다. 반면 중산층은 자영업자나 중소기업 이상의 직장을 다니는 근로소득자 등을 포괄하는 경우가 많다. 하류층에는 소기업에 다니는 근로자나 직업이 없는 실업자, 기초생활수급자 등의 사람이 분류되는 경우가 많다.

왜 '중산층 경제학'이 필요한가

경제를 설명하는 학문으로서의 자본주의 경제학은 객관적이고 합리적인 개인을 가정하고 논리를 전개해왔다. 소비자는 자신이 가지고 있는 자원을 활용해 최대한 효용을 얻을 수 있을 만큼 소비한다. 기업은 최소 비용으로 생산을 하는 방법을 고안하고 최대의 이익을 얻을 수 있도록 가격을 책정해 시장에 물건을 내놓는다. 정부는 국민들에게 세금을 거둬 적절한 곳에 지출함으로써 국가의 이익을 꾀한다.

합리적이고 이기적인 개인들이 항상 조화를 이루는 것은 아니다. 예를 들어, 정부가 세금을 걷는 문제를 생각해보자. 정부는 공공서비스를 제대로 제공하기 위해서는 세금을 100만큼 거둬야 한다고 생각한다. 하지만 개인들은 정부가 제공하는 서비스의 가치가 50에 불과하다며 50만큼만 세금을 내겠다고 한다. 정부와 개인 모두가 합리적으로 판단한 내용이지만 결과는 서로 다르다.

기업들이 사람을 고용할 때 지불해야 하는 최저수준의 임금을 놓고 기업들은 9,000원을, 근로자들은 1만 원을 요구할 수 있다. 기업과 근로자 모두가 나름대로의 산식에 따라 합리적으로 계산한

최저임금을 놓고 대립을 하는 경우도 종종 보게 된다.

경제를 놓고 사람들 간에 서로 이해관계가 상충하면 이를 조절하는 과정에서 경제 논리가 활용된다. 경제 논리는 모든 사람을 관통하는 합리성을 존중한다고 하지만 그 이면에는 입장이 있다. 정부가 아무리 합리적인 논리를 동원해 세금을 설명한다고 해도 결론이 세금을 낮추는 방향으로 나가기는 어렵다. 기업이 아무리 적정 임금 수준에 대해 설명하는 논리를 개발한다고 해도 최저임금을 높이는 방안을 내놓는 것을 보지는 못했다.

반대 입장도 마찬가지다. 근로자들이 온갖 경제 논리를 동원해서 설명하더라도 임금을 낮추는 결론을 내지는 않는다. 기업과 정부 노동자 모두 합리적이고 객관적이라는 명목하에 경제 논리를 만들어 내지만 이 과정에서 그들의 입장은 항상 반영된다.

이럴 때 우리는 조금 솔직해질 필요가 있다. 경제 논리는 결국 사람이 만들어내는 것이고 그 이면에는 그 사람이 처한 입장이 있다. 이 입장을 벗어나는 경제 논리는 사실상 없다고 봐도 무방하다. 이렇게 보면 우리는 누가 어떤 관점에서 경제를 보는가를 솔직하게 인정하고 그 입장에 맞춰 세상을 설명할 필요가 있다.

이런 점에서 경제학은 '기업의 경제학', '노동자의 경제학', '정부의 경제학' 등으로 구분된다. 계층적으로는 '상류층을 위한 경제학', '중산층을 위한 경제학', '빈곤층을 위한 경제학' 등으로 구분할 수 있다. '각자가 처한 입장'이라는 본질을 외면한 객관성이라는 것은 찾아보기 쉽지 않다. 그래서 경제 논리는 주관적이다. 이런 주관들이 모여 사회를 구성하고 주관들이 서로의 힘과 입장에 따라 자신의 논리를 시장에서 관철하는 것이 경제라고 할 수 있다.

자신이 중산층이라고 생각한다면 중산층의 입장에서 경제원리를 이해하고 설명하는 것이 중요하다. 물론 계층과 무관하게 적용되는 경제원리도 있다. 다만 계층에 따라 경제를 보는 관점이 상충될 때는 중산층의 입장에서 어떻게 해석하고 행동하는 것이 유리한지에 대해 따져봐야 한다.

PART 2

우리나라 중산층은 어떻게 생겨났을까

우리는 모두 중산층이었다

　50대 A씨의 아버지는 부자였다. 아버지가 물려준 재산 덕분에 지금까지 돈 걱정 없이 편하게 살고 있다고 했다. 그런데 그의 아버지는 가난한 집안에서 자라 지방에서 상업고등학교를 나와 자수성가해서 재산을 모았다고 한다. 그의 할아버지는 생활이 빈곤했기 때문이다.

　40대 회사원 B씨의 경우 아버지는 평범한 서민이었지만 외할아버지가 매우 부자였다고 했다. 경기도 인근에 넓은 땅과 기업을 갖고 있어서 어렸을 적 큼지막한 외갓집에 가서 놀던 기억을 얘기하곤 한다. 50대 전문직인 C씨는 할아버지는 부자였지만 아버지는 할아버지 재산을 제대로 관리하지 못해 재산을 탕진했다고 했다.

　우리나라는 1900년대 초반 식민지 시대를 거쳐 1950년 전쟁을 겪고 1960년대 이후 고도 성장기를 경험하며 지난 100여 년간 다른 나라와는 비교할 수 없는 급변동을 겪었다. 이런 시절이 우리들의 삶에 고스란히 남아있다.

　우리는 가까운 주변에서 잘사는 사람과 못사는 사람들을 늘 보면서 자랐다. 그래서인지 우리는 유독 평등의식이 강한 사람들로 묘사된다. 부자가 되는 과정도 부자에서 가난한 사람이 되는 과정도 자주 목격했다. 부자와 가난한 사람이 되는 것이 큰 차이가 나지 않는다는 생각도 하게 된 것 같다.

　재밌는 현상은 3대 정도를 놓고 얘기를 해보면 대부분 비슷비슷하다는 것이다. 잘살았던 세대가 한 세대 정도는 있고 어려웠던 시절도 한 번 정도는 있다. 조금 스펙트럼을 넓혀보면 우리는 모두 중산층이다. 예를 들어, 과거 3대 정도의 시간을 놓고 평균을 해보면 많은 사람들이 비슷한 삶을 살았다.

　한국 사람들은 유독 부침이 심하다. 본인의 인생도 그렇지만 세대를 거슬러 올라가면 훨씬 다이내믹하다. 자신은 가난하지만 아버지는 부자였고, 아버지는 가난했지만 할아버지는 부자였던 것과 비슷하다. 물론 3대가 전체가 아주 부자인 사람도 있고 아주 가난했던 사람도 있겠지만 우리나라 사람들의 대다수는 경제적인 부침을 겪었다.

　미국은 조금 달랐다. 과거 경험을 떠올려본다. 미국에서 평범한 한국 유학생으로서의 삶은 미국 전체적으로 보면 중하층 정도다. 학교에서 공부하고 학습조교(TA)로 생활비와 학비를 벌고, 가정생활을 하는 것이 생활의 전부였다. 그렇게 몇 년을 살면서 미국 상류층의 생활을 주변에서 본 적이 거의 없다. 아니 상상을 해본 경우도 별로 없다.

그저 공부는 언제 마칠까, 돈을 조금 벌면 자동차를 언제 바꿀까, 아이는 학교를 잘 다니고 있을까 등등 일상을 체크하고 챙기는데 바빴다. 주변 사람들과 얘기할 때도 우리와 동떨어진 것 같은 미국의 상류층은 입에 오르내리지 않았다.

한국은 조금 상황이 다르다. 끊임없이 주변과 비교를 한다. 나보다도 남의 삶에 더 관심이 많은 것처럼 보일 때도 있다. 주변에 잘사는 사람과 못사는 사람을 늘상 볼 수 있고 잘사는 사람에 대해서는 부러움과 질시를, 못사는 사람을 보면서 그들과 다른 자신에 약간의 안도를 느끼는 생활도 하고 있다.

경제학에서는 때때로 여러 세대를 사는 한 사람을 가정해 모델을 만들기도 한다. 무한생존모델infinite horizon model은 한 사람이 무한히 많은 시간을 산다고 가정하고 경제현상을 설명한다. 예를 들어, 3대가 150년 사는 것을 한사람으로 바꿔 설명하는 방식이다. 한사람이 150년을 산다고 가정하고 50년은 부자로, 50년은 중산층으로, 50년은 빈곤층으로 살 수도 있고 150년 모두를 중산층으로 살 수도 있다고 가정해보자. 이때 어떤 삶을 선택할 것인가? 경제학적으로 설명하자면 여기에 대한 선택은 각자의 선호와 관련이 있다. 경제학에서는 이를 '위험에 대한 선호'라고 부른다.

위험에 대한 선호를 다른 말로 하면 '변동성에 대해 어떤 태도를 갖느냐'로 요약된다. 50년은 부자로 살고, 다른 50년은 빈곤층으로 사는 것을 선호하는 사람은 '위험 선호자'다. 반면 150년을 중산층으로 사는 것을 선호하는 사람은 '위험 기피자'라고 할 수 있다. 경제학적인 합리성을 적용한다면 150년의 기대소득이 동일할 경우 부침을 겪는 것보다 꾸준히 중산층으로서의 삶을 사는 것을 선호하는 '위험 기피자'들이 일반적인 사람이다.

〈오징어 게임 시즌2〉를 보면 사람들에게 빵 하나와 로또복권 하나를 주고 선택을 하도록 하는 장면이 나온다. 이 게임에 응하는 사람들은 대부분 노숙자로 최하위계층에 속하는 사람들이다. 그들은 대부분 빵보다는 로또복권을 선택하고 복권을 긁는다. 사람들은 영화를 보면서 그들은 왜 가능성이 거의 없는 로또를 선택하는지 의아해한다. 이유는 간단하다. 빵 하나가 그들의 문제를 해결해주지 못하기 때문이다.

확실한 물건의 가치를 높여주면 상황은 달라진다. 예를 들어, 로또복권 당첨금액을 2배로 올리고 빵의 개수도 2배로 올리면 빵을 선택하는 사람들이 생겨난다. 급기야 로또 당첨금액을 100배로 올리고 빵의 개수도 100개로 늘리면 불확실한 로또보다 확실한 빵을 선택하는 사람은 더 많아진다. 중산층의 삶이 그럴듯하다면 상하류층을 왔다가 갔다가 하는 불확실한 삶보다는 확실한 중산층의 삶을 선택하는 사람이 많을 것이다.

2

상가 투자로
돈 번 중산층

　50대 남성 A씨는 1990년대 월급 200만 원 정도인 중견기업에서 첫 직장생활을 했다. 6개월 정도 일했지만 일도 맞지 않았고 직장 상사와의 마찰도 있었다. 회사생활이 자신에게 맞지 않는다고 판단한 그는 회사를 과감하게 그만두고 자영업을 하기로 결심했다.

　그는 사업 아이템을 찾을 때 몇 가지 원칙이 있었다. 20~30대 젊은 남녀를 타깃으로 했다. 그들에게 호소할 수 있는 아이템이어야 성공할 수 있다고 판단했다. 그때 그의 눈에 들어온 것은 아는 선배가 하던 액세서리 가게였다. 젊은이들을 상대로 2~3만 원대 패션시계 가게를 하는 것이 참고가 됐다.

　선배가 하는 아이템이 잘되는 것을 보고 시계뿐만 아니라 벨트, 가방, 신발 등등 비슷한 것을 취급하되 품목을 넓혔다. 처음 시작한 곳은 수도권이었다. 이런 아이템으로 작은 가게를 내는 데 8,000만 원 정도 들었다. 3,000만 원은 자신이 마련했고 5,000만 원은 부모님께 빌렸다.

가게를 열자 부부가 매달렸다. 아내도 하던 일을 접고 가게를 함께 운영했다. 수입은 짭짤했다. 매출이 많을 때는 한 달 수입이 1,000만 원에 달하기도 했다. 당시 돈으로는 꽤 많은 소득이었다. 가게가 잘되자 비슷한 아이템으로 다른 도시에 지점을 내기도 했다. A씨는 당시를 회고하면서 "직장생활이 안 맞는데 굳이 다닐 필요는 없다. 번듯한 직장을 그만두고 젊은 나이에 시장에서 작은 가게를 한다는 것이 자존심 상하기도 했지만 스스로에게 맞는 길을 찾은 것 같다"고 말했다.

'아차' 싶은 위기도 있었다. 가게가 잘되니까 서울의 모 여대 앞에 매장을 내자는 제안이 들어왔다. 당시가 1996년 말이었다. 이곳은 젊은이들이 가장 많이 다니는 곳이어서 패션 아이템에는 딱 맞는 곳이었다. 다만 권리금이 3억 원으로 매우 비쌌다.

조금 무리를 해서라도 가게를 내볼 생각에 여기저기 조언을 구했다. 그때 한 사람의 조언이 귀에 들어왔다. '지금은 사업을 벌일 시기가 아니다. 나라 경제 상황이 심각하다'고 했다. 여러 가지를 생각하다가 결국 그의 조언을 따랐다.

1997년 말 세상이 달라졌다. 우리나라가 IMF 구제금융을 받으며 사실상 부도상태에 빠져들었다. 대기업, 중소기업 가릴 것 없이 회사가 무너지기 시작했다. 주변의 숱한 가게가 문을 닫았다. 인수하려고 했던 가게도 마찬가지였다. 가슴을 쓸어내렸고 조언을 해준 사람은 지금도 고맙기만 하다. 작은 가게를 할 때도 경제 흐름을 읽는 것이 매우 중요하다는 사실을 그때 깨달았다.

역설적이지만 IMF는 기회도 가져다줬다. 부친이 돈을 빌려줬던 공장이 문을 닫았다. 부친은 돈을 받을 수 없는 상황에 처했다. 공장주는 갚아야 할 빚 대신 공장을 넘겨주겠다고 했다. IMF 때 많은 공장들이 문을 닫으면서 종종 있는 일이었다.

자동차 부품을 생산하는 업체라 아이템은 좋았지만 갑자기 불어닥친 불황과 빚을 감당할 수 없었다. 부친의 요청으로 한동안 하던 가게를 접고 공장을 운영했다. 공장을 운영해본 경험이 없어서 쉽지 않은 일이었지만 거래처도 확보돼 있고 생산하는 물건도 괜찮아서 그냥 열심히 하자는 생각이었다.

그렇게 1년 반을 버텼다. 공장을 운영하는 사람이었지만 딱히 공장에 있을 필요가 없어 거래처에 물건 배달을 직접 다녔다. 어느 날 배달을 갔더니 배달을 받는 회사 대표가 우리 회사 대표를 만나 보고 싶다고 했다. 그때 '내가 대표'라고 말했더니 깜짝 놀랐다. 대표가 직접 배달을 다닌다는 사실이 그에게는 놀라운 일이었다.

그렇게 알게 된 그가 공장을 인수하고 싶다고 했다. IMF 때 극심한 불황 1년 반을 버텼더니 기회가 찾아온 셈이다. 부친의 빚은 5억 원 내외였는데 그가 인수하겠다는 가격은 10억 원 정도였다. 공장을 1년 반 운영하고 해당 공장을 팔아 부친의 빚을 상환하고도 많은 돈이 남았다.

액세서리 가게를 정리한 돈과 공장 매각으로 번 돈이 종잣돈이 됐다. 이 돈을 새로 생긴 대형 의류 상가에 있는 가게에 투자했다. 시쳇말로 '핫'한 곳이었다. 가게를 사고 나면 몇 달도 안 돼 가격이 큰 폭으로 올랐다. 당시 한 칸 가격이 9,000만 원 내외였는데 가게를 사고 얼마 되지도 않아 1억 2,000만 원까지 올랐던 기억도 있다.

종잣돈으로 빈 가게가 나오면 사서 모았다. 그러다 가격이 오르면 다시 팔았다. 소위 말하는 상가 투자를 한 셈이다. 상가 투자를 하다 보니 노하우도 생겼다. 적당하게 대출을 받아 레버리지를 일으키기도 하고 세금을 절약할 수 있는 방법도 알게 됐다. 상가를 보는 안목도 생겼다. 그렇게 상가 투자에 나서면서 꽤 많은 돈을 벌었다. 그때 이후 상가 투자를 계속하면서 돈을 벌었다. 물론 손해를 본 적도 있다. 그래도 전체적으로 지금의 부를 쌓은 것은 상가 투자로 얻은 이익 덕분이다.

그가 모아놓은 돈은 금융 상품으로 굴린다. 주식은 거의 없고 예금과 펀드, 채권 등 안정적인 자금으로 돈을 굴린다. 금융소득으로 종전 연봉만큼의 소득을 올린다. 그는 이 정도의 소득에 만족한다고 했다. 자식 결혼 등 큰돈이 들어갈 일이 생기면 그동안 모아놓은 돈을 사용하고 그렇지 않으면 금융소득으로 어느 정도의 생활수준을 유지할 수 있다.

그는 더 큰돈을 벌고 싶은 생각은 없다고 했다. 지금 정도의 수준에 만족한다는 얘기다. 그는 서울 외곽의 작은 회사에서 월급쟁이 생활을 하고 있다. 돈에 대한 걱정을 어느 정도 덜어내니 일이 재밌어진다고 했다.

A씨는 상가 투자에 성공한 이유가 '운이 좋았던 것'이라고 말한다. 사실 그렇다. 직장을 그만뒀을 때, IMF 시기 상가 인수를 고민했을 때 등등 고민의 순간에 결과적으로 올바른 결정을 한 것이 지금의 부를 가져다줬다. 운 외에는 사람이다. 주변사람들의 진솔한

조언이 큰 도움이 됐다.

여기에 좌고우면하지 않고 하나의 방향을 정하면 성실하게 일했던 그의 노력이 더해졌다. 자신이 경제적으로 어려웠을 때 한두 번 받은 부모의 도움도 한몫을 했다. 이런 것들이 상승작용을 하면서 나름대로의 부를 이뤘다.

A씨는 더 이상 상가 등 부동산 투자를 하지 않는다. 한국의 부동산 시장은 이제는 돈을 벌기 어려운 구조라는 게 그의 판단이다. 인구가 줄어들고 있고 경기는 당분간 안 좋을 것으로 예상돼 투자용으로 부동산을 접근하지는 않기로 마음 먹었다. 자신은 그동안 상가투자로 돈을 벌었지만 한국 경제 구조상 더 이상은 어렵다는 판단이다.

③ 월급만으로
경제적 독립을 이룬 중산층

    60대 남성 K씨는 대학 졸업 후 한 직장에서 봉급생활자로 35년을 보냈다. 정년퇴직을 한 이후에는 전 직장에서의 경력을 바탕으로 다른 중견기업의 파트타임 직원으로 3년째 근무 중이다. 하루가 다르게 세상이 변하고 직업을 자주 바꿔 경력을 쌓는 것이 좋다고 생각하는 요즘 분위기에는 다소 맞지 않는 인생 역정이다.

    그럼에도 그는 과거를 뒤돌아보면 잘살았다는 생각이 든다고 했다. 경제적으로나 사회적으로, 또 자신의 삶을 살아가는 하나의 틀로서 월급쟁이 생활이 가장 잘 맞았다는 생각이다. 90년대 초반 사회생활을 시작한 그는 초봉이 100만 원도 안 됐다. 그 후 결혼을 했을 때 아내는 교사였는데 아이를 낳으면서 직장을 그만뒀다. 지금까지 소위 '외벌이'로 아들 둘을 낳고 4인 가족의 가장으로서 살아왔다.

    40년 동안 외벌이로 봉급만 받아서 살았는데 문제는 없었을까?

그는 '봉급생활자답게 살면 별 문제가 없다'고 했다. 봉급생활자의 철칙은 버는 만큼 쓰는 것이다. 월급이 정해져 있으면 거기에 맞춰서 지출을 조정하는 것이 그의 원칙이다.

여러 가지 유혹이 있었지만 그는 원칙을 지켰다. 아니 지킬 수밖에 없었다고 했다. 아이 둘이 있었는데 사교육에 그렇게 많은 돈을 들이지 않았다. 빚을 내가면서 사교육을 하는 것은 어떤 이유로도 정당화되지 않는다고 생각했다. 대신 아쉬울 때는 부모가 직접 가르쳤다.

월급쟁이 생활을 하면서 골프처럼 돈이 많이 드는 운동을 하지 않았다. 취미도 없었고 그 정도의 운동에 그렇게 많이 지출하기도 어려웠다. 부동산 문제도 그렇게 신경 쓰지 않았다. 1990년대 결혼할 때 서울 변두리에 장만한 20평대 아파트가 유일한 부동산 재산이다.

이 집을 토대로 몇 번 이사를 거쳐 지금은 서울 외곽 수도권 아파트에 살고 있다. 살면서 중간중간 부동산에 투자하고 싶은 생각이 들긴 했다. 하지만 부동산을 통해 돈을 많이 버는 것은 '남의 일' 같아 실제로 투자를 해본 적이 없다.

자동차도 소형차를 오래 타고 다녔고 직장 근처에서 운동하는 것 외에 다른 돈 드는 취미생활도 하지 않았다. 4인 가족이 모두 절약이 몸에 뱄다. 다행히 누구 하나 집안의 돈 때문에 불만을 얘기한 적도 없고 형편보다 무리한 요구를 하는 사람도 없었다. 그것이 지금까지 봉급생활자로서 살아온 비결이라면 비결이다.

그렇다고 돈을 모으지 않은 것도 아니다. 지금도 수도권 집 한 채 외에도 적잖은 금융 자산을 갖고 있다. 재테크의 비결은 특별한 것이 없다. 대부분 예금과 펀드 등으로 모은 돈이다. 주식을 한 적은 있지만 큰 재미를 보지 못했다. 코인이나 다른 상품은 쳐다보지도 않았다. 투자를 크게 하지 않았으니 별다르게 손해 본 것도 없다. 직장생활을 하면서 가족들이 아껴가며 예금과 펀드로 돈을 한 푼 두 푼 모은 것이 지금 이 정도의 자산을 갖게 된 비결이다.

공대를 나온 그는 직장에 갈 때 자신의 기술을 개발하고 실현할 수 있는 곳을 골랐다. 직장을 고른 철학은 '지속적인 배움과 나눔'이다. 직장에서 계속 뭔가를 배울 수 있고 배운 것을 나눌 수 있는 곳을 평생직장으로 삼았다. 다행히 그가 고른 직장에서 그런 것이 가능했다. 중소기업을 기술적으로 지원하는 직장에서의 일도 마음에 들었다.

35년 일하는 가운데 직장을 바꿀 기회도 있었다. 더 높은 직책이나 더 좋은 조건으로 이직을 권하는 경우다. 그럴 때마다 이직을 고민하지 않은 것은 아니다. 그런데 결론은 그대로 있는 것이었다. 시간이 지날수록 하고 있는 일의 비중이 점점 높아지면서 기존 직장에서 역할이 가볍지 않았던 것이 한 이유다. 또 같이 근무하던 직원들과의 인간관계도 하나의 이유가 됐다.

봉급생활자로서 사는 데 어려움은 경제적인 것이나 직업의 문제가 아니라 직장 내에서 벌어지는 부조리였다. 직장 상사들의 불공정한 태도와 각종 부조리함이 직장생활을 오래 할수록 눈에 들어왔다. 부조리를 행하지는 않았지만 연차가 높아지면서 이를 방관하고 있어야 한다는 것이 스스로를 힘들게 한 요인이다.

나름대로 이런 스트레스를 극복하는 노하우는 있었다. 회사가 답답할 때는 직장 내에서 보내는 시간보다 밖에서 고객들과 만나는 시간을 늘리니 일의 효율도 올라가고 스트레스도 줄었다. 다행히 이 회사는 기술지원을 명목으로 출장이 잦은 회사라 이런 식의 극복이 가능했다. 그런 점에서 운이 좋은 편이다. 또 직장 내에서 마음에 맞는 사람들과 각종 소모임을 만들어 소통하면서 스트레스를 이겨냈다.

직장생활에서 배운 기술은 정년퇴직 후의 삶을 살아가는 데 원동력이 되고 있다. 그는 젊었을 때부터 습관적으로 정년 후의 삶을 생각했던 것 같다. 직장의 성격상 많은 데이터를 다루기 때문에 이 데이터를 활용해 가치를 만드는 일에 관심이 많았고 이 일을 정년 후에도 할 수 있을 것으로 생각했다.

그렇기 때문에 데이터를 생산하고 모으고 정리하는 일을 찾아 하기도 했고 거기에 대한 역량을 개인적으로 발전시키기도 했다. 이런 노력은 자연스럽게 데이터와 관련한 인공지능과 접목이 됐고 나름대로 전문성을 갖게 됐다. 퇴직 후에는 이런 전문성을 인정받아 중견기업에서 일하고 있다.

그는 앞으로도 힘이 닿는 데까지 지금하고 있는 일을 계속하면서 살려고 한다. 지금 일을 하면서도 배우는 것들이 많아 '배움과 나눔'이라는 직장생활의 철학이 계속 유지되고 있다. 앞으로는 '배움'보다는 '나눔'에 더 비중을 둘 수 있으면 좋겠다는 생각을 한다.

경제적인 부분은 크게 신경 쓰지 않는다. 노후생활을 영위할 정도로 돈은 모았고 실제 소득도 있기 때문이다. 아내와 생활하는 비용을 대충 따져보니 월 300만 원이면 그럭저럭 살 수 있을 것 같다. 직장생활을 하지 않더라도 국민연금으로 200만 원 정도를 받을 수 있고 나머지 100만 원 정도는 일을 해서 보탤 수 있을 것으로 생각한다. 문제는 건강이다. 나이 들어 생활을 하다보면 경제적 이유보다 건강상의 이유로 하고 싶은 일을 하지 못하는 경우가 많다. 그런 것을 방지하기 위해 건강에 조금 더 신경을 쓰고 있다.

K씨의 삶은 한 직장에서 평생을 일하면서 경제적, 사회적, 개인적 소망을 어느 정도 이룬 경우다. 어찌 보면 운이 좋았다고 볼 수도 있고 달리 생각하면 그만큼 직장생활을 하면서 치열한 삶을 산 결과이기도 하다. 한국의 봉급생활자들은 90% 이상이 불안에 떨고 있다. 직장이 언제 어떻게 될지 모르고 직장을 나가 생활할 준비가 안 돼 있다고 생각하기 때문이다. 직장을 다니면서도 야간 대학을 다니고 한 직장으로 만족을 못해 투잡, 쓰리잡을 뛰는 경우도 많다. 그런데 K씨의 사례를 보면 한 직장생활만 충실히 하더라도 인생의 많은 부분을 해결할 수 있다. 봉급생활자로서 만족하면서 사는 중산층 얘기다.

사회사업가로
변신한 중산층

　50대 여성 R씨는 서울 변두리 어린이집에서 교사를 20년간 하다 사업가로 변신했다. R씨는 어린이집 교사 월급이 그리 많지는 않지만 아이들과 지내는 것이 좋았다. 그렇게 직장생활을 하다 보니 본인이 운영하는 어린이집을 운영하고 싶다는 생각이 들었다. 하지만 돈이 문제였다.

　그는 서울 변두리 아파트 한 채를 보유하고 있을 뿐 모아둔 돈이 별로 없었다. 어린이집을 운영하기 위해서는 임대하든 매매하든 공간이 필요했다. 어떻게 해야 할지는 몰랐지만 우선 주말이 되면 서울 근교를 발이 닳도록 뛰어 다녔다. 이미 포화상태인 서울에 어린이집을 또 내는 것은 바닷물에 물 한 바가지 더 붓는 꼴이라 의미가 없다고 생각했다.

　그렇게 다니며 찾은 곳이 서울 인근 신도시였다. 어린이집 운영을 시작할 당시인 2010년 경, 그곳은 개발이 본격화하기 전이었다.

미래를 보면 포화상태인 서울보다 나을 것으로 생각됐다. 땅값도 쌌다. 이 땅을 사서 어린이집을 짓기로 했다. 땅 사고 건물을 지을 돈이 문제였다. 우선 살던 아파트를 전세를 주고 작은 연립주택으로 이사를 갔다. 남편과 아이들이 불편함을 감수하고 엄마가 하는 사업에 동의를 해줬기 때문에 가능한 일이었다. 그동안 모아둔 돈도 탈탈 털었다. 아울러 은행에서 땅과 건물을 담보로 받을 수 있을 만큼 대출을 받았다.

그렇게 건물을 짓고 어린이집을 시작했다. 어린이집 교사생활을 20년가량 했지만 실제 운영하는 것은 달랐다. 처음부터 끝까지 사업주가 관여하지 않는 것이 없었다. 아이들 문제, 선생님과의 갈등 등등 온갖 어려움이 있었지만 그래도 버텼다. 아니 전 재산을 투자해 만든 사업이기에 실패할 수가 없었다는 것이 더 솔직한 말이다.

아파트가 들어서고 사람들이 모여들면서 어린이들도 하나둘씩 늘어갔다. 그런데 두 가지 문제에 봉착했다. 산자락의 어린이집이라 인적이 드문 곳이다. 차를 운영하긴 하지만 그래도 어린이들이 주로 생활하는 아파트나 연립주택 거주단지와는 거리가 조금 있었다.

한동안 아이들이 몰려들었지만 어느 순간부터 정체상태가 지속됐다. 새로 들어서는 아파트 단지에 어린이집이 생기면서 발생한 현상이다. 타개책을 고민하던 중 또 한 번의 결정의 순간이 왔다. 2010년대 후반이 되니 뉴스에서는 연일 저출생, 고령화 문제가 이슈로 다뤄졌다. 우리나라가 조만간 초고령화 사회로 들어선다는 내용이 방송뉴스에 나왔다. 반면 아이를 낳지 않아 지방에서부터 학교와 어린이 시설들이 문을 닫는다고 했다. 사람들이 몰려드는 신도시라 상황이 조금 다를 수는 있지만 우리나라의 큰 흐름을 거스를 수는 없다고 생각했다. 이 흐름에 맞춘다면 또 한 번의 사업 변신이 필요했다.

2020년부터 본격화된 코로나19로 인한 팬데믹 현상으로 어린이들이 모일 수 없게 된 것도 운영에 큰 영향을 줬다. 그렇게 2020년 어린이집을 요양원으로 바꾸기로 결심했다. 앞으로 어린이집은 점점 줄어들지만 요양원은 계속 늘어날 것으로 보았다. 우리 사회를 위해서나 사업의 성공을 위해서나 요양원이 더 좋다는 판단이 들었다. 어린이집을 연 뒤 10년도 안됐는데 사업을 바꾸는 것은 큰 위험이다. 주변에서도 무모하다며 만류하기도 했다.

그래도 인생에 아쉬움이 남으면 안 될 것 같아서 요양원 전환을 결정하고 일을 추진했다. 역시나 돈이 문제였다. 다행히 그동안 부동산 값이 올라 건물 가치를 기준으로 대출을 더 받을 수 있었다. 지인들을 통해서도 돈을 더 빌리기도 했다. 어린이집 교사를 하면서 '사회복지사' 자격증을 취득한 것이 요양원을 만드는 데 큰 도움이 됐다.

2021년 요양원 문을 열었다. 어린이집 건물을 요양원으로 완전히 개편하고 꼭대기 층은 가정집으로 해서 입주하기로 했다. 평범한 직장인에서 10년에 걸쳐 큰 사업을 두 번이나 영위하는 사업가로 변신하기는 녹록지 않았다. 벌어놓은 돈이 모두 사업에 투입됐다. 본인뿐만 아니라 가족, 지인들까지 빌릴 수 있는 돈은 모두 빌렸다. 소위 말하는 '영끌'을 통한 사업이다.

요양원 사업은 처음엔 고전했다. 처음 응급환자가 생겼을 때 119로 후송하는 과정에서의 어려움도 있었고 나중에 그분이 돌아가셨다는 이야기를 들었을 때도 충격이었다. 그래도 사업을 해보니 어르신들을 돌보는 데 보람이 느껴졌고 일하는 것도 재미있었다. 그렇게 진심으로 어르신들을 돌보니 입소문이 나서 사람들이 여기저기서 들어오기 시작했다. 안정적으로 요양원을 운영할 수 있을 정도로 사람이 모였다.

요양원은 큰돈을 벌 수 있는 사업은 아니다. 사회사업으로서의 성격이 강하기 때문이다. 그렇지만 운영이 안 될 정도로 업황이 악화된다면 사업을 계속하기는 힘들 것이다. 지금은 돈을 벌려는 목적보다 '인생의 마지막을 보내시는 분들이 조금이라도 편안하게 지내실 수 있도록 돕는다'는 마음가짐으로 일을 하고 있다.

요양원을 차리면서 R씨는 두 가지를 얻게 됐다. 하나는 여러 경험을 통해 본인의 적성과 맞는 직업을 찾았다는 것이다. 다른 하나는 부수적으로 재테크에도 어느 정도 성공을 하게 됐다는 것이다. 서울 인근에 땅을 사서 건물을 지은 것이 신의 한 수였다. 건물을 지을 당시보다 부동산 값은 크게 올랐다. 의도한 것은 아니었지만 결과적으로 부동산 재산이 늘어나는 효과는 있었다.

사업을 하면서 R씨가 배운 점 또한 두 가지다. 하나는 큰 흐름을 보고 사업 아이템을 잡는 것이 중요하다는 생각이다. 사회사업이나 노인문제에 대한 전문가는 아니었지만, 세상의 큰 흐름이 고령화 시대로 간다고 했을 때 그와 관련된 사업을 하는 것이 중요하다고 생각했다. 또 하나는 사업은 역시 타이밍이라는 것이다. 결정을 할 때는 좌고우면하지 말고 결단을 해야 한다. 결심을 하지 못하고 시간을 보내면 사업은 할 수 없는 일 같다.

월급쟁이에서 작지만 사업가로서의 변신은 인생의 재미있는 순간들이다. R씨는 앞으로도 이 사업을 계속하면서 살아갈 생각이다. 열심히 하면 평생직업으로서 충분히 가능할 것 같다. 형편이 나아지면 대출을 갚는 것이 급선무다. 다음은 지금 요양원에 있는 집보다 조금 더 큰 집에서 살고 싶다는 것이 가족들의 소망이다.

R씨처럼 한국의 중산층의 삶은 고정돼 있지 않다. 월급쟁이에서 사업가로, 사업가에서 월급쟁이로 언제든지 변신이 가능하다. 그 과정에서 어려움은 있지만 보람도 있다. 그런 점에서 한국의 중산층은 여전히 역동적이다.

5

중산층이
되고 싶은 사람들

    2023년부터 사회적 약자를 위한 경제 교육을 하고 있다. 한 사회단체의 소개를 받아 그들을 상대로 시장경제원리를 쉽게 설명하는 자리다. 교육을 하면서 많은 사람들을 만났다. 발달장애인과 말하기가 어려운 농인들도 있었다. 한국에서 공부하러 온 개발도상국가의 유학생도 있었고 탈북민, 기초생활 수급자 등 다양한 사람들이 경제에 관심을 보였다.

    경제 교육을 하면서 여러 가지 질문을 받았다. 한 발달장애인 여성은 식당에서 아르바이트를 하는데 접시를 닦을 때 손을 떤다고 식당 주인으로부터 해고 통보를 받았다고 했다. 그는 선천적으로 손을 떠는데 그것 때문에 접시를 닦을 때 더 긴장하고 주의를 기울여 일을 한다고 했다. 그래서 접시를 깨뜨리거나 잘못 닦은 적은 없다고 했다. 그런데도 식당 주인은 자신을 해고했다며 어떻게 해야 하느냐고 물었다.

부당해고에 대한 구제 방법을 설명해줬다. 자신의 근로자 지위를 확인하고 중앙노동위원회에 구제 신청을 하면 된다는 것이 주된 내용이다. 설명을 들은 그는 '괜찮아요, 다른 데 취직할래요'라며 시원하게 해고를 받아들였다. 그는 그렇게까지 사업주와 다투고 싶지 않다고 했다.

다만 자신이 스스로의 단점을 보완하기 위해 충분히 노력하고 있고 그 노력의 결과 다른 사람과 비슷하게 일을 하고 있는 것을 인정받지 못한 점을 억울해했다. 만약에 발달장애인이 아니고 손도 떨지 않는 사람이 접시를 닦다가 접시를 깨뜨렸을 때 사업주가 그를 해고했을까를 상상해본다면 별로 유쾌하지 않은 답이 돌아올 것 같다.

한 기초생활수급자는 경제원리와 관련한 근본적인 문제를 제기하기도 했다. 기초생활수급자가 일을 할 경우는 생계비 지원을 받을 때 일을 해서 받은 소득을 제외하고 생계비를 지급한다. 정부는 2020년 이전에는 기초생활수급자의 생계비 지원 금액 산정 시 수급자의 소득을 차감했다.

2020년 이후에는 수급자 소득공제 30% 제도를 도입해 수급자 소득의 70%를 차감하고 생계비 지원액을 계산해 지급한다. 한마디로 기초생활수급자가 일을 하더라도 생계비 지원액이 줄어드는 것 이상의 소득을 올리지 못한다면 일을 할 때와 하지 않을 때 비슷한 소득을 받게 된다는 것이다. 이는 기초생활수급자가 일을 할 유인을 떨어뜨리는 것이고 일에 대한 보상이 제대로 주어지지 않는다는 것을 의미하기도 한다.

경제의 기본원리 중의 하나가 일을 많이 한 사람이 실제 사용할 수 있는 소득이 일을 적게 한 사람의 소득보다 최소한 조금이라도 많아야 한다는 것이다. 그래야 개인적으로 일을 할 유인이 생겨나고 이렇게 개인들이 일을 해야 경제 전체적으로도 자원이 효율적으로 활용될 수 있다. 일을 할 수 있는 사람이 하지 않는 것은 개인적으로나 사회적으로 낭비다. 정부가 저소득자에게 보조금을 지급할 때 이런 원칙이 적용되는 것은 경제적으로 당연한 얘기다.

우즈베키스탄에서 왔다고 자신을 소개한 한 고려인 학생은 비자문제 때문에 취업이 어렵다고 하소연했다. 자신은 학생비자로 유학 와서 서울 명문대에서 공부를 하고 있는데, 졸업 후 한국에서 취업하려면 꼭 해야 하는 비자 갱신의 과정이 쉽지 않다는 것이다.

고려인은 19세기경부터 연해주 등 러시아 지역으로 이주한 조선인들이 그 출발점이다. 현재 러시아 우즈베키스탄 카자흐스탄 등에서 살고 있으며 인구수는 50만 명 정도로 추정된다. 질문을 한 학생은 우리나라 사람과 구분할 수 없을 정도로 비슷한 외모를 갖고 있었고 한국말도 아주 잘했다.

한국은 고령화로 노동 인력의 부족 현상이 심각해질 것으로 예상된다. 이를 감안하면 고려인처럼 뿌리가 한국인 사람들의 이민과 이주를 활성화 하는 것도 한 방법이다. 중산층의 기반을 확충하기 위해서라도 이민제도를 전향적으로 바꾸는 것이 필요하다.

근로장려금 같은 정부 지원 정책의 내용이 워낙 복잡해 저임금 근로자들이 이해하기 어려운 경우도 있었다. 근로장려금 계산 공식은 단순하지 많고 예외 조항도 많다. 근로자 입장에서 스스로 장려금을 감안한 임금을 계산하기 어려워서, 미래 계획을 세우기도 덩달아 어려운 경우가 많았다.

관악구에 살고 있는 한 발달장애인 부부는 신혼부부 주택특별공급 대상자인데 특공 공급이 안 돼서 어려움을 겪고 있다며 방법이 없겠냐고 물어보기도 했다. 부부가 손을 꼭 잡고 어눌한 말을 이어가며 질문하는데, 그들의 얼굴에서 중산층이 되고 싶은 소망을 읽을 수 있었다.

사회적 소외계층이 생각하는 중산층은 단순하다. 돈을 얼마 벌고 얼마를 저축하고 어디서 사는지 등등은 계산할 여유도 없고 계산하지도 않았다. 그저 살 집이 있고 가족과 오순도순 앉아서 먹을 먹거리가 있으면 된다. 그것을 위해서 열심히 노력을 하고 있다. 하지만 그들에게 여러 가지 제약 때문에 이런 소망도 충족하기 어려운 경우가 많았다.

취재 과정에서 만나본 한국의 중산층들은 스스로가 중산층이 아니라고 생각하면서 사회경제적 지위를 과소평가하는 경향이 있었다. 현재 삶에 만족하지 못하고 스스로를 비하하는 행태를 보이는 경우다. 하지만 그런 중산층의 삶을 '인생의 꿈'으로 삼고 열심히 노력하는 사람들도 많았다. 우리 사회의 이중적인 모습을 보여주는 한 단면이다.

어느 사회나 중산층이 되는 공간은 활짝 열려있어야 좋은 사회다. 상류층이란 용어의 정의상 사회에서 소수일 수밖에 없다. 일종의 좁은 문이다. 반면 중산층은 용어의 정의에서부터 사회에서 가장 많은 비중을 차지하는 계층이다. 누구나 중산층의 문을 두드릴 수 있고 그 문으로 들어갈 수 있는 사회가 건전한 사회다. 그런데 우리나라는 중산층은 스스로가 지위를 인정하지 않고 있고 정말 중산층이 되고자 하는 사람에게는 그 문이 쉽게 열리지 않는 측면이 있다.

6

중산층을
거부하는 중산층

　50대 A씨는 해외에서 박사 학위를 받은 연구직 직장인이다. A씨의 아내도 전문직이다. 부부의 월 소득은 1,000만 원을 족히 넘어간다. 그런데 얘기를 나누던 중 그는 자신이 우리나라에서 가장 진보적인 이념을 표방하는 정당의 당원으로 가입했다고 말했다. 소득이나 직업으로 놓고 볼 때 우리나라 상류층에 속할 것 같은 그가 가장 서민을 위하는 진보정당 당원으로 가입했다는 얘기를 들었을 때 상당히 놀랐다.
　이유를 물어봤다. 그의 이야기는 이렇다. 공부를 하느라 해외 유학생활이 길어져 아이가 외국에서 오래 살았다. 그러다 한국에 들어오니 일반적인 학교에서는 적응하기가 어려워서 아이를 외국인 학교에 보냈다. 그곳은 전혀 다른 세상이었다고 한다. 학생의 씀씀이나 학부모의 소득이 자신들보다 훨씬 높은 경우가 많았다.
　우리나라 전체적으로는 상류층이지만 외국인 학교라는 특수한 공간에서 그들은 중간 이하의 소득이었다고 한다. 그래서 외국인 학교에서 계층적인 소외감을 많이 느꼈다. 또 최상류층의 집단에 들어가서 직접 느껴보니 부의 편중현상이 생각보다 심각함을 느꼈다. 아울러 돈의 논리가 작동하는 최상류층들의 행태를 보면서 우리나라가 많이 달라져야 한다고 생각하게 됐다. 그래서 가장 진보적인 정당의 당원이 됐다고 한다.

A씨의 경우는 일반화하기 어려운 사례다. 그런데 A씨처럼 우리나라에서 객관적으로는 상류층이지만 스스로는 중산층 이하라고 느끼는 사람이 늘어나고 있다. 급기야 이런 사람들까지 부의 편중현상을 해소해야 한다고 목소리를 높이는 경우도 흔히 볼 수 있다. 왜 그럴까?

국세청은 2015년부터 우리나라 소득 100분위 자료를 발표하고 있다. 특히 최상위 계층은 0.1%로 세분화해서 소득을 계산해 발표한다. 이 자료를 보면 우리나라 소득의 편중 현상이 매우 빠르게 진행되고 있음을 알 수 있다.

2015년에 우리나라 소득 상위 0.1%의 평균소득은 연 소득 기준으로 6억 5,501만 원이었다. 8년이 지난 2023년 상위 0.1%의 평균소득은 9억 8,798만 원으로 8년 새 3억 3,297만 원이 늘었다. 반면 상위 1%에 해당하는 사람의 평균소득은 같은 기간 1억 4,191만 원에서 1억 9,062만 원으로 4,871만 원 증가했다. 상위 10%의 소득은 7,130만 원에서 8,659만 원으로 1,529만 원 늘었다. 늘어난 소득만 놓고 보면 상위 0.1%의 소득 증가액이 상위 10%의 소득 증가액의 20배가 넘는다. 금액을 기준으로 한 소득 증가 속도가 상위

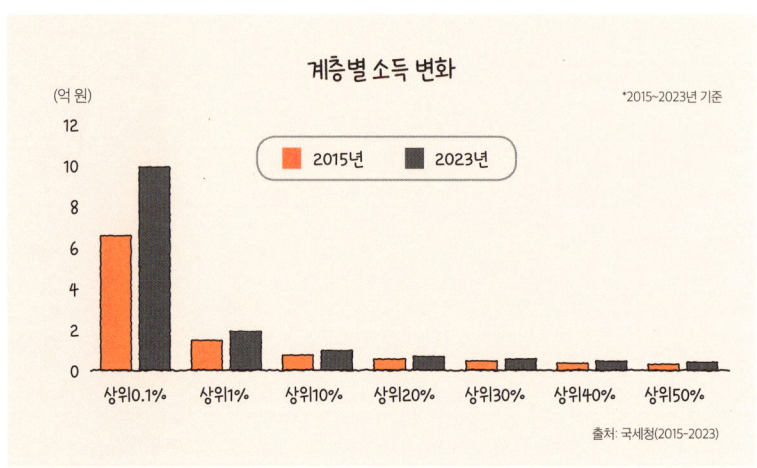

0.1% 슈퍼리치와 상위 10% 상류층 간에 비교할 수 없을 정도로 차이가 난다.

　소득증가율을 살펴봐도 비슷한 얘기를 할 수 있다. 상위 0.1% 계층의 같은 기간 소득증가율은 50.8%에 달했다. 반면 상위 1%의 소득증가율은 34.3%로 낮아졌다. 상위 10~40% 사이의 소득증가율은 20%대로 떨어진다. 상위 50% 계층의 소득증가율은 이 기간 36.1%에 달해 다른 계층보다 상대적으로 높았지만 상위 0.1%인 슈퍼리치에 비하면 여전히 낮은 수준이다. 절대적인 금액뿐만 아니라 증가율에서도 슈퍼리치의 소득증가율은 다른 계층에 비해 압도적으로 높았다.

　상위 0.1%의 소득을 상위 10%의 소득으로 나눈 상위계층의 소득분배 배율도 2015년 9.2배에서 2023년에는 11.4배로 늘었다. 우리나라의 상위 20%의 소득을 하위 20%의 소득으로 나눈 5분위 배

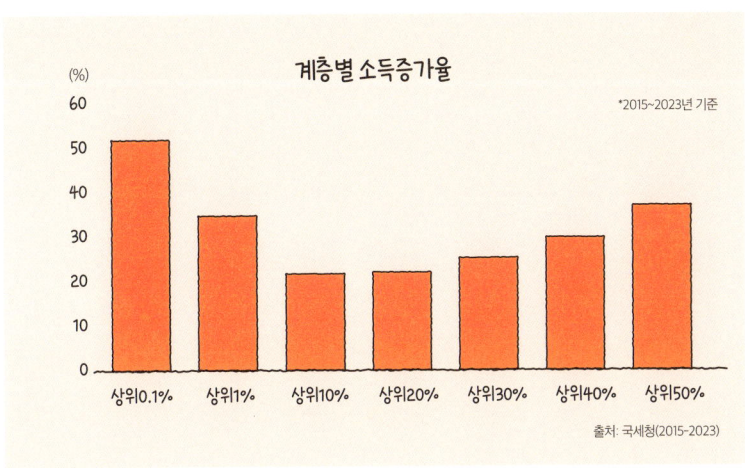

율은 2022년 시장소득 기준으로 7.09배다. 세금과 부담금을 납부한 후인 가처분소득 기준으로 한 5분위 배율은 4.98배다. 같은 해 상위 10%의 소득을 하위 10%의 소득으로 나눈 비율인 소득 10분위 배율은 시장소득 기준으로 14.91배, 가처분소득 기준으로 8.37배다. 상위계층과 하위계층 간의 소득 격차보다 상위계층 내에서의 소득 격차가 더 빠르게 진행되고 있는 상황이다.

그러다 보니 자신이 객관적인 소득분배지표상에서는 상위계층에 있더라도 상대적인 박탈감을 느끼는 사람들이 많아지고 있다. 한국개발연구원(KDI)의 2023년 '한국인의 계층인식에 대한 조사'도 이 같은 현실을 보여준다. KDI는 소득 계층별로 샘플을 모아 자신들이 어느 계층에 속하는지를 물었다. 설문 결과 객관적으로는 소득 상위 20%의 상류층에 속하는 응답자 647명 중 35명(5.4%)만이 자신들이 상위계층에 속한다고 응답했다. 반면 응답자 546명(84.4%)

은 자신들이 중산층에 속한다고 답했으며 66명(10.2%)은 심지어 하위계층에 속한다고 응답했다. 객관적인 상황과 주관적인 인식 사이의 괴리가 상당했다.

중산층에게 비슷한 질문을 던졌을 때 나온 결과는 조금 다르다. 설문에 응한 중산층(5분위 소득 20~80%) 2,501명 중 1,761명(70.4%)은 자신들이 중산층에 속한다고 응답했다. 상대적으로 중산층은 객관적인 상황과 주관적인 상황 간의 괴리가 상류층보다 적었다. 다만 중산층 중에서도 682명(27.3%)은 자신이 하위계층에 속할 것이라고 응답했다. 중산층과 상류층의 상당수가 자신의 객관적인 상황보다 주관적인 상황을 더 안 좋게 인식하고 있는 셈이다.

중견기업에 근무하는 30대 미혼 여성 B씨에게 스스로가 어떤 계층에 속하느냐고 물어본 적도 있다. 그는 자신이 하위계층에 속할 것이라고 대답했다. 연봉으로 따지면 분명 우리나라 중산층에 속하는 수준이었는데 별다른 고민 없이 자신은 하위계층이라고 답하는 것에 놀랐다.

이유를 물었다. 그는 '현재의 경제상태가 유지된다면 미래에 서울 인근에 집도 한 채 사지 못할 것 같은데 어떻게 중산층이라고 할 수 있겠나'라고 답했다. 그의 머릿속에는 소득보다 집은 한 채 있어야 중산층이라는 인식이 강하게 있는 것 같았다.

중산층이지만 중산층이 아니라고 생각하는 사람들, 상류층이지만 상류층이 아니라고 생각하는 사람들이 늘어나는 것은 객관적인 토대와 주관적인 느낌 사이에 괴리가 발생하기 때문이다. 특히 많은 사람들이 자신의 객관적인 상태보다 자신의 경제적인 처지가 더 낮다고 생각하는 것은 우리나라 사람들의 삶이 그만큼 팍팍해지고 있음을 반영한다.

PART 3

중산층 경제를
이해하는
일곱 개의 키워드

1

욕망_
중산층의 욕망은 무한하지 않다

    여러 사람들에게 질문을 해봤다. 젊은 직장인도 있었고 은퇴한 노년층도 있었다. 사회봉사단체에서 일하는 중년의 사람도 있었고 중견기업에서 일하는 MZ세대도 있었다. 통계상으로는 대부분 중산층에 속하는 사람들이다. 질문은 간단했다. '돈을 얼마나 벌면 충분히 행복할까'였다. 반응은 비슷했다. 처음엔 '많을수록 좋다'는 추상적인 답을 들었다.

    다시 한번 구체적인 액수를 대답해달라고 물었다. 다양한 답변이 돌아왔다. '50억 원 정도'라고 말하는 사람도 있었고 '100억 원 정도'라고 말하는 사람도 있었다. 그렇다고 물어본 사람 중에 1,000억 원이 넘는 돈을 말하는 사람은 없었다. 500억 원이 가장 많은 금액이었다. 그들은 수백억 원의 돈이 있으면 평생 돈 걱정을 하지 않고 살 수 있을 것 같다고 했다.

    그들에게 두 번째 질문을 했다. '그 돈으로 뭘 하고 싶은가'라는 질문이다. 답이 각양각색이다. 강남에 그럴듯한 아파트를 사고 싶다는 사람도 있었고, 세계 여행을 원 없이 가고 싶다는 사람도 있었다.

자녀를 좋은 곳에 유학 보내고 싶다는 사람, 맛있는 것을 먹고 싶다는 사람 등등 그들이 하고 싶은 얘기가 들려왔다. 이 모든 것을 하려면 100억 원이 넘을 정도의 돈이 필요할 것 같다고 했다. 상상 속이기는 하지만 우리나라 중산층의 욕망은 엇비슷했다. 그 욕망을 충족시켜주는 돈의 양도 그다지 차이가 많이 나지 않았다.

인간의 욕망은
정말로 무한한가?

중산층들의 실제 생각은 경제를 설명하기 위해 만들어진 자본주의 경제학의 기본원리와는 조금 차이가 난다. 경제학을 배워 본 사람들은 많은 경제학 교과서 첫 장의 '인간의 욕망은 무한한데 자원은 희소하기 때문에 경제 문제가 발생한다'라는 서술을 기억할 것 같다. 경제학은 '인간의 욕망은 무한하다'고 가정한다.

한 가지 질문을 던져본다. '인간의 물질적 욕망이 과연 무한할까?' 경제학에서는 사람은 재화와 서비스를 통해 효용을 얻는다고 한다. 재화는 사람들에게 만족감을 주는 각종 물건들이다. 쌀, 집, 옷 등이 해당된다. 서비스는 사람에게 효용을 주는 각종 인간 활동을 말한다. 의료, 법률, 미용 등등이 모두 서비스다.

자기가 본 가장 좋은 것을 먹고 가장 좋은 옷을 입고 가장 좋은 곳에서 서비스를 누리면서 사는 사람이 있다고 생각해보자. 매일 매일 세상에서 가장 호사스런 생활을 한다면 만족감이 매우 높을 것이다. 그럼 그 사람의 욕망은 거기까지 유한한 것이다.

만나본 대부분의 중산층 중에서 막연히 무한히 많은 재산이 있으면 좋겠다고 말한 사람은 없었다. 사람들은 돈 자체로부터 만족감을 얻는 것이 아니다. 돈이 아닌 물건을 놓고 말한다면 욕망이 무한하지 않다는 것은 좀 더 확실해진다.

예를 들어, 배가 고플 때 밥을 한 공기 먹으면 포만감이 강하게 느껴진다. 그런데 밥을 두 공기 먹으면 두 공기째 먹는 밥은 별로 감흥이 없다. 그러다 세 공기까지 먹으면 그때는 배가 불러 더 이상 못 먹을 정도다. 좋은 영화를 한 번 볼 때는 감동의 물결이 밀려온다. 그 영화를 연속으로 보면 두 번째 볼 때는 별 감흥이 없게 된다. 명품 백을 처음 가질 때는 좋아서 어쩔 줄 몰라 하지만 두 개, 세 개 갖게 되면 처음 가질 때만큼 좋지가 않다. 이렇게 물건이나 서비스들을 소비하면 할수록 그 물건과 서비스가 주는 만족감은 떨어진다. 이런 점에서 사람들의 욕망을 물건의 소비로 표현하면 욕망은 한계가 있다. 자신이 소비할 수 있는 물건의 양은 제한돼 있고 거기까지가 인간의 욕망인 셈이다.

경제학에서는 이런 현상을 '한계효용 체감'이라고 부른다. 어떤 물건이든 소비량이 늘어날수록 그 물건 한 단위가 주는 만족감은 줄어든다는 의미다. 그런데 자신의 욕망을 돈으로 환산하면 얘기가 달라진다. 돈은 소비하기 위해 필요한 수단이다. 돈이 직접적인 효용을 가져다주지는 않는다.

그럼에도 불구하고 사람의 욕망을 돈으로 바꾸는 순간 왠지 돈은 많을수록 좋을 것 같다는 일종의 환상에 빠지게 된다. 100억 원보다는 1,000억 원이, 1,000억 원보다는 1조 원이 더 좋을 것 같다. 하지만 아무리 부자라고 1조 원이나 되는 돈을 실제로 다 쓰고 세상을 떠나는 사람은 없다. 누구나 아는 상식이지만 사람들은 돈으로 자신의 욕망을 측정하는 순간 '다다익선'의 논리에 빠진다.

중산층 경제에서
돈이 주는 환상들

경제학에서는 '불포화성에 입각한 선호$_{\text{non satiation preference}}$'라는 용어가 있다. 아무리 많은 물건이나 돈이 있더라도 그보다 조금 더 많은 것을 더 좋아한다는 의미다. 합리적인 개인은 이런 특성이 있다는 가정에서 논리를 전개한다. '다다익선'의 가정이라고도 불린다. '가격이 작동하는 시장경제 시스템은 스스로가 가장 효율적인 자원 배분 상태를 만들어낸다'는 이론을 이끌어내는 가장 기본적인 가정 중 하나다.

이런 이론은 현실적인 의미도 갖는다. 사람들이 돈을 아무리 많이 갖고 있더라도 더 많이 돈을 벌 수 있도록 제도를 만들어야 한다는 의미도 담고 있다. 특정인이 자신의 돈을 1조 원, 100조 원 갖고 있더라도 더 많은 돈을 벌려고 노력하는 것을 정당화해준다.

예를 들어, 100만 원을 가진 사람이 200만 원을 벌기 위해 노력하는 것과 1조 원을 가진 사람이 2조 원을 벌기 위해 노력하는 것이 모두 개인적인 '합리성'에 기반한 것이라는 논리다. 이런 논리가 더 나아가면 100만 원을 가진 사람이 200만 원을 버는 데 조금 유리하게 경제 제도를 만든다고 했을 때 1조 원을 가진 사람의 건전한 욕망을 침해하는 것이라는 비판을 유도한다.

먹고사는 문제를 해결하기 위해 돈을 버는 것과 사실상 소비로 이어지지도 않는 돈을 버는 것을 같은 선상에서 비교하는 것은 타당하지 않다. 하지만 불포화성의 가정을 받아들이는 순간 중산층과 부자 간의 욕망이 같으며 돈을 버는 노력을 똑같이 장려해야 한다는 생각도 받아들이게 된다.

불포화성의 가정은 모든 사람이 돈을 조금이라도 더 벌려는 노력을 존중해야 하기 때문에 '부익부 빈익빈'의 양극화 현상이 심화되는 것을 이데올로기적으로 정당화하기도 한다. 인간의 욕망이 무한하다는 가정은 돈이 아무리 많더라도 더 벌 수 있도록 경제적 환경을 조성해야 한다는 논리로 귀결되기 때문이다.

예를 들어, 소득이 많아질수록 세율이 높아지는 누진세율을 비판하는 근거 중 하나가 세율을 누진적으로 적용하면 일하려는 유인이 줄어들고 사회적으로 더 일을 할 수 있는 사람이 일을 안 하는 결과를 낳아 비효율성이 발생한다는 것이다.

이런 가정에서 보면 재산이 수천억 원인 사람, 연봉이 수백억 원인 사람들의 경우도 욕망을 충족시키기 위해 돈을 더 많이 벌어야 하는 사람들이다. 정부가 이들의 경제 행위에 대한 규제를 하면 이들의 본성을 침해하는 것으로 받아들여진다. 정부가 세금을 많이 물리거나 과도한 재산 집중에 대해 규제를 하면 스스로의 욕망을 충족시키기 위해 노력하는 사람의 경제적 행위를 가로막는 것으로 해석되고 이런 제도와 규제는 가급적 없애는 것이 좋다는 논리적인 흐름을 만든다.

하지만 이런 이데올로기는 중산층에게는 별 의미가 없을 뿐만 아니라 양극화를 부추겨 중산층의 발전을 가로막는 요인이 되기도 한다. 현실에서의 중산층은 욕망이 무한하지 않다. 또 많은 돈을 갖기도 어렵다. 현실적으로는 욕망이 무한하지 않은데 욕망이 무한하다는 것으로부터 출발하는 경제 논리에 사로잡힐 필요가 없다는 얘기다. 또 인간의 욕망이 무한하다는 생각 아래 나오는 각종 정책 아이디어에 동의할 이유도 없다.

냉정히 생각해보면 중산층의 욕망은 유한하다. 어느 정도까지만 물질적 부를 축적하고 싶어 하는 것이 중산층들의 소망이다. 막연히 돈이 많을수록 좋을 것이라는 생각은 중산층에게는 별로 도움이 되지 않는다.

중산층의 경제적 사고는 두 가지에서 출발하는 것이 좋다. 먼저 자신의 욕망을 막연한 재산보다 소비로 환원해 생각하는 것이다. 자신의 욕망을 돈으로 측정하는 순간 돈의 논리에 사로잡힐 가능성이 높다. 실현될 가능성이 거의 없는 상황 때문에 구체적인 현실의 이해를 포기할 이유가 없다.

중산층이 경제를 생각할 때 유념해야 할 것이 또 하나 있다. 화폐로 환산한 소득을 기준으로 막연하게 돈을 많이 벌고 싶다는 생각보다는 구체적으로 자신의 욕망을 실현하기 위해 어떤 소비를 해야 하는지를 점검해보는 것이다. 구체적으로 먹고 싶은 것, 살고 싶은 집, 하고 싶은 일들을 생각해보고 이런 욕망을 실현하기 위해 얼마만큼의 돈이 필요한지를 따져본 다음, 이 돈을 벌려면 어떻게 해야 하는지 전략을 세우는 것이다.

돈을 먼저 생각하게 되면 '다다익선'이라는 일종의 이데올로기에 빠지게 되고, 실제 필요하지도 않은 논리 싸움에 휘말릴 수 있다. 중산층은 소득보다는 소비를 기준으로 자신의 욕망을 실현하는 방법을 찾는 것이 보다 현실적이다. 중산층으로서 경제를 보는 출발점은 막연하게 인간의 욕망이 무한하다는 이데올로기에 휩싸여 자신들의 현실적인 고민을 놓치는 우에서 탈피하는 것이다.

2

회색_
섞인 색이 아니라 실용적인 색

〈삼진그룹 영어토익반〉이라는 영화가 있었다. 영화 속의 삼진그룹이라는 회사가 물건을 만드는 과정에서 인체에 치명적으로 유해한 물질인 페놀을 강으로 방출한다. 강이 오염되지만 사람들은 그 원인을 알지 못한다. 이런 상황에서 삼진그룹의 영어토익반에 있는 여직원들이 사건의 전말을 파헤치고 이를 통해 삼진그룹을 둘러싼 부정부패 행위가 세상에 알려진다는 내용의 영화다.

영화 속 삼진그룹은 페놀을 방출하면서 물건을 만들지만 이 사실을 은폐하고 기업 활동을 계속한다. 이처럼 사회에 해악을 끼치면서 기업의 이익만 꾀하는 회사들이 종종 발견돼 평범한 사람들의 분노를 자아낸다. 이런 사회적 문제를 해결하려면 어떻게 해야 할까?

다양한 스펙트럼이 공존하는 중산층

법을 적용하는 검사와 판사 등 사법부는 이들을 모두 찾아내 처벌하는 것이 중요하다고 역설한다. 법 논리는 세상을 법을 지키는 사람과 법을 어기는 사람으로 나누고, 법을 어기는 사람을 처벌해 모두가 법을 지키는 사회를 만드는 것을 표방한다. 이들의 목적은 폐수를 방류하는 기업을 사라지게 하는 것이다.

경제의 논리는 조금 다르다. 경제는 비용과 사회적 이익을 비교한다. 기업 모두를 조사해 폐수 방류기업을 찾아내 처벌하는 것은 사회적인 비용이 너무 많이 든다. 하지만 하나의 기업을 찾아낼 때마다 페놀 방류량은 줄어들어 사회적인 이익은 늘어난다. 비용과 이익을 감안할 때 어느 정도 행정력을 동원해 단속해야 하는지 찾아내는 것이 경제학의 해결 방법이다. 페놀을 방류하는 기업을 모두 단속해 처벌하는 것은 합리적이지 않다.

즉, 경제 논리는 사회적인 비용과 편익이 적절한 균형을 이루는 선에서 정책을 수립하고 집행할 것을 권유한다. 국가 경제 전체적으로 일정 부분 페놀 방출은 불가피하다. 이런 점에서 경제적 해결 방법은 점진적이다. 흑과 백의 선명함을 추구하기보다는 대부분의 해법이 흑과 백이 섞여 있는 회색이라고 볼 수 있다.

비슷한 이유로 중산층이 경제를 보는 시각도 회색에 가깝다고 할 수 있다. 중간에 있는 계층인 이유도 있지만 중산층은 경제인으로서 다양한 측면을 동시에 가지고 있는 사람들이기 때문이다.

영국 작가 대니얼 디포의 소설 '로빈슨 크루소'는 경제학에서 자주 인용된다. 소설을 보면 무인도에 표류한 크루소는 혼자서 원시인처럼 생활하면서도 하루 몇 시간을 일하고, 얼마만큼을 먹고, 몇 시간을 잘 것인가 하는 '경제적' 의사결정을 한다. 한 명의 크루소를 기업가, 노동자, 소비자로 각각 나눠 의사결정을 하는 것이다.

기업가 크루소는 임금을 줄이고 고용한 근로자의 노동을 짜내 이윤을 최대한 올릴 수 있는 방안을 만든다. 크루소는 다음엔 노동자로 바뀌어 당연히 일은 덜하고 임금을 많이 받을 수 있는 방안을 내놓는다. 서로 다른 입장에서 내놓은 답이 한 번에 일치할 리가 없다.

기업가 크루소 입장을 너무 앞세우면 근로자 크루소가 피해를 보고, 근로자 크루소 입장을 너무 강조하면 기업가 크루소가 피해를 본다. 그렇다고 내면에서 두 입장이 서로 싸우면서 아무것도 안 하면 크루소는 무인도에서 굶어 죽는다. 크루소는 결국 기업가와 근로자 입장에서 각각 조금씩 양보하는 법을 찾는다. 이렇게 찾아낸 답에 맞춰 크루소는 하루에 일할 시간과 이에 따른 생산량을 계산하면서 무인도 생활을 이어나간다.

자본주의 경제는 수많은 크루소의 집합체다. 크루소의 사례를 현실적으로 잘 보여주는 게 중산층이다. 재벌로 대표되는 소수의 기업 총수는 자본가로서의 모습이 강하고, 노동조합총연맹으로 대표되는 다른 한편의 세력은 노동자로서의 모습이 강하다. 그들은 나름대로 세력을 형성하고 언제나 선명한 목소리를 낸다. 그 목소리가 관철되도록 각종 노력도 아끼지 않는다.

반면 중산층은 크루소처럼 다면성을 띠고 있다. 그들은 한편으로는 소상공인 같은 기업주이면서 일을 직접 하는 노동자이기도 하다. 또 생산자이면서 소비자인 야누스적 성격이 강하다. 스펙트럼도 무척 다양하다.

우리나라 중산층의 많은 부분을 차지하는 자영업자를 예로 들어보자. 우리 사회에는 단돈 500만 원으로 장사를 시작한 사람이 있는가 하면 수억 원을 들고 창업한 사람도 있다. 스토리도 제각각이다. 잘 다니던 회사에서 갑자기 잘려서 자영업을 시작한 사람, 나름대로 포부를 갖고 창업 전선에 뛰어든 젊은이들, 갑작스러운 사고로 생계 현장에 내몰린 사람도 있다.

가게가 인생의 전부인 사람이 있는가 하면, 심심풀이 부업 정도로 업체를 차린 사람도 있다. 무지개 같은 자영업자의 삶을 어느 한 잣대로 재단하기엔 각각의 삶이 너무 다채롭고 여러 가지 인생이 얽히고설켜 있다. 그러다 보니 기업주나 노동자처럼 통일된 목소리를 내고 이를 관철시키는 데 서툴다. 직장에서도 중산층의 위치는 중간관리자인 경우가 많다. 노조와 회사 양측의 입장 사이에 끼어있는 경우가 많다.

이런 의미에서 중산층의 색깔은 회색이다. 회색이라도 검은색과 흰색이 적당히 섞여 만들어낸 색깔이 아니다. 검은색도 흰색도 아니지만 나름대로의 정체성을 갖고 있는 사람들이 모여 만들어낸 색깔이다. 그들만의 시각으로 경제를 바라볼 자격이 충분히 있다는 얘기다.

회색은 흰색이나 검은색처럼 색깔이 뚜렷하지는 않지만 세상을 구체적으로 묘사하기에 적합하다. 중산층의 경제 논리도 이데올로기적으로 선명하지는 않다. 하지만 매우 실용적인 관점을 유지한다.

3

공정_
학연, 지연 없이 노력과 실력으로

 2024년 파리 올림픽에서 많은 사람들을 울고 웃게 만든 종목 중 하나가 양궁이었다. 특히 여자 양궁 단체전은 올림픽 정식종목 채택 이후 10회 연속 금메달을 따면서 많은 나라들의 부러움을 샀다. 전 세계 사람들이 한국 양궁의 비결을 물었다. 첨단 훈련 시설, 양궁 종목의 오랜 역사와 한국 선수들의 집중력 등이 언급됐지만 가장 화두가 됐던 것은 선발 과정에서의 '공정'이었다.

**공정에 대한
중산층의 열망**

 한국 양궁의 대표팀 선발 과정은 공정하기로 유명하다. 100명이 참여해 64명을 선발하고 다음에는 32명, 20명 등으로 선발 인원을 줄인다. 양궁 성적 외에는 고려하지 않는다. 한때 협회가 선수를 추천하거나 시드를 배정하는 방식도 있었지만 그마저도 없앴다.

이런 방식으로 최종 8명을 국가대표로 선발한다. 2024 파리 올림픽은 3명에게 출전권이 주어진 관계로 8명이 다시 평가전을 치러 성적에 따라 3명을 골랐다. 이 과정에서 2020년 도쿄올림픽 3관왕을 했던 선수가 탈락했고 올림픽에 처음 나가는 선수들이 국가대표로 선발됐다.

10연패라는 중차대한 과제가 있는데 '초짜'들로 대표 팀을 구성하는 것에 대해 비판적인 여론이 많았다. 올림픽 대표로 선정된 전훈영 선수는 기자회견에서 "나도 내가 뽑힐지 몰랐다. 그래도 공정한 경쟁을 통해 뽑힌 걸 어떡하나. 열심히 하겠다"라고 답했다. 양궁 대표 선발 과정에서 성적 외에는 어떤 다른 요소가 작용하지 않음을 보여준 사례다.

세간의 우려를 극복하고 대표팀은 10연패를 달성하면서 단숨에 국민 영웅으로 떠올랐다. 그들도 다음 올림픽이나 아시안게임 등 큰 게임에 또 나간다는 보장이 없다. 올림픽 금메달보다 어렵다는 국가대표 선발전을 또 치러야 하기 때문이다.

양궁의 사례가 보여준 것처럼 취재 과정에서 만난 한국의 중산층들도 경쟁을 두려워하지 않았다. 지난 수십 년간 경쟁을 통해 성취한 경험도 있고 경쟁에서 진 쓰라린 패배의 경험도 있다. 그러면서 경쟁이라는 시장경제의 규칙들을 몸으로 체험해왔다. 상류층에서 상속을 통해서 많은 부를 거머쥐고 이를 소비하면서 사는 사람들은 경쟁의 경험이 많지 않다. 또 국가의 보조금에 의존하는 빈곤층과 취약 계층들도 경쟁에 많이 노출되지는 않는다.

하지만 한국의 중산층들은 자신의 목표를 이루기 위해서는 경쟁이 불가피하다는 것을 몸으로 체득한 사람들이다. 경쟁이 없는 적당한 나눠먹기는 바람직하지 않다고 생각한다. 아울러 양궁 선수들처럼 공정한 경쟁을 한다면 이길 자신이 있고 또 지더라도 그 패배를 받아들일 자세가 되어 있다.

한국 중산층의 생존 노하우는 해외에서도 종종 발휘된다. 미국에서 공부할 때 이민을 온 한국 사람들과 만나 그들의 스토리를 들어볼 기회가 종종 있었는데, 종합해보면 몇 가지 공통점이 있다.

먼저 미국에 정착하기 위해 온 사람들은 대부분 한국의 중산층이었다. 한국은 돈이 많은 사람이 정말 살기 좋은 사회라고 한다. 상류층이 한국처럼 좋은 나라를 놔두고 미국으로 이민을 올 이유가 별로 없다. 또 한국의 하위계층은 해외로 이민을 와서 정착하기까지의 비용을 감당하기 어렵다. 그러다 보니 대부분 중산층들이 이민을 오게 된다.

미국에서 만난 중산층들은 나름대로의 사연을 하나씩 간직하고 있었다. 한국에서 그럭저럭 잘사는데 이민을 갈 이유가 없다. 대부분 직장에서 문제가 있던지, 가족 내부나 가족 간의 문제가 있던지, 아니면 자녀의 문제가 있던지 하는 이유 때문에 이민을 결심한다. 그래서 미국에서 이민을 와서 만난 사람들은 이민을 온 이유에 대해 서로 묻지 않는다는 것도 알게 됐다. 서로의 아픈 기억을 끄집어낼 필요가 없기 때문이다.

미국에 이민 온 한국의 중산층들은 한국의 재산을 처분해서 어느 정도의 자본을 가지고 온다. 그들은 처음에 가지고 온 자본을 갖고 작은 사업을 시작한다. 레스토랑을 하거나 인테리어 가게를 열거나 자신만의 아이디어를 갖고 사업을 한다.

첫 사업에서 성공하기는 매우 어렵다. 사업을 하는 방식이나 제도도 다르고 시장도 예상과는 다르게 움직인다. 많은 사람들이 실패한다. 사업에 실패하면 가지고 온 돈도 다 날아가고 생활은 어려워진다. 이때 낙담하고 한국으로 돌아가는 사람도 물론 있다. 하지만 많은 사람들은 재기를 노리고 새로운 출발을 한다.

먼저 부부가 함께 새벽에 건물 청소를 하는 것부터 시작한다. 대부분 건물은 사람이 없는 자정 전후로 청소를 시작한다. 건물 청소는 야밤에 진행되기 때문에 임금도 높고 각종 수당도 많이 붙는다고 한다. 또 청소를 하는 데 별다른 자본이 필요 없다. 임금이 높고 자본이 없으니 사업에 실패한 한국 사람이 도전하기에 좋은 조건이다.

부부가 청소기를 들고 쓰레기통을 비우며 함께 청소를 하는 것이 그리 좋아보이지는 않는다. 하지만 한국에서 화이트칼라로 살았던 사람들도 미국에 와서는 청소하는 데 주저함이 없다. 그만큼 한국의 중산층은 일에 적극적이고 생존력이 강하다. 청소를 해서 돈을 모으면 그 다음에는 세탁소 같은 사업을 주로 한다고 했다.

세탁소를 창업하기 위해서는 점포도 얻어야 하고 각종 세탁기기도 들여놓아야 해서 초기 자본이 필요하다. 건물 청소를 통해 모은 돈이 세탁소의 초기 자본에 활용된다. 세탁소를 할 때 가장 힘든 점은 독한 세탁 약품들을 다뤄야 하는 것이다. 한두 번 다루고

나면 약품 냄새에 몸서리친다고 했다. 그래도 세탁소를 해서 실패하는 한국 사람을 본 적이 없다. 그만큼 열심히 일을 한다.

세탁소를 통해 돈을 벌면 그 다음 아이템은 주유소처럼 조금 큰 가게다. 미국의 주유소는 주차장도 겸하고 대부분 편의점도 같이 운영하고 있어 세탁소보다 훨씬 자본이 많이 든다. 주유소를 할 때쯤 되면 웬만한 소득이 보장된다. 이때가 되면 잔디밭이 있는 집도 사고 골프도 치면서 나름대로 미국 생활을 즐기기도 한다.

미국에 이민을 온 한국의 중산층은 사업 실패 후 청소, 세탁소, 주유소를 공통적으로 거치면서 '아메리칸 드림'을 실현해나간다. 주유소에서 더 발전을 하면 그때는 자신이 하고 싶은 사업을 시도한다. 이때는 버젓한 미국의 사업가로 탈바꿈한다. 실패하는 사람도 많지만 한국에서 이민 온 많은 사람은 주유소 정도까지는 열심히 일해서 달성하는 경우를 많이 봤다.

중산층의 경쟁과 국가 경쟁력

한국의 중산층은 열심히 일하고자 하는 의지가 있고 이를 실천하는 실행력도 있다. 일을 덜하고 적당히 놀고먹는 것은 기본적으로 체질에 맞지 않는다. 그들에게 "한국에서도 이처럼 열심히 일하면 미국보다 더 잘살지 않겠나"라고 물어본 적이 있다.

그들은 한국에서 열심히 일하기 어려운 이유로 두 가지를 꼽았다. 먼저 한국에서는 '화이트칼라', '대기업 직원' 등등으로 일하면

체면이라는 것이 있어서 다른 일을 하기가 어렵다고 했다. 예를 들어, 대기업 직원을 하던 사람이 사업을 한다고 직장을 그만두고 나와서 사업에 실패했다고 생각해보자. 이때 그가 건물 청소를 하기에는 '체면'에 맞지 않아 어렵다고 했다.

두 번째는 한국의 자본주의는 경쟁의 원리가 제대로 작동하지 않는 측면이 많다고 했다. 각종 학연, 지연, 혈연에 얽혀 승진과 보상이 결정된다. 또 정부의 규제로 많은 아이디어를 실현하기 어려운 구조라고 했다. 그러다 보니 많은 사람들의 능력이 발휘되기 힘들다고 말했다. 미국은 건물 청소를 하더라도 눈치 보거나 체면 차릴 이유가 없고 세탁소, 주유소 등을 할 때 열심히만 하면 거기에 따른 보상이 주어지기 때문에 일하기가 훨씬 좋다고 했다.

자본주의 시장경제의 핵심은 경쟁이다. 자본주의 시장경제를 채택하고 있는 나라들에서 경쟁에 가장 많이 노출된 계층은 중산층이다. 중산층의 경쟁이 제대로 진행되는지가 국가 경쟁력을 좌우한다. 경쟁의 부작용은 양극화라는 점도 공통적이다. 미국도 갈수록 확대되는 양극화 문제로 골머리를 앓고 있다. 이런 점은 한국과 비슷하다.

하지만 미국은 경쟁의 결과로서 양극화가 발생하는 반면 한국은 경쟁을 가로막는 요소로 인해 양극화가 발생하는 측면이 많다. 제대로 된 경쟁을 해보지도 못하고 승자와 패자가 갈리는 것이다. 이런 시장경제는 건강하지 않다. 중산층이 주도하는 경제를 만들기 위해서는 공정한 경쟁을 가로막는 부당한 요인들을 하나씩 없애야 한다.

4

지대_
중산층 성장의 적, 독점권 경쟁

 퇴직 은행원인 김모 씨는 은행에서 30년 넘게 일했다. 그는 은행에 취직한 사람들 모두가 염원하는 임원을 달지 못하고 정년퇴직했다. 그래도 그는 한 번도 자신의 능력이 모자라서 임원이 안 됐다고 생각해본 적은 없다. 나름대로 열심히 일했지만 은행의 인사가 학연, 지연, 혈연 등에 의해 능력과 무관하게 결정되는 경우를 자주 봤기 때문이다.
 학연, 지연을 내세우는 사람들이 저절로 임원이 되는 것도 아니다. 끊임없이 각종 연을 만들고 힘 있는 사람들과의 관계를 이어가는 데 너무 많은 에너지를 소모하는 것도 수없이 봤다. 김모 씨는 특별한 연도 없었지만 업무와 무관한 인연을 만들고 관리하는 데 소모할 에너지가 너무 아까워 임원이 안됐다고 스스로를 위로하면서 살아간다.

경쟁은 언제나
사회적 효율성을 높일까?

주변을 살펴보면 김씨와 같은 사람은 많다. 시간이 지날수록 많은 중산층들이 상위계층이 되기 위해서는 '능력보다 인맥과 네트워크가 중요하다'고 말한다. 그럼 그렇게 굴러가는 사회는 발전할 수 있을까?

자본주의 시장경제에서 '경쟁'은 최고의 미덕이다. 경쟁을 통해 자원이 가장 효율적으로 배분된다고 믿는다. 설명 방식은 이렇다. A기업과 B기업이 휴대폰을 만들어 판매한다고 가정하자. 휴대폰 값은 한 대당 100만 원이고 시장점유율은 똑같이 50%씩 차지하고 있다.

이렇게 양분된 시장에서 A기업이 휴대폰을 보다 싸게 만들 수 있는 기술을 개발했다. 이 기술을 적용해 휴대폰을 만들면 원가가 10% 낮아진다. 이 기술을 활용해 휴대폰을 만든 A기업은 휴대폰 가격을 90만 원으로 낮췄다. 소비자는 당연히 A기업이 만든 휴대폰으로 쏠린다.

이 경우 A기업의 시장점유율은 계속 늘어난다. 급기야 A기업의 시장점유율이 100%가 되면 B기업은 더 이상 휴대폰을 팔 수 없게 된다. B기업이 A기업처럼 휴대폰 값을 90만 원으로 낮추면 손해를 보기 때문에 차라리 팔지 않는 것이 낫기 때문이다. 시장 전체적으로 휴대폰 값은 90만 원으로 낮아지고 휴대폰을 만드는 데 필요한 각종 자원들은 휴대폰을 가장 잘 만드는 A기업 쪽으로 이동한다.

소비자는 종전보다 10만 원 싼값으로 휴대폰을 살 수 있게 돼 소비자의 이익도 늘어난다. 시간이 지나 휴대폰 값을 80만 원으로 낮출 수 있는 기술을 개발한 C기업이 등장하면 같은 과정이 반복된다. 이때는 A기업이 시장에서 퇴출되고 소비자들은 80만 원에 휴대폰을 구매할 수 있게 돼 이익을 본다.

이런 메커니즘이 작동하면 기업들은 원가를 낮출 수 있는 각종 기술을 개발하기 위한 경쟁을 끊임없이 벌인다. 경쟁에서 이긴 기업은 시장점유율이 높아지고 소비자들은 싼값으로 제품을 살 수 있게 된다. 가격 경쟁 메커니즘은 자본주의 시장경제를 건강하게 지탱하고 발전시키기 위한 필수적인 조건이다.

반면 경쟁이 개인은 물론 사회적으로 비효율성을 낳는 경우도 있다. 1967년 미국의 고든 툴록이라는 경제학자는 '경쟁'이 반드시 사회적 효율성을 높인다고 볼 수 없다는 다소 도발적인 주장을 내놨다. 경쟁 자체가 중요한 것이 아니라 무엇을 위해 어떻게 경쟁하는가가 중요하다는 주장이다. 경쟁의 내용에 따라 사회적 효율성을 높일 수도 있고 오히려 떨어뜨릴 수도 있다.

그는 자본주의에서의 경쟁을 '가격 경쟁'과 '지대 추구 경쟁'의 두 가지로 나눴다. 가격 경쟁은 앞에서 언급한 것처럼 기업들이 시장에서 가격을 낮추려고 노력하는 경쟁을 말한다. 이 경쟁의 효과는 효율성을 높이는 결과를 가져온다.

문제는 지대 추구 경쟁이다. '지대'란 원래 비옥한 토지를 빌릴 때 지주에게 지급하는 대가를 말하는 용어였다. 예를 들어, 토지가 1·2·3등급이 있고 1등급 토지에서는 한 해 10가마, 2등급 토지에서는 한 해 9가마, 3등급 토지에서는 한 해 8가마의 쌀이 생산된다. 이때 토지를 보유한 사람이 토지를 운영할 사람에게 임대를 해주는 경우를 생각해보자. 1등급 토지를 임대해줄 때는 3등급 토지보다 임대료로 쌀 2가마를 더 받으려고 할 것이다. 토지가 비옥하기 때문이다.

마찬가지 이유로 2등급 토지를 빌려줄 때는 3등급보다 쌀 1가마를 더 받으려고 한다. 이런 이유로 지대가 2등급 토지는 1가마, 1등급 토지는 2가마로 책정된다. 비옥한 토지가 한정돼 있기 때문에 발생하는 현상이다. 토지를 빌리는 사람 입장에서는 비옥한 토지를 빌릴 때 더 많은 토지 사용료를 내더라도 수확량이 많기 때문에 지주가 내건 지대라는 조건을 받아들인다.

현대 자본주의에서
지대가 발생하는 원리

현대 자본주의 경제에서는 토지처럼 수량이 한정된 대부분의 것에는 토지에 지불하는 것과 비슷한 일종의 '지대'가 발생한다. 17세기 영국은 부족한 국가 재정을 채우기 위해 '독점권'을 민간에 부여했다. 영국 왕실로부터 독점권을 받으면 이 사업은 특정 기업만 영위할 수 있다. 다른 기업은 진입이 불가능하다. 예를 들어, 목화로 짠 면을 파는 기업이 독점권을 받는다면 이 기업은 매번 면을 팔아 돈을 벌 수 있다. 경쟁이 없기 때문에 자신이 가격을 마음대로 책정할 수 있다.

이때 기업 간에 왕실로부터 독점권을 받기 위한 경쟁이 일어난다. 독점권을 받으려고 왕실에 각종 로비를 한다. 독점권을 받은 기업은 로비에 소요된 비용을 소비자 가격에 전가한다. 기업은 기술개발을 통해 가격을 낮추기보다는 왕실에 독점권을 받기 위한 로비 경쟁을 벌인다. 이런 경쟁이 '지대 추구 경쟁'이다.

지대 추구 경쟁이 만연해지면 기업들은 지대를 얻기 위해 더 많은 비용을 지불하고 이 비용을 소비자들에게 전가한다. 경쟁이 격화되면 기업들은 지대를 얻었을 때 발생하는 이익의 전부를 정부 로비에 사용해 독점권을 따내려 한다. 정부는 기업들의 로비를 받아 이익을 챙긴다. 소비자들은 지대 추구 경쟁이 없을 때보다 높은 가격을 지불한다. 결국 불공정한 경쟁으로 인해 기업과 정부는 부당한 이익을 얻고 소비자는 손해를 본다. 지대 추구 경쟁이 만연해지면 경쟁력 강화를 위해 사용돼야 할 자원이 로비와 뇌물 등에 사용된다. 기업은 물론 국가의 경쟁력은 떨어지고 부패는 만연해진다.

국가가 면허를 발부해 인력 공급을 제한하는 것도 지대를 만든다. 대표적인 것이 변호사와 의사 같은 직업이다. 정부가 면허를 발급해 변호사와 의사 수를 제한하면 의사와 변호사는 다른 직업보다 고소득을 얻게 된다. 면허가 없는 직업의 경우 소득이 늘어나면 이 직업으로 유입되는 사람이 늘어나 소득이 다시 줄어들지만 면허를 국가가 관리하는 직업군은 이런 자연스런 경쟁이 벌어지지 않는다.

이런 상황에서 사람들은 의사와 변호사 서비스 질을 높이기보다는 면허를 취득하기 위한 경쟁을 벌인다. 경쟁만 통과하면 일정 소득이 보장되기 때문이다. 의사와 변호사가 되기 위한 과열경쟁에 많은 자원이 소모되고 이는 결국 국가자원의 낭비로 이어진다.

지대 추구 경쟁이 과열되면?

국가 간 무역을 하는 과정에서도 지대가 발생한다. 예를 들어, 우리나라 정부가 섬유 산업을 보호하기 위해 해외에서 들여오는 섬유 수입품에 대해 관세를 부과하거나 수입량 제한 등의 조치를 취한다고 가정해보자. 이때 해외에서 들여오는 수입 섬유의 가격은 적정 가격보다 높아지게 된다. 그럼 우리나라 섬유 회사들은 가격 경쟁에서 유리하게 된다. 관세가 없을 때보다 더 많은 물건을 팔 수 있게 되고 이로부터 이익을 올릴 수 있다.

그렇기 때문에 국내 기업은 수입 장벽을 쌓도록 정부 로비를 하는 경우가 많다. 로비에 많은 비용이 소요되지만, 관세를 비롯한 수입 제한 조치로 수입이 줄어들면 해외 경쟁력이 떨어지는 국내 기업들이 많은 이익을 올릴 수 있다. 이런 현상이 만연해지면 우리나라 기업들의 세계 경쟁력은 갈수록 떨어지고 로비를 받는 정부 공무원들은 부패하게 된다.

지대 추구 경쟁이 과열되고 고착화되면 지대 근처에 있는 사람들이 그들의 재산과 네트워크를 통해 진입장벽을 구축한다. 국가의 기득권 계층은 끼리끼리 네트워크를 구축하고 서로 간에 이권을 주고받으면서 지대를 만들어간다.

기득권 네트워크에 편입되지 않은 중산층은 지대 추구 경쟁에서 이기기 쉽지 않다. 로비와 뇌물 등에 소요되는 비용을 중산층이 만들기 어렵고 로비 행위가 주로 정관계와 재벌 등 부유층들 간의 네트워크를 통해 이뤄지기 때문이다.

또 의사와 변호사 등 면허가 고정된 직업을 얻기 위한 경쟁이 심해지면 중산층이 의사와 변호사가 되기 위해 지불해야 하는 '지대 추구 비용'은 갈수록 늘어난다. 기존 기득권자인 상류층에 유리한 경쟁 구도가 형성된다. 지대 추구 행위와 지대 추구 경쟁이 만연해지는 사회에서는 계층 간 이동이 고착화되고 양극화가 한층 더 빠르게 진행되어 중산층의 삶은 갈수록 어려워진다.

지대 추구 경쟁에서 승리한 사람은 패배자로부터 인정을 받지 못한다. 이 때문에 경쟁 메커니즘을 통해 효율성을 높인다는 경제의 기본원칙도 흔들린다. 순간적으로는 지대 추구 경쟁에서 이긴 사람이 승자가 되는 것처럼 보이지만 결국은 모든 사람이 망하게 되는 역설적인 상황도 발생한다.

축구 경기에서는 골키퍼 외에는 손을 쓰는 것이 금지돼 있다. 어느 순간부터 손을 써서 경기를 이기는 경우가 발생하고 심판이 이를 눈감아준다면 처음에는 손을 잘 쓰는 사람이 이기지만 이런 축구 경기를 사람들이 관심 갖고 볼 리가 없다. 그럼 관중을 끌어 모을 수 없어 더 이상 리그가 유지될 수 없다.

경제도 마찬가지다. 기득권의 반칙이 만연한 경제는 중산층의 쇠락을 가속화시킨다. 중산층이 공정한 규칙의 집행에 더욱 민감하게 반응하는 이유다. 중산층이 적극적으로 경제활동을 하고 이를 통해 사회에 이바지하기 위해서는 경제 내에 존재하는 각종 지대를 없애야 한다. 이를 통해 공정한 가격 경쟁의 규칙을 만들어야 한다.

5

소비_
소득보다 더 중요하다

    법무사로 일하는 박모 씨는 요즘 들어 부쩍 상속과 관련한 문의를 많이 받는다. 부동산 값이 오르면서 중산층으로 살던 사람도 집 한 채 이상 재산이 있으면 상속 금액이 10억 원을 훌쩍 넘어가서 이와 관련한 문의와 법률 대행서비스 의뢰가 많다고 했다.

    법률 대행서비스를 하다 느낀 안타까움도 들려줬다. 그의 말에 따르면 중산층의 상속은 상류층과 다르다고 했다. 중산층 부모의 자산은 본인을 위해 먹고 쓰는 것을 아껴서 모은 재산이다. 특히 나이 들어 거동이 불편할 때는 병원 치료를 충분히 받지도 못하고 도우미서비스 등도 받지 않으면서 돈을 모았다고 했다.

'효용'을 늘리는 법

그렇게 모은 돈 10억 원 정도를 남기고 돌아가시면 십중팔구 자식들은 그 돈을 놓고 싸운다고 했다. 이런 모습을 보면서 돌아가신 분도 충분히 쓰셨으면 어땠을까 하는 아쉬움이 남는다. 자식들이 상속재산 때문에 의가 상하는 일도 없을 테니 말이다.

법무사 박모 씨의 말처럼 우리나라 중산층은 소비에 인색한 사람들이다. 하지만 곰곰이 생각해보면 이는 경제적으로 볼 때 합리적이지 않다. 예를 들어, 매월 1,000만 원을 벌어 600만 원을 저축하고 400만 원을 소비하는 사람과 매월 600만 원을 벌어 500만 원을 소비하는 사람은 누가 더 만족감이 높을까?

많은 사람들은 1,000만 원을 버는 사람들의 만족감이 높다고 얘기할 것이다. 틀린 얘기는 아니다. 하지만 경제학적으로 정확히 말하자면 현재는 600만 원을 벌어 500만 원을 소비하는 사람의 만족감이 더 높다. 이유는 단순하다. 사람의 만족감은 소유가 아닌 소비로부터 나온다는 것이 경제학의 기본원리다. 소유만으로는 심리적인 안정감을 줄 수는 있지만 직접적인 만족감을 주지는 못한다.

경제학에서는 소비로부터 오는 만족감을 '효용'이라고 부른다. 사람들은 효용을 많이 누리기 위해서 경제생활을 한다. 일을 하는 것 자체만으로 보람을 찾는다면 더할 나위 없이 좋겠지만 대부분의 사람들은 돈을 벌어 소비를 통해 효용을 높이기 위한 목적으로 일을 한다. 이 때문에 경제학은 제약된 예산 아래서 효용을 극대화하는 방법을 찾는 것에서부터 시작된다. '예산 제약'이란 쉽게 말하자면 자신이 벌어들이는 소득을 의미한다.

월 600만 원을 벌어들이는 사람이 빚을 내지 않고는 700만 원만큼 소비할 수 없다. 이 때문에 600만 원이 예산 제약이 된다. 600만 원을 가지고 옷도 사고 먹을 것도 사고, 여가도 즐기는 등등 자신에게 만족감을 줄 수 있는 각종 소비를 함으로써 효용을 늘릴 수 있다. 위의 예처럼 이 사람이 500만 원만 소비하고 100만 원을 남기는 것은 현재의 만족감을 극대화하는 사람의 생각으로는 이해하기 어렵다. 100만 원만큼 소비를 해서 만족감을 높일 수 있는 기회를 굳이 마다하는 것이기 때문이다.

하지만 사람은 현재만 살지는 않는다. 미래에도 소비를 해야 한다. 그런데 일반적인 사람의 일생을 놓고 보면 소비의 스케줄과 소득의 스케줄이 다르다. 소득은 중년층이 가장 많지만 소비는 노년이 돼서도 꾸준히 해야 하는 경우가 많다. 이 때문에 소득이 많은 나이에 어느 정도 저축을 해놔야 일생 동안 계속 소비를 하면서 살 수 있다.

이런 점을 감안해도 저축의 전제는 미래의 소비를 위한 것이다. 사람의 일생을 놓고 보면 전 생애에 걸쳐 벌어들인 소득과 지출한 소비가 같아야 이 사람은 경제학의 근본원리인 '예산 제약하의 효용 극대화'라는 것을 달성한 것이 된다. 이처럼 소득과 소비 패턴을 미리 예측하고 둘을 맞춰가면서 살아가야 경제적 사고를 하는 사람이다.

현명한 소비란 뭘까?

하지만 우리 사회의 많은 사람은 재산을 모으는 것을 목적으로 삼는 경우가 많다. 어렸을 적 들었던 '자린고비'의 일화는 이런 현상을 잘 보여준다. 그리 어렵게 사는 집도 아닌데 고등어 한 마리를 매달아놓고 밥을 먹고 고등어를 쳐다본다. 이렇게 극도의 절약 행위를 하면서 돈을 모은다.

그런 절약 정신을 한때는 미덕이라고 생각한 적도 있었다. 하지만 이런 방식의 소득과 소비·지출 행위는 경제학에서 이야기하는 합리성과 사뭇 다르다. 몇몇 사람을 만나서 하고 싶은 소비를 참으면서도 돈을 모으는 이유를 물어봤다. 박 모 법무사의 말처럼 중산층을 포함해 사람들이 하는 얘기가 '자식에게 물려주고 싶어서'다. 우리나라 사람들은 과도할 정도로 자식에게 뭔가를 해줘야 한다고 생각한다.

빈곤층의 경우 물려주고 싶어도 물려줄 재산이 없는 경우가 많다. 하지만 중산층 이상의 사람들은 자신이 아끼고 저축하면 자식에게 어느 정도 물려줄 수 있다고 생각한다. 그럼 이런 식의 행위는 무조건 비경제적인 현상일까? 반드시 그렇지는 않다.

경제학은 이런 행위에 대해서도 설명을 하고 있다. 무한생존모델에서는 경제주체가 무한히 살아간다는 가정을 하고 예산 제약하의 효용 극대화 문제를 다룬다. 물론 무한 기간 사는 사람은 없다. 모델을 만든 이유는 사람이 자식을 낳고, 이 자식이 자신을 이어서 살아가고, 세대를 통해 사람들의 삶이 계속 이어지는 것을 염두에

둔 것이다.

　자식을 낳아 대를 이어 무한 기간 사는 사람의 입장에서 보면 자식에게 재산을 물려주고 자식들이 소비를 하는 행위까지 포함해 계획을 세우게 된다. 무한생존모델의 관점에서 보면 자식에게 재산을 물려주는 이유에 대한 설명이 가능하다. 하지만 그 시점은 여전히 문제가 된다. 소비는 필요할 때 쓰는 것이 가장 효용을 높일 수 있다.

　밥과 좋은 반찬을 배불리 먹고 싶은 아이들에게 자린고비처럼 절약을 강요한 다음 나중에 큰돈을 물려주는 것이 바람직한 소비 행위인지는 의문이다. 오히려 아이들이 성장할 때 소비를 왕성하게 해서 그들이 건강하게 자랄 수 있도록 하고 재산은 조금만 물려주는 것이 더 바람직하지 않을까?

　중산층이 자신은 평생 절약하면서 돈을 모은 후 나중에 한꺼번에 자식들에게 물려주는 행위는 적어도 경제학적으로는 합리적으로 보이지 않는다. 소비를 통해 자신의 욕망을 실현하는 것이 가장 경제적인 생활이라는 점은 아무리 강조해도 지나치지 않다.

　특히 노년이 됐을 때 자식들이 돌보는 사회적 관행은 갈수록 퇴색하고 있다. 본인이 스스로를 돌봐야 하는 세대다. 소득 대비 소비 지출 비율은 노년에 거동이 불편하고 소득이 없을 때 상대적으로 가장 높다. 그때 소비를 잘해야 마지막까지 인생을 즐겁게 살고 마감할 수 있다. 상속에 대한 생각에 갇혀 자신을 돌보지 못한다면 경제적으로는 0점짜리 소비라고 할 수 있을 것 같다.

⑥ 점유_
소유에 대한 집착에서 벗어날 때

　50대 회사원 이모 씨는 보유하고 있는 집이 없다. 젊었을 때 작은 아파트가 있었지만 해외로 근무를 나가면서 팔았고 돌아와서는 전세를 살기 시작했는데 어느 순간부터 서울 지역 집값이 급등하면서 집을 사기가 부담스런 형편이 됐다.
　전세를 살면서도 그다지 불편하다고 생각은 안 했는데 주변 사람들, 특히 부모님에게 '집 한 칸도 없으면 어떡하냐'며 걱정을 많이 듣는다. 그때는 무리해서라도 집을 사야 하나 하는 생각이 들면서, 지내는 데 불편함이 없는데 굳이 비싼 집을 사야하나 하는 생각도 함께 든다.

'정서적인' 중산층의 기준

중산층의 기준이 중위소득의 50~150%라는 딱딱하고 객관적인 기준도 있지만 정서적인 기준도 있다. 대부분 수도권에 아파트 한 채와 중형 자동차 한 대쯤은 갖고 있는 사람들을 떠올린다. 하지만 어느 때부터인가 서울과 수도권 집값이 급등하면서 집이 없는 중산층도 많아지고 있다.

중산층은 집값 상승의 캐스팅보트를 쥐고 있다. 상류층만 집을 산다고 해서 집값이 오르지는 않는다. 중산층이 대출을 여기저기 끌어 모아 주택시장에 본격적으로 진입해야 집값이 빠른 속도로 상승한다. 중산층은 스스로가 집값을 올리는 주체이면서 동시에 집값 상승으로 고통받는 주체이기도 하다.

집이나 아파트의 특성상 보다 경제적으로 발상의 전환을 할 필요가 있다. 2024년 9월 서울 마포 공덕동의 30평대 아파트 매매가는 14억 원, 전세는 8억 원 정도에 나와 있다. 이자율은 연 4%대다. 자신이 사는 것을 기준으로 아파트를 사면 14억 원을 조달해야 한다. 14억 원을 조달하는 기회비용은 연간 5,600만 원이다.

기회비용이란 자신이 기회를 포기함으로써 지불해야 하는 비용을 말하는 경제학적 개념이다. 자기 돈으로 아파트를 사더라도 이때는 은행에 예금해서 받을 수 있는 이자를 포기해야 하기 때문에 기회비용이 발생한다. 대출을 받았을 때는 이자를 내기 때문에 당연히 비용이 발생한다. 집값에 이자율을 곱한 금액이 총 기회비용으로 계산된다.

같은 방식으로 계산하면 전세의 기회비용은 3,200만 원(8억 원× 4%)이다. 물론 전세는 2년 계약이라 미래의 불확실성은 있다. 이런 점을 감안해도 매매의 기회비용보다 전세의 기회비용은 훨씬 낮다. 이 때문에 아파트를 자신이 사는 공간으로만 생각한다면 집을 살 이유가 없다.

한국 사람들이 집을 사는 이유는 미래에 집값이 오를 것이라는 기대감 때문이다. 그럼 집값이 얼마나 올라야 손해를 보지 않는 장사가 될까? 위의 예에서 10년간 한 아파트에서 산다고 가정해보자. 전세는 계속 같은 조건으로 연장이 된다는 가정도 추가한다.

위에서 언급했듯이 단순 계산으로 전세는 1년에 3,200만 원의 기회비용이 소모된다. 아파트를 살 경우 기회비용은 연간 5,600만 원이다. 1년에 기회비용 차이가 2,400만 원 발생한다. 10년간 이런 과정이 반복된다면 그 차이는 2억 4,000만 원이다. 복리로 계산하면 금액은 3억 5,526만 원으로 늘어난다. 아파트를 사서 10년간 살고 판다고 가정하면 각종 비용과 세금을 제외하고 3억 원 이상을 손에 쥘 수 있어야 전세보다 집을 사는 것이 이득이 된다.

우리나라의 아파트 가격은 2014년 11월부터 2024년 11월까지 10년간 전국 평균 14.3% 올랐다. 반면 같은 기간 수도권은 30.2%, 서울은 32.4%의 상승률을 기록했다. 2014년 서울에 10억 원짜리 아파트를 샀다면 지금 가격이 13억 원 정도 된다는 얘기다. 물론 강남과 강북의 차이는 더 커질 수 있다. 위의 예에서 14억짜리 마포 아파트가 10년 후 30% 이상 오른다면 이 아파트의 가치는 18억 2,000만 원 정도가 된다.

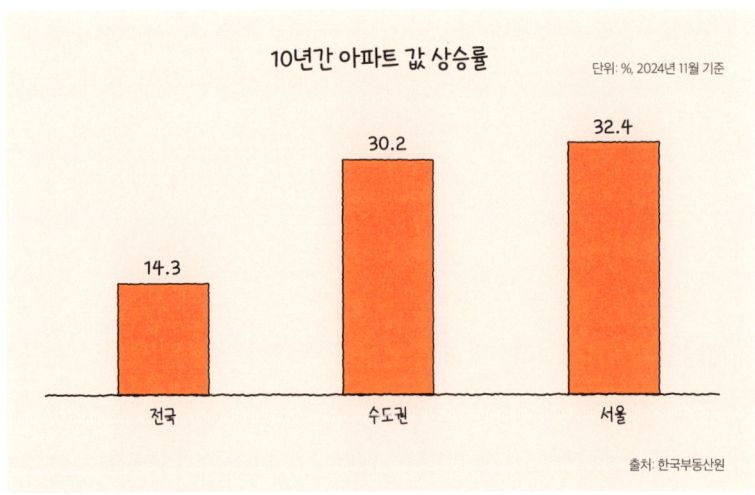

이런 조건이 충족된다면 매매가 전세보다 경제적으로 유리하다는 계산이 나올 수도 있다. 서울과 인근 수도권 아파트의 경우에만 그렇고 지방의 경우는 매매가 상대적으로 불리한 것으로 계산된다. 이런 이유 때문에 서울과 수도권 아파트로 매수세가 몰리고 이곳은 항상 수요 우위의 시장인 경우가 많았다.

점점 커지는 '점유' 확대의 필연성

문제는 앞으로다. 앞으로도 수요 우위의 시장이 유지되어 아파트 값이 계속 오를 수 있을까? 경제적인 변수를 생각하면 전망이 밝지만은 않다. 먼저 인구가 줄고 있는 점이 눈에 띈다. 우리나라 인구는 2020년 5,184만 명을 정점으로 계속 줄어 2072년에는 3,622

만 명까지 감소할 것으로 정부는 전망하고 있다. 인구가 줄어들 때 집에 대한 수요도 줄어든다는 것은 상식적이다.

진보와 보수를 막론하고 모든 정부가 인구와 생산·교육 시설의 수도권 집중 현상을 완화하기 위한 정책을 추진하고 있어 수도권 집중 현상도 언제까지 지속될까 의문이다. 이런 시대 상황 변화와 함께 중산층들의 의식도 변할 것으로 보인다.

그중 하나가 경제에서 소유보다 점유의 중요성이 커지는 것이다. 소유란 어떤 물건을 보유하고 있다는 의미다. 법적인 용어로 말하자면 물건에 대한 배타적·전면적 지배권을 말한다. 한마디로 내 것을 내 맘대로 할 수 있는 권리다. 물건에 대한 소유권은 시장에서의 매매를 통해서 이전된다. 사겠다는 사람과 팔겠다는 사람의 가격이 맞으면 물건을 주고받는다. 이렇게 소유권이 이전되면 새로 물건을 산 사람이 소유권을 갖게 된다.

점유란 '물건이나 영역 등을 차지하고 이용하는 것'을 의미한다. 소유보다는 권리의 폭이 적지만 실제적으로 사용하는 데는 큰 문제는 없다. 우리나라의 경우 전세를 통해 일정 기간 집이나 아파트를 차지하고 이용하는 권리를 주고받는다. 자동차의 경우는 '임대(렌트)'로 점유권을 획득한다. 자본주의 시장경제에서 소유와 점유 모두 법적으로 보장된 권리고 또 이에 대한 시장이 형성돼 있지만, 경제적인 의미로는 둘 사이에 차이가 있다.

자본주의 경제는 그동안 인간의 소유심리를 자극하면서 발전해왔다. 한때 사람들은 국가의 모든 것은 왕의 소유이고 왕으로부터 하사를 받아서 생활한다고 생각한 적도 있었다. 하지만 점차 시간이 지나면서 자신이 만들고 가꾼 것에 대해 애착이 생겼고 이에 대해 부당하게 간섭하고 무리하게 빼앗아가는 정부나 귀족 등에 대한 반발이 커졌다.

대립의 골이 깊어지면서 영국과 프랑스 등의 나라에서는 시민혁명이 발발했다. 이후 자본주의 시스템이 점차 확립되면서 소유권에 대한 철저한 보장은 경제와 국가를 운영하는 필수적인 요소가 됐다. 과거 소련과 러시아 등 사회주의 국가들은 배급제를 시행하면서 생산수단을 국가 소유로 한 적도 있었다.

하지만 부작용으로 경제가 극심한 침체를 겪게 되면서 지금은 대부분 소유권을 인정해주고 있다. 사회주의 국가를 고수하고 있는 북한도 '장마당'이라는 개인 간 시장을 허용해주면서 개인들에 대한 소유권을 일정 부분 보장해주고 있다.

소유권은 개인이 경제활동을 적극적으로 하게 만드는 유인을 제공한다. 많은 사람들이 뭔가를 갖기 위해서 일을 더 열심히 하는 것은 자본주의 시장경제의 기본이다. 일을 열심히 할수록 많은 것을 소유할 수 있기 때문에 사람들은 일을 열심히 하게 되고 일을 열심히 할수록 경제가 성장하는 선순환구조를 형성한다. '인간의 욕망이 무한하다'는 경제학의 가정은 사람들이 최대한 많은 것을 소유하는 것을 정당화했다. 그렇게 많이 가져야 욕망을 더 충족시킬 수 있기 때문이다.

하지만 과유불급이다. 경제가 고도화될수록 소유에 대한 부작용도 나타난다. 대표적인 것이 토지와 주택 등 부동산이다. 우리나라는 부동산 불패 신화가 자리 잡고 있다. 이 때문에 부동산에 대한 과도한 소유욕이 있다.

부동산을 사면 담보 대출을 받을 수 있다. 대출받은 돈으로 또 부동산을 사는 방식으로 부동산 소유를 늘린다. 그럼 부동산 값이 올라 재산 가치가 상승하고 이를 통해 많은 돈을 벌 수 있다는 생각이 팽배하다. 그러다 보니 부동산으로 돈을 번 사람들이 계속 부동산에 투자하면서 우리나라의 부동산이 소수에 집중되는 현상이 발생하고 있다. 소수의 소유욕은 계속 충족시켜주지만 다수의 사람들은 부동산 소유로부터 소외되고 있다.

소유는 과연 효율적일까?

소유와 관련한 문제도 제기된다. 먼저 효율성의 문제다. 소유권을 보장해주는 것은 사람들의 소유욕을 자극해 생산적인 활동을 할 수 있게 만들고 사회 전체적으로 생산의 양과 질을 향상시키는 긍정적인 효과가 있다.

과거 미국의 경우 서부개척 시대 때 서부의 땅을 직접 개간하면 그 땅을 개인의 소유로 인정해주는 제도가 있었다. 개인들이 열심히 황무지를 개간하면 국가 전체적으로 비옥한 땅이 늘어나고 개인들은 이 땅을 소유해 부를 쌓을 수 있었다. 개인과 국가 모두에게 이익이 되는 선순환 구조가 형성된 것이다.

반면 우리나라의 경우 기존에 있는 아파트를 어느 한 사람이 10채, 20채를 보유한다고 해서 경제 전체적으로 아파트의 질이 높아지거나 주거서비스가 개선되는 것은 없다. 개인의 인센티브와 국가 경제의 이득이 별 관련이 없다는 얘기다.

더 심각한 문제는 부동산 값의 상승은 중산층의 참여를 전제로 이뤄진다는 점이다. 집을 몇 채씩 가진 사람들끼리 거래해서 아파트 값이 오르는 데는 한계가 있다. 많은 사람들이 주택시장에 뛰어들어야 집값은 빠른 속도로 오른다. 한마디로 중산층이 뛰어드는지의 여부가 아파트 값 상승에 중요한 계기가 된다.

우리나라의 집값이 폭등하는 시기는 전국에서 사람들이 집을 사는 데 혈안이 돼있을 때다. 영혼까지 끌어 모아 집을 산다는 '영끌'과 최대한 빚을 내서 집을 사는 '빚투' 등의 현상을 불러오는 것도 중산층이다. 그렇게 중산층이 광범위한 주택 수요를 형성하면 집값이 오르고 중산층 중 일부는 이렇게 오른 가격을 지불하고 집을 사고, 집을 보유하고 있던 상류층은 이익을 챙긴다.

일부 중산층이 좋은 집을 사서 계층이 상승하는 경우도 있지만 이는 전체적으로 많은 중산층을 루저로 만들고서야 가능한 일이다. 집을 산 사람도 한동안 빚 갚기에 허리띠를 졸라매야 하는 것은 물론이다. 또 오른 집값은 많은 중산층에게 내 집 마련의 꿈을 요원하게 만들고 부동산에 대한 비용을 과도하게 높여 경제에도 안 좋은 영향을 미친다.

이럴 땐 발상의 전환이 필요하다. 취재 과정에서 이야기를 나눠본 한국의 중산층들은 집을 수십 채 소유하고 싶은 사람들이 아니다. 자신과 가족이 마음 편하게 살 수 있는 하나의 그럴듯한 집은 누구에게나 필요하다. 이런 집을 사기가 갈수록 어려워지고 있기 때문에 고민이 많은 사람들이다.

이럴 땐 점유의 개념을 조금씩 확산해 나가는 것이 일종의 대안이 될 수 있다. 집을 10채 소유하고 있는 사람도 실제 점유는 한 채만 하고 있다. 나머지 9채는 누군가 다른 사람이 점유하고 있는 것이 일반적이다. 실제 경제학에서 집의 효용은 소유에서 발생하지 않는다. 집을 점유하면서 얻는 주택서비스가 집이 주는 효용이다.

개인적으로 미국에서 지낼 때는 아파트를 렌트해서 살았다. 형편상 부동산을 소유할 생각은 꿈에도 하지 못했다. 아파트를 렌트하면서 살아도 큰 불편함을 느끼지 못했고 그 덕분에 주택을 소유해야겠다는 생각은 더더욱 들지 않았다.

그만큼 아파트를 점유만 하면서 효용을 느낄 수 있다면 우리나라 사람도 굳이 주택을 소유해야겠다는 생각이 들지 않을 수 있다. 임대 주택을 대폭 늘리고 이에 대한 혜택을 강화하고 임대 주택에 살더라도 위화감을 느끼거나 여러 가지 불편함이 없도록 제도를 만드는 것이 필요하다. 아울러 중산층도 주택에 대한 소유보다는 점유 위주로 생각하고 대처한다면 주택을 소유하기 위해 발생하는 수요는 줄어들고 주택가격의 급등도 막을 수 있을 것이다.

국토교통부에 따르면 2022년 말 현재 우리나라의 주택보급률은 102.1%다. 100가구당 102채 정도의 주택이 있다는 얘기다. 다만 지역 간 편차는 컸다. 서울은 93.7%로 주택이 부족한 반면 경북은 113.2로 주택이 남는 것으로 조사됐다. 이런 통계를 감안하면 우리나라 사람들이 집 한 채씩을 소유하지는 못하더라도 점유할 수 있는 토대는 갖춰졌다고 볼 수 있다.

실제로 시장에서는 '점유'의 개념이 각광받고 있다. 2015년 이후 각광 받는 '공유경제' 개념도 소유와 점유 사이의 불일치를 해소하는 취지에서 나왔다. 사람들이 소유하지만 점유하지 않는 많은 것들을 다른 사람들에게 빌려주면 더 많은 사람들이 물건을 이용하고 효용을 높일 수 있다는 점에 착안했다.

미국의 '에어비앤비'라는 업체는 빈집을 필요로 하는 사람에게 빌려주는 아이디어를 사업화해 폭발적인 성공을 거뒀다. 우버라는 회사가 사용하지 않는 자동차를 빌려주는 사업모델을 개발한 것도 소유보다는 실제 이용하고 점유하는 것이 중요하다는 판단에서다. 사람들의 개념이 소유에서 점유로 바뀌는 시기라는 점에 주목해 사업모델을 만들어냈다.

집과 자동차 등 개인이 소유하기 버거운 고가의 물건에서부터 공유경제라는 개념이 확산되고 있는 것은 주목할 만하다. 앞으로 소유보다는 점유라는 개념이 계속 확산되면 주택가격 상승으로 고통 받는 사람도 줄어들게 된다.

점유 개념의 확산은 중산층이 주도할 때 가능하다. 상위계층은 소유 제도가 강화될 때 유리한 계층이고 하위계층은 점유하기도 벅찬 상황이다. 중산층 주도로 주택을 포함해 자동차, 가구, 가전제품 등 각종 내구재에 대한 점유 분위기가 확산된다면 주택시장은 한층 안정될 것이라고 생각한다. 정부도 각종 제도 개선을 통해 부동산 점유의 안정성과 편의성을 강화하고 소유에 대한 과도한 집착을 완화시킬 수 있는 방안을 강구했으면 하는 바람이다.

7

상속_
중산층의 이야기가 될까

    중산층의 경제 상황을 불편하게 만드는 것 중 하나가 걱정을 사서하는 일이다. 중산층의 경제생활은 닥치면 해결하는 스타일인데 간간히 미래에 벌어질 일들 걱정으로 스트레스를 받는 일이 종종 있다. 그중 하나가 상속·증여세에 관한 것이다.

    우리나라는 한 사람이 다른 사람에게 일방적으로 재산을 주거나(증여) 한 사람이 생을 마치면 그 사람 명의로 된 재산을 가족들에게 나눠줄 때(상속) 세금을 걷는다. 본인이 열심히 일해서 일군 재산을 사랑하는 자식이나 배우자에게 주려고 하는데 국가가 나서서 세금을 떼어가니 웬만한 애국심이 있는 사람 아니고서는 아깝다고 생각하는 것이 인지상정이다.

    2020년 이후 부동산 값이 부쩍 오르면서 중산층들로부터도 상속세와 관련된 말들이 눈에 띄게 나오고 있다. 상속세와 중산층은 어떤 관계가 있을까? 구체적인 상황을 이해할 필요가 있다.

상속세율은 세법상 상속 금액 과세표준에 따라 결정된다. 상속·증여세를 계산할 때 '과세표준'은 상속·증여 대상 총 금액에서 각종 공제를 제외하고 남은 금액을 의미한다. 상속 대상 금액이 10억 원이고 공제금액이 5억 원이라면 과세표준은 5억 원이 된다. 세율은 2024년 과세표준 기준으로 1억 원 이하는 10%, 5억 원 이하는 20%, 10억 원 이하는 30%, 30억 원 이하는 40%, 30억 원 초과는 50% 등이다.

예를 들어, 상속세 과세표준이 10억 원이라면 1억 원까지는 10%인 1,000만 원, 1억 원에서 5억 원까지 금액인 4억 원에 대해서는 20%가 적용돼 8,000만 원, 5~10억 구간은 30%가 적용돼 1억 5,000만 원이 책정된다. 이를 합하면 총 2억 4,000만 원의 세금이 부과된다. 10억 원을 물려주는데 2억 4,000만 원이나 세금으로 내려니 아깝다는 생각이 든다. 우리나라 상속세율이 과도하게 높아 상속세를 낮춰야 한다는 얘기가 나오는 것도 이 때문이다.

하지만 상속세를 내는 과정을 곰곰이 따져볼 필요가 있다. 먼저 과세표준을 정하는 과정에서 각종 공제가 허용된다. 대표적인 것이 배우자공제다. 우리나라 세법에서는 배우자가 있는 경우 배우자 기본공제를 최소 5억 원을 받을 수 있다. 이 경우 과세 표준은 5억 원으로 떨어진다. 다음으로 자녀가 있는 경우 자녀 1인당 5,000만 원씩 공제된다. 2인 자녀라면 1억 원이 과표에서 제외된다. 4인 가족인 경우 인적공제만으로 6억 원이 제외되는 것이다.

인적공제만 받았을 때는 상속액 10억 원의 과세표준은 4억 원으로 줄어든다. 이때의 상속세는 (1억 원×0.1)+(3억 원×0.2)의 계산에 따라 총 7,000만 원이 된다. 10억 원의 재산을 상속할 때 인적공제만 적용해도 납부할 상속세는 7,000만 원이 된다는 계산이다. 전체 상속금액에 대한 평균 세율은 7% 정도다.

다음으로 상속재산에 금융자산이 있는 경우 순자산 기준으로 1억 원 이하의 경우 2,000만 원, 1억 원에서 10억 원까지는 금융자산의 20%까지 공제된다. 위의 경우 만약 부동산이 8억 원, 금융자산이 2억 원이었다면 4,000만 원까지 추가로 공제받을 수 있다는 얘기다. 이때 과표는 3억 6,000만 원으로 낮아진다.

아울러 주택을 상속받은 사람이 그 주택에서 10년 이상 살았을 경우에는 6억 원까지 공제를 받을 수 있다. 이때 인적공제까지 합하면 과표는 0원이 돼 상속세를 전혀 내지 않아도 된다. 기본적인 공제만 적용받을 수 있으면 상속세 부담은 크지 않다. 하지만 상속가액이 50억 원, 100억 원으로 올라간다면 얘기는 달라진다. 이때는 각종 공제를 적용하더라도 상속세 부담이 제법 커질 수 있다.

우리나라 중산층의 재산은 어느 정도일까?

통계청에 따르면 2023년 기준으로 우리나라의 소득 1분위가 평균적으로 보유하고 있는 자산은 1억 3,000만 원 정도다. 차례로 올라가면 중산층에 속하는 소득 3~8분위는 2억 8,000만 원~6억 5,000만 원 정도의 자산을 보유하고 있다. 소득 10분위의 경우 15

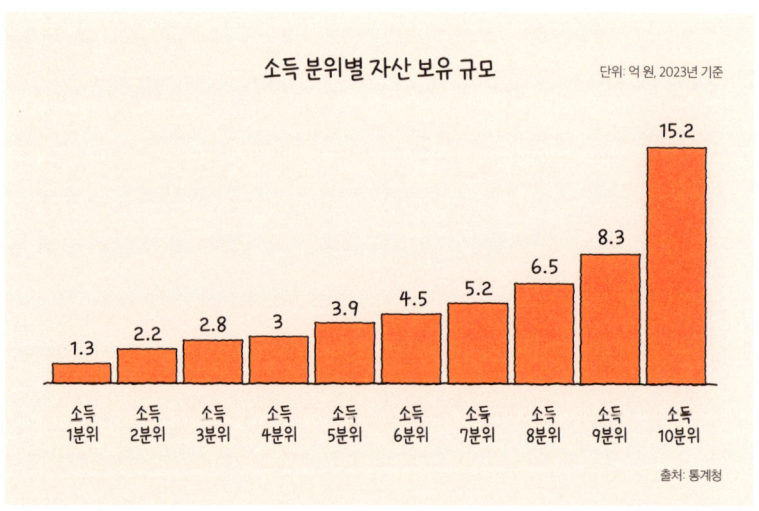

억 2,000만 원의 자산을 갖고 있다.

다만 여기에는 부동산 자산이 공시지가로 표시되기 때문에 실제 가격의 70% 정도만 반영을 한다. 한국 사람들이 대부분의 자산을 부동산으로 갖고 있는 것을 감안하면 소득 분위별로 2~3억 원 정도 자산 가격이 높다고 볼 수 있다. 이를 감안해도 중산층 중에서 가장 높은 소득이 있는 8분위의 자산이 10억 원이 채 넘지 않는다.

위의 사례에서 본 것처럼 10억 원의 자산을 상속할 경우 각종 공제를 감안하면 세금을 내는 금액이 미미하다. 객관적으로 중산층에게 아직까지 상속세는 큰 문제가 아니라고 볼 수 있다. 물론 중산층이 항상 중산층은 아니고 상류층을 꿈꾼다. 중산층이 소득 10분위로 접근할 경우 부동산 실거래가를 적용하면 자산이 20억 원 안팎이 된다. 이때는 상속세 절세 방안을 고민해볼 필요가 있다.

국세청 자료를 살펴보면 2023년 기준으로 우리나라에서 상속세를 납부한 사람은 총 1만 8,282명이다. 상속세 납부 인원은 전체인구 5,175만 명의 0.04%, 우리나라 총 가구 2,259만 가구의 0.1% 정도다. 이들은 총 39조 3,420억 원을 상속받았다. 상속재산 중 18조 2,160억 원을 공제받아 과세표준은 21조 1,260억 원으로 파악됐다.

이렇게 해서 결정된 상속세는 총 7조 5,230억 원이다. 여기에서 각종 세액공제를 제외하면 실제 상속세로 납부한 금액은 6조 3,790억 원이다. 상속재산에 대한 상속세율은 16.2% 정도로 계산된다. 납부 현황을 보면 상속세를 실제 내는 사람은 우리나라 국민 1,000명 중에 한 명도 안 된다. 이들이 내는 상속세 절대금액은 6조 원이 넘어 적은 액수는 아니다. 하지만 전체 상속금액 대비 실질 세율은 10%대로 그다지 높지 않다는 것을 알 수 있다.

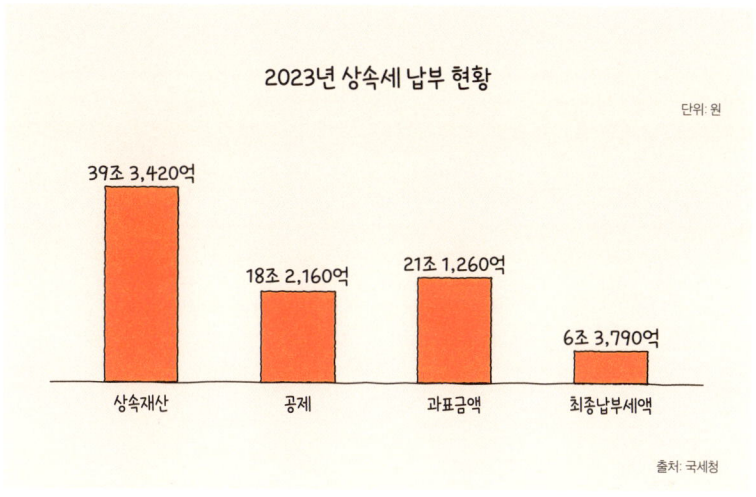

PART 3 중산층 경제를 이해하는 일곱 개의 키워드

우리나라 중산층이 본격적으로 고민하기에는 별로 와닿지 않는 이슈라고 할 수 있다. 정부는 2024년 1인당 공제금액을 배우자는 10억 원, 자녀는 5억 원으로 대폭 늘리고 상속세 최고세율을 40%로 낮추는 것을 골자로 한 세법 개정안을 국회에 제출했으나 이 법안이 국회를 최종 통과하지는 못했다.

PART 4

중산층이 알아야 할
경제정책 메커니즘

①
중산층의
효율성과 형평성

　자본주의 경제학이 금과옥조로 삼는 원칙이 있다. 바로 후생경제학의 원리다. 모든 경제 이론이 이 원리를 말하기 위한 것이라고 해도 과언이 아닐 만큼 중요한 원칙이다.
　후생경제학의 원리는 두 가지다. 제1원리는 '시장 메커니즘을 통해 만들어진 자원 배분은 효율적'이라는 것이다. 얼핏 보면 단순한 말 같지만 자본주의 경제학의 역사에서 가장 중요한 명제인 만큼 각각의 단어가 갖는 의미는 매우 깊다. 먼저 '시장 메커니즘'이란 것은 시장에서 개인 간의 경쟁에 의해 자원이 배분되는 방식을 말한다.
　예를 들어, 노동시장에서 일을 하고 싶은 근로자와 사람을 구하는 기업이 만난다. 여기서 자유로운 경쟁이 벌어진다. 근로자들은 채용되기 위해서 경쟁을 한다. 일자리를 얻기 위해 스펙을 쌓고 학원에서 면접시험을 준비하는 것 등이 모두 경쟁을 위한 것이다.

후생경제학 제1원리,
파레토 효율

기업들은 좋은 근로자를 구하기 위해 경쟁한다. 이런 경쟁은 임금에 반영된다. 상품시장에서 기업들은 자신들의 상품을 팔기 위해 광고와 마케팅 등을 통해 경쟁을 하고 소비자들도 좋은 물건을 싼값에 사기 위해 할인 정보를 얻고 행사를 찾아가는 등의 경쟁을 한다.

자본시장 중 하나인 주식시장에서도 가격 경쟁을 통해 주식을 사고판다. 이밖에 쿠팡 등 온라인 시장에서도 클릭 몇 번으로 주문을 하지만 가격 경쟁을 통해 상품을 사고파는 방식은 다른 시장과 마찬가지다.

수많은 시장에서 참여자의 경쟁을 통해 가격과 판매 수량이 결정된다. 파는 물건의 양이 사고자 하는 양보다 많으면 가격은 떨어지고 반대의 경우는 가격이 올라간다. 그러다 팔고자 하는 양과 사고자 하는 양이 맞아떨어지면 가격이 형성되고 거래가 이뤄진다. 이렇게 결정된 가격을 통해 자원 배분이 결정된다. 또 이렇게 결정된 자원 배분은 '파레토 효율'을 달성한다는 것이 후생경제학의 제1원리다.

파레토 효율은 한 사람의 효용을 줄이지 않고는 다른 사람의 효용을 늘릴 수 없는 상태를 말한다. 예를 들어, 자동차를 100대 만들었는데 사람은 90명이어서 한 사람당 자동차 1대를 나눠줬다고 가정하자. 그럼 자동차 10대가 남는다. 이 상태는 효율적이지 않다.

남는 자동차 10대를 10명을 뽑아서 추가적으로 1대씩 나눠주면 10명은 자동차 2개를 보유하게 돼 재산이 늘어난다.

그렇다고 나머지 80명의 효용이 줄어드는 것은 아니다. 이렇게 추가적으로 자동차를 나눠주면 파레토 효율적인 상태가 된다. 만일 이 상태에서 정부가 자동차 2대 가진 사람으로부터 1대를 걷어가면 이들의 효용이 줄어들기 때문에 파레토 효율이라고 할 수 없다.

두 사람의 사례를 들어 설명하면 이해가 쉽다. A는 사과 농사를 지어 사과 100개를 만들었고, B는 쌀농사를 지어 쌀 100킬로그램을 생산했다고 가정하자. A는 사과는 넘쳐나지만 쌀이 부족하고 B

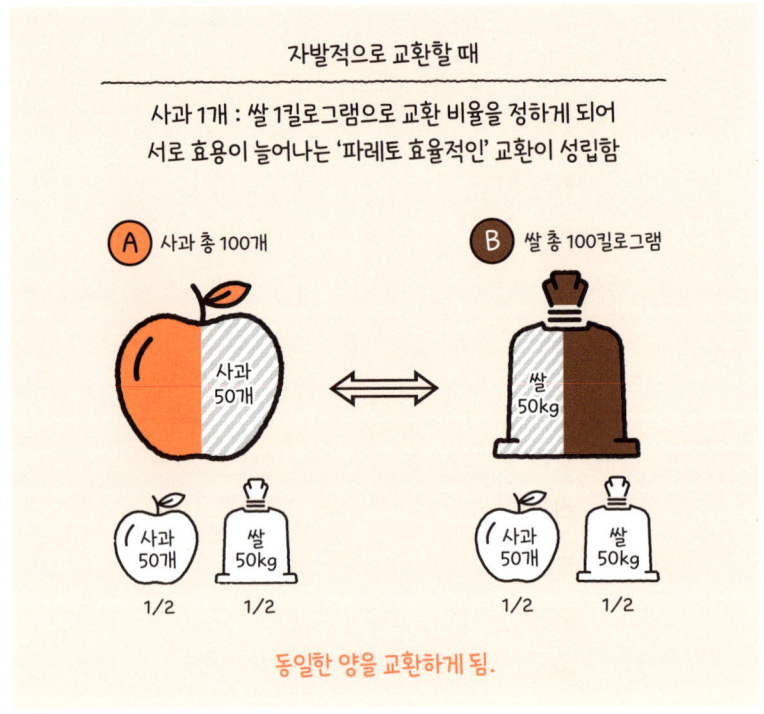

는 쌀은 넘쳐나지만 과일이 부족하다. 이럴 때 A와 B는 자발적으로 교환을 생각하게 된다.

A와 B가 비슷한 소비 성향을 갖고 있다면 사과 50개와 쌀 50킬로그램을 교환해 쌀과 사과를 모두 소비하면 두 사람의 효용은 이전보다 늘어나게 된다. 이렇게 자발적인 교환을 통해 서로의 효용을 늘린 상태를 '파레토 효율적인' 상태라고 한다.

정부가 나서서 사과 1개와 쌀 2킬로그램을 교환하도록 가격을 결정해버린다면 어떤 일이 벌어질까? 이때 A는 사과 25개를 주고 쌀 50킬로그램을 가져온다. 그렇게 되면 A는 사과 75개와 쌀 50킬

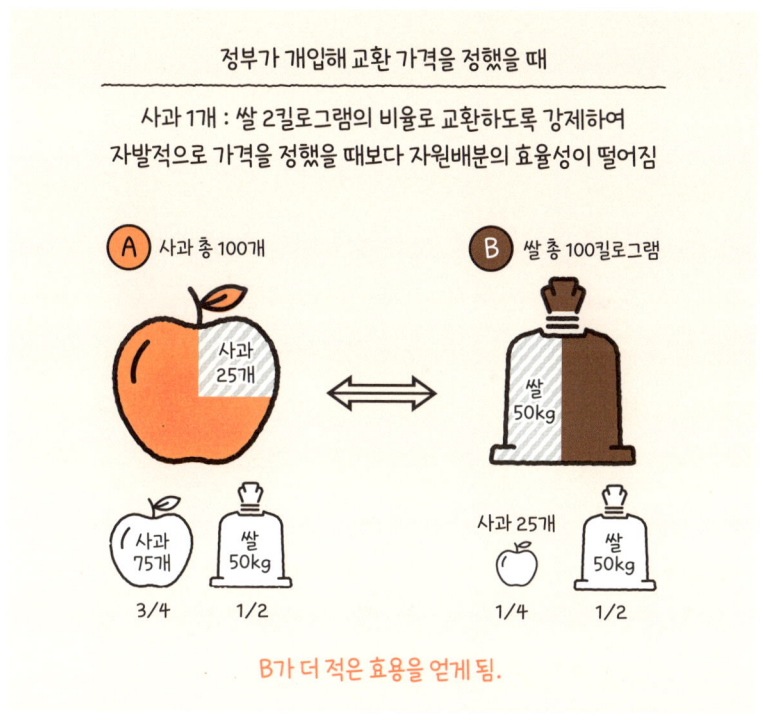

로그램을 소비하게 되고 B는 사과 25개와 쌀 50킬로그램을 소비하게 된다. 이때 B는 자발적으로 교환할 때보다 효용이 줄어든다. 이처럼 정부의 개입은 자원배분의 효율성을 떨어뜨린다는 것이 경제학의 제1원리가 주장하는 내용이다.

후생경제학의 제1원리는 현실에서도 가장 많이 인용된다. 정부가 민간 경제에서 벌어지는 일에 개입하면 비효율성을 증대시키기 때문에 가급적 개입하지 말 것을 요구하는 경우가 많다. 대표적인 사례가 기업들이 나서서 정부에게 각종 규제완화를 요구하는 경우다. 우리나라도 불필요한 정부 규제가 많다며 대대적으로 규제를 완화해야 경제의 효율성이 증대할 수 있다는 논리다. 해외무역에서 자유무역을 역설할 때도 후생경제학의 제1원리가 인용된다. 시장 메커니즘과 경제적 자유의 중요성을 역설하는 측면에서 후생경제학의 제1원리는 큰 역할을 했다.

문제도 있다. 가장 큰 문제는 후생경제학의 제1원리는 양극화를 정당화한다는 점이다. 위의 예에서 A는 사과 90개와 쌀 80킬로그램을 갖고 있고 B는 사과 10개와 쌀 20킬로그램을 갖고 있다고 하면 어떻게 될까? 경제적 자유를 강조해서 서로 간의 교환이 1 대 1로 일어난다면 A는 사과 5개를 주고 쌀 5킬로그램과 교환하려고 할 것이다. B의 입장에서도 사과와 쌀을 골고루 소비하는 것이 유리하다고 판단한다. 이 경우 교환을 통해 A는 사과 85개와 쌀 85킬로그램을 소비하고, B는 사과 15개와 쌀 15킬로그램을 소비한다.

후생경제학의 제1원리에 따르면 이런 자원배분도 효율적이다. 자발적인 교환을 통해 자원배분이 이뤄졌고 두 사람 모두 효용이 조금씩 늘었기 때문이다. 여기서 정부가 개입하면 두 사람 중 적어도 한 사람의 효용은 줄어들기 때문에 비효율적이다. 하지만 위의 사례에서 B의 경우 이 정도의 소비를 해서는 생존이 위협받는다. 정부가 분배 과정에 개입해야 할 것 같지만 경제학 제1원리만 강조한다면 개입의 명분이 없어진다.

이런 이유 때문에 후생경제학의 제1원리는 그동안 경제적 기득권을 누리고 있는 부자들이 자주 인용해왔다. 부자는 이미 많은 자원을 갖고 있다. 부자는 정부나 제3자가 개입하지 않고 시장에서 자유로운 경쟁과 교환에 의해 자원배분이 이뤄질 경우 계속 부유한 상태를 유지할 수 있다.

반면 한번 어떤 이유로든 가난해진 사람들은 시장에서 자유로운 경쟁과 교환만으로는 이 상태를 벗어나기가 매우 어렵다. 이 때문에 경제적인 양극화가 고착화될 가능성이 높고 후생경제학의 제1원리는 본의든 본의가 아니든 양극화를 조장하고 방관할 수 있는 이데올로기를 제공하게 된다.

중산층이 더욱 주목해야 하는
후생경제학 제2원리

자본주의 경제학에 제1원리만 있는 것이 아니다. 그동안 후생경제학의 제1원리의 서슬에 눌려 별로 강조되지 않았지만 후생경제학의 제2원리도 있다. 제2원리란 '사회에서 이상적인 상태라고 생각되는 자원배분은 시장 메커니즘을 통해 달성할 수 있다'는 것이다.

얼핏 보면 제1원리를 뒤집어 놓은 데 불과한 것 같다. 하지만 제2원리의 의미는 제1원리와는 많이 다르다. 어떻게 다를까? 일단 시장 메커니즘이 효율적인 자원배분을 보장한다는 점에서는 원리가 같다. 하지만 제2원리는 사회에서 이상적인 상태라고 생각하는 자원배분이 먼저 존재하고, 이를 달성하는 데 시장 메커니즘이 도구로서 사용될 수 있다는 점을 강조한다.

그럼 이상적인 상태라고 생각하는 자원배분은 뭘까? 그건 사회마다 다르다. 절대적인 평등을 추구하는 사회에서는 모든 사람이 똑같은 양을 소비해야 한다고 생각할 수 있다. 능력에 따른 상대적인 평등을 추구하는 사회에서는 능력이 좋은 사람이 많은 것을 소비할 수 있는 것이 바람직하다고 생각할 수도 있다.

이상적인 상태에 대해서는 사회 구성원들이 여러 가지 방법에 의해서 결정할 수 있다. 정치를 통해 결정할 수도 있고 투표를 통해서도 결정할 수 있다. 앞의 예에서 A는 사과 90개와 쌀 80킬로그램을 갖고 있고 B는 사과 10개와 쌀 20킬로그램을 갖고 있었다. 이 상태에서 자유로운 교환을 한다면 A는 사과 85개와 쌀 85킬로그램, B는 사과 15개와 쌀 15킬로그램을 소비하는 것이 최선이다.

하지만 A와 B가 같은 사람이기 때문에 같은 양의 소비를 하는 것이 바람직하다는 판단을 사회가 한다면 어떻게 이를 달성할 수 있을까? 이 상태에서 정부는 어떤 방법을 쓰던지 사과와 쌀의 합이 100이 되도록 초기자원을 재분배하면 된다. 예를 들어, A에게 사과와 쌀에 대한 세금을 걷어 사과 70개와 쌀 30킬로그램을 갖도록 하고, B에게는 보조금을 지급해 사과 30개와 쌀 70킬로그램을 보유하게 한 다음 양자가 시장에서 자유롭게 교환하도록 하면 된다.

이 경우 A와 B는 사과 20개와 쌀 20킬로그램을 교환할 것이고 결국 두 사람은 모두 사과 50개와 쌀 50킬로그램을 소비하게 된다. A에게 사과 40개와 쌀 60킬로그램, B에게는 사과 60개와 쌀 40킬로그램을 갖도록 초기 자원을 배분해도 시장 메커니즘을 통해 같은 결과가 나온다.

만약 A의 사회적 기여도가 높아 A가 보다 많이 소비하도록 하되 양극화 문제를 조금 해소하는 것으로 사회적 합의가 이뤄진다면 A에게 사과 60개와 쌀 50킬로그램을, B에게는 사과 40개와 쌀 50킬로그램을 초기자원으로 배분할 것이다. 이때 시장에서 자유로운 교환이 이뤄지도록 한다면 교환을 통해 A는 사과 55개와 쌀 55킬로그램을, B는 사과 45개와 쌀 45킬로그램을 소비하게 될 것이다.

경제학에서는 양극화와 경제적 자유의 문제를 동시에 고려한 원리를 만들었다. 하지만 그동안 경제를 운영하고 정책을 마련하는 과정에서 후생경제학의 제1원리는 과도하게 강조된 반면 후생경제학의 제2원리는 많이 강조되지 않았다. 이는 결국 경제 내의 재산이 많은 사람들이 경제적 자유를 가장 중요한 원칙으로 주장하는 근거로 후생경제학 제1원리가 활용됐고 이들의 영향력이 강했다는 것을 의미한다. 거꾸로 중산층 이하의 목소리와 주장은 상대적으로 약했다는 것이다.

중산층 이하의 사람들은 기존 경제학이 제시하는 근본원리 중제2원리를 강조할 필요가 있다. 이를 위해서는 경제 논리를 정확히 이해하고 제2원리가 지적하는 의미를 실천에 옮기도록 노력해야 한다. 자본주의 경제학이라고 해서 경제적 자유만 강조하는 것은 아니다. 후생경제학의 제2원리는 경제적 자유와 함께 사회적으로 이상적인 자원배분을 사회 구성원들이 고민해보라는 문제의식을 던졌다. 중산층의 복원과 발전을 위해서는 앞으로 경제학의 제2원리에 대한 활발한 논의를 통해 생겨난 아이디어를 실행하는 것이 매우 중요하다.

2

미국 '트럼피즘'은 중산층 혁명

2013년 미국 테네시주 내슈빌Nashville이란 도시에서 유학할 때의 일이다. 당시 아이는 초등학교에 다니고 있었다. 미국에서 아이가 학교 친구네 집에 놀러가는 경우가 종종 있다. 이럴 때는 초대한 집의 아이 부모와 연락을 해서 언제까지 아이를 데려다주고 언제 데리고 올 것인지 약속을 정해야 한다.

한국 유학생 입장에서는 미국 사람들의 생활을 들여다볼 수 있는 기회이기도 했다. 그때 한 가정을 방문했다. 집이 밖에서 볼 때 한국의 큰 저택처럼 으리으리했다. 안에 들어가 보니 넓은 거실과 잔디밭을 갖춘 훌륭한 단독주택이었다. 그 집 아이의 아버지와 차 한잔하다가 문득 미국에서 이 정도의 집에서 살려면 어떤 직업을 가져야 하는지 궁금해서 한번 물어봤다. 그 집 아버지는 미국 유기농 마켓인 '홀푸드'의 커피 매장에서 일하는 매니저라고 자신을 소개했다.

순간 머릿속이 복잡해졌다. 홀푸드라면 우리나라 이마트 정도 되는 대형 마켓이다. 그곳 커피 매장에서 일하는 매니저라면 미국 사회에서는 전형적인 백인 중산층에 속한다. '홀푸드'라는 체인점을 소유한 것도 아니고, 그렇다고 홀푸드 내의 커피 매장을 갖고 있는 것도 아닌데 커피 매장에 고용된 매니저가 이 정도의 집에서 살 수 있구나 하는 생각에 미국의 백인 중산층에 대해 다시 생각해 보게 됐다.

그때의 기어이 떠오른 것은 2024년 말 도널드 트럼프 미국 대통령이 당선된 직후였다. 그의 당선은 미국 백인 중산층들의 분노를 반영하고 있기 때문이다. 미국 중산층의 분노는 '트럼프'라는 전대미문의 미국 대통령을 탄생시켰다. 지난 2016년 도널드 트럼프 대통령이 민주당 후보인 힐러리 클린턴을 꺾고 대통령이 됐을 때 트럼프 열풍은 한번 지나가는 바람 같았다. 백인 중산층이 만들어낸 하나의 신드롬으로 해석됐다.

미국 백인 중산층의 선택이
전 세계에 미치는 영향력

2020년 조 바이든 대통령이 트럼프를 꺾고 대통령이 됐을 때 바이든은 '미국이 다시 돌아왔다'고 선언했다. 미국이 다시 정상국가가 됐다는 의미로 받아들여졌다. 하지만 바이든 집권기에 백인 중산층의 생활은 갈수록 악화됐고 그들의 불만은 2024년 트럼프의 재선으로 이어졌다.

바이든의 미국이 정상이 아니라 이제는 트럼프의 미국이 정상처럼 보이는 상황이 됐다. 그렇게 트럼프로 대변되는 '트럼피즘'은 미국 백인 중산층의 이데올로기에서 전 세계에 영향력을 미치는 막강한 이데올로기가 됐다. '모든 사람은 평등하게 태어났으며, 조물주에 의해 양도할 수 없는 권리를 부여받았는데 그중에는 생명권, 자유권, 그리고 행복 추구권이 있다'는 미국 독립선언서의 가치와는 차이가 많이 난다. 그동안 우리가 알고 있던 미국과는 전혀 다른 미국이 등장한 셈이다.

이 모든 변화를 미국의 백인 중산층이 주도하고 있다. 트럼프는 이들의 심리를 선거에 이용한 포퓰리스트$_{populist}$다. 그렇기 때문에 미국이 변하려면 중산층의 인식이 변해야 한다. 선거 결과가 이를 보여준다. 미국의 통계전문사이트 '스테티스타$_{statista}$'의 조사를 인용하면 미국 중산층의 정치의식을 짐작할 수 있다.

2024년 가구당 소득을 기준으로 한 계층별 대통령 선거 투표 결과를 보면 소득 3만 달러 이하인 가구에서는 트럼프와 카멀라 해리스의 투표율이 46% 대 50%로 해리스가 우세했다. 반면 소득 3~5만 달러 수준의 가구들의 투표율은 트럼프가 53%, 해리스가 45%로 트럼프가 해리스보다 8%포인트나 앞섰다.

소득 5만 달러에서 10만 달러 사이의 가구들의 투표율도 트럼프가 51%, 해리스가 46%로 트럼프가 5%포인트 앞섰다. 반면 소득 10~20만 달러 사이의 가구의 투표율은 트럼프 47%, 해리스 51%로 해리스가 앞섰고 소득 20만 달러 이상의 가구는 해리스가 51%,

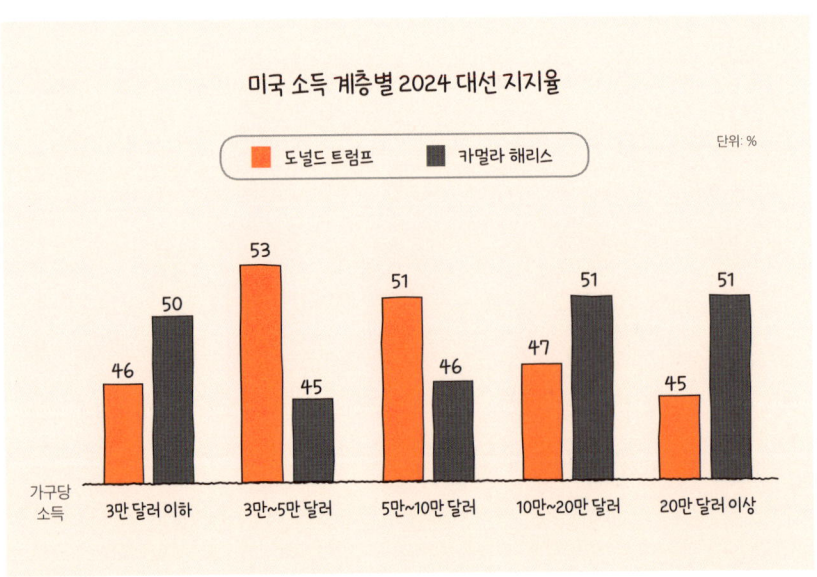

트럼프 45% 등이었다.

결론적으로 빈곤층(가구당 소득 3만 달러 이하)과 상류층(가구당 소득 10만 달러 이상)은 해리스에 투표하는 비율이 높았고 중산층(가구당 소득 3~10만 달러)은 트럼프에게 투표하는 비율이 높았다는 얘기다. 이 결과는 2020년 선거와 전혀 다르다. 2020년 바이든과 트럼프가 경합을 벌였을 때 가구당 소득 3만 달러 이하인 계층에서 바이든 투표율이 57%, 트럼프의 투표율은 42%로 바이든이 압도적인 지지를 받았다.

소득이 5만 달러부터 10만 달러 사이 중산층의 경우도 바이든 56%, 트럼프 43%로 바이든이 훨씬 더 많은 지지를 받았다. 반면 소득이 10만 달러가 넘어가는 계층은 트럼프 54%, 바이든 43%로

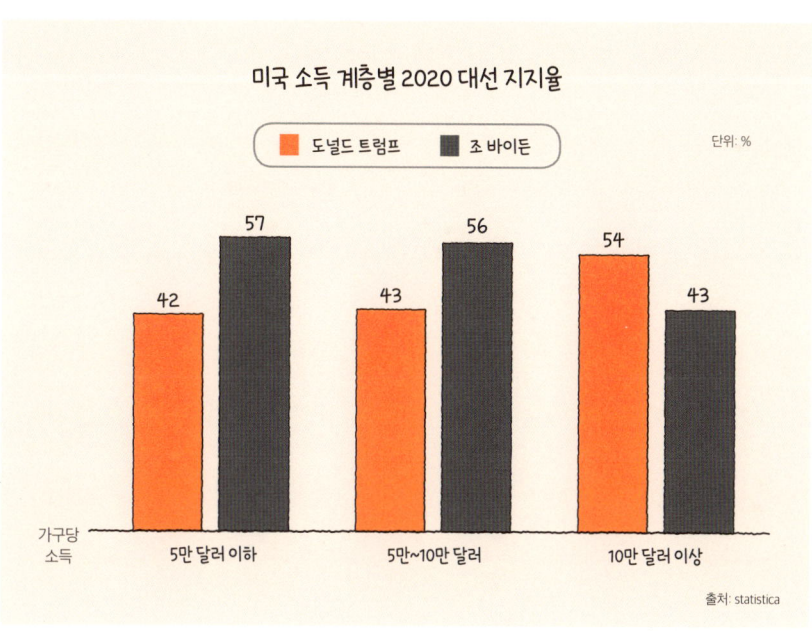

트럼프의 지지가 높았다. 2020년에는 중산층과 하류층은 바이든을, 상류층은 트럼프를 선호했다는 얘기다. 하지만 4년 뒤에는 중산층이 트럼프 지지로 바뀌면서 트럼프는 선거에서 승리할 수 있었다.

2016년 트럼프와 힐러리 클린턴 전 국무장관의 대통령 선거 대결에서도 하류층과 중산층은 힐러리를 더 많이 지지했다. 특징적인 것은 당시 선거에서 상류층에서도 힐러리의 지지율이 높았다. 하지만 결과는 트럼프의 승리였다. 지지율보다도 각주에 배당된 선거인단을 많이 확보하는 후보가 승리하는 미국 선거제도의 특징 때문이다.

하지만 2012년 오바마 대통령과 밋 롬니Mitt Romney 공화당 후보가 맞붙었던 대선에서는 소득 5만 달러 이하인 중하류층은 오바마를, 소득 5만 달러 이상 중상류층은 롬니를 지지하는 등 계층 간 투표율이 극명하게 엇갈렸다. 결과는 오바마의 승리였다.

역대 선거에서 민주당이 중산층, 특히 중하층의 지지를 공화당보다 많이 받지 못한 것은 2024년 선거가 거의 유일하다. 전통적으로 민주당은 중산층 이하, 공화당은 중산층 이상에서 지지율이 높았기 때문이다. 이처럼 2024년 미국 대선에서는 민주당이 '집토끼'를 놓친 것이 중요한 패배의 원인이다.

미국 중산층은 왜 트럼프를 다시 지지하는가?

그럼 중산층은 왜 트럼프의 지지로 돌아섰을까? 다양한 원인이 있지만 가장 중요한 것은 경제적 이유 때문이다. 중산층은 그만큼 경제적 이슈에 민감하다. 로버트 고든 미국 노스웨스턴대 교수는 미국 대선결과를 예측하는 경제모델을 만들었다. 모델을 만드는 과정은 이렇다. 먼저 실업률과 경제성장률, 물가상승률 등 경제 지표가 미국 소비자들의 심리에 어떻게 영향을 미치는지를 데이터를 통해 분석한다.

다음으로 경제심리가 각 후보의 지지율에 어떤 영향을 미치는지를 예측하고 마지막으로 이런 지지율이 선거인단을 확보하는 것과 어떤 관련이 있는가를 예측한다. 모델을 통해 1956년 이후 미국의 여당 후보가 얼마만큼의 선거인단을 확보할 것인가를 예측하고 이를 실제 선거 결과와 비교했다.

예측한 선거인단과 실제 선거인단 숫자는 다소 달랐다. 하지만 선거의 당락과는 밀접한 상관관계가 있었다. 고든 교수의 분석을 적용하면 1956년부터 17번의 선거에서 확보할 수 있는 선거인단을 예측해 분석해본 결과 2000년과 2016년 미국 대선을 제외하고 15번의 선거결과가 예측과 맞아떨어졌다. 88%의 확률로 적중했다는 얘기다.

고든 교수가 경제 지표로 활용한 변수는 세 가지다. 먼저 현실에서의 '실업률'과 경제적으로 이상적인 상태의 실업률인 '자연실업률' 간의 차이다. 자연실업률이란 경제 내에서 인플레이션 압력을 가중시키지 않고 달성할 수 있는 실업률 수준을 말한다. 경제가 자연실업률 수준에 있을 때 완전고용이 달성됐다고 한다. 경제에 따라 차이가 있지만 일반적으로 3~5% 정도의 실업률 수준이다. 실업률이 높을수록 현 정권에는 불리하다.

그 다음은 물가상승률이다. 물가상승률은 절대 숫자는 물론 현 정권의 물가상승률과 이전 정권의 물가상승률 간의 차이를 통해서도 분석했다. 1인당 실질 GDP증가율도 변수로 활용됐다. 구체적으로는 과거 평균 1인당 GDP증가율과 최근 1년간 1인당 GDP증가율 간의 차이가 변수로 사용됐다.

고든 교수의 분석결과 2024년 대선에서 집권당인 민주당 후보는 145~183명의 선거인단을 확보할 것으로 예상됐다. 2024년 민주당 후보인 해리스 부통령이 얻을 것으로 예측한 선거인단 수는 당선에 필요한 숫자 270명에 훨씬 못 미친다. 그의 예측은 선거 결과와도 일치했다. 이유가 뭘까?

가장 큰 이유는 인플레이션이었다. 미국 연방준비제도(Fed, 연준)가 통화정책의 기준으로 삼는 식료품과 에너지를 제외한 근원 개인소비지출(PCE) 물가상승률은 바이든 정부에서 평균 4.2% 정도로 집계돼 이전 트럼프 정부 때인 1.6%보다 크게 높았다. 반면 1인당 GDP증가율은 바이든 정부 때 평균 8.4%를 기록해 트럼프 정부 때 2.7%보다 높았다.

GDP성장률의 긍정적인 효과보다 물가 상승에 따른 부정적 효과가 훨씬 더 큰 것으로 나타나 경제지표는 해리스 부통령에게 불리하게 작용했다는 분석 결과다. 현재 정부의 경제적 성과는 과거 정부가 원인을 제공했을 가능성이 있다. 하지만 유권자들은 원인보다는 결과에 더 민감하게 반응해 투표하기 때문에 현재의 경제적 성과가 선거에 훨씬 더 중요하게 작용한다.

그럼 왜 미국인들은 인플레이션에 민감하게 반응할까? 인플레이션은 중산층에게 치명적인 지표다. 빈곤층은 국가로부터 다양한 현물지원을 받는다. 또 사회복지제도는 인플레이션과 연동돼서 집행된다. 아울러 소비의 소득 탄력성이 작기 때문에 물가가 오른다고 해서 줄어드는 소비량이 크지 않다. 상류층은 인플레이션을 감당할 수 있는 소득 수준을 갖고 있다. 반면 중산층은 그렇지 않다. 인플레이션의 민감도가 높다.

물가가 오르면 실질적으로 쓸 수 있는 돈이 줄어든다. 미국의 중산층은 대부분의 소득을 지출하는 항목이 정해져 있다. 그들은 처음에 취직을 하면 그때부터 집을 사고 차를 구입한다. 집은 주택담보대출(모기지)을 받아 매월 일정 금액을 상환하는 조건으로 산다. 차도 할부로 사는 것이 보통이다. 아울러 큰 가전제품이나 가구 등 집안의 큰살림도 할부로 산다.

이런 것들은 개인 입장에서는 모두가 빚이다. 일자리를 담보로 빚을 내서 큰 소비를 하고 일을 하면서 조금씩 갚아가는 방식이다. 한국의 젊은이들이 취직하면 조금씩 돈을 모아서 집도 사고 살림살이도 사는 방식과는 정반대다. 이 때문에 미국의 중산층은 월급을 받으면 대부분의 지출이 미리 정해져 있는 경우가 많다. 이런 상태에서 실제로 쓸 수 있는 소득이 줄어들면 할부금을 낼 수 없게 되고 이는 신용도 악화와 생활의 곤란함으로 직결된다.

중산층의 심리를 공략한
트럼프의 '아메리카 퍼스트'

그럼 미국 사람들의 실질소득은 얼마나 줄었을까? 미국 세인트루이스 연방준비은행(FRED)의 자료에 따르면 미국 실질임금의 중간값(중위소득)은 2017년 2분기 때 주당 352달러 수준이었다. 이 임금은 조금씩 올라 2020년 2분기 때는 393달러까지 올랐다. 트럼프 정부 때 이뤄진 일이다. 이때 물가가 낮았기 때문에 실질임금은 상대적으로 높아졌다.

하지만 이때를 고점으로 실질임금은 떨어졌다. 2024년 4분기 같은 기준으로 계산한 미국 중위소득자의 실질임금은 371달러로 4년 사이 주당 20달러 이상 줄었다. 이를 월간 소득으로 환산하면 80~100달러가량 줄었다는 얘기다. 연간 실질임금은 1,000달러가 넘게 감소했다.

중산층의 생활을 힘들게 한 것이 한 가지 더 있다. 미국의 기준금리는 2020년까지만 해도 0.25%에 불과했다. 하지만 급등하는 물가를 잡기 위해 이 금리는 2023년에는 5.5%까지 올랐다. 기준금리가 오르면 대출이자도 비례해서 오른다.

미국 사람들은 직업을 가지면 보통 대출부터 받아 집과 자동차 가전제품을 구매하기 때문에 금리 인상은 이들 생활에 직접적으로 영향을 미친다. 예를 들어, 50만 달러짜리 집을 대출받아 살 경우 금리가 5%포인트 오르면 연간 부담해야 하는 이자가 2만 5,000달러나 늘어난다.

미국의 중산층은 연간 실질임금이 줄어드는 가운데, 금리 인상으로 이자 부담이 늘어나는 이중고에 직면한 것이다. 이 정도로 소득이 줄고 이자 부담이 늘어나면 미국 중산층 입장에서는 그동안 소비해왔던 것 중 많은 부분을 포기해야 한다. 생필품을 포기해야 하는 사람도 있을 것이고 즐기던 여가활동을 포기해야 하는 사람도 있을 것이다.

어느 경우든지 중산층의 생활은 힘들어진다. '곳간에서 인심난다'는 말이 있는 것처럼 스스로가 어려워진 미국의 중산층들은 다른 나라와 다른 사람들을 생각할 여유가 없어졌다. 미국인들은 내가 힘든데 다른 사람을 위해 나랏돈을 지출하고 다른 나라를 지키기 위해 미국이 지출을 늘린다는 것을 이해를 하지 못하는 상황에까지 이르렀다.

이런 중산층의 심리를 트럼프는 '아메리카 퍼스트America First'라는 구호로 파고들었다. 다른 나라는 뒷전으로 미루고 일단 우리부터 잘사는 게 중요하다는 구호다. 사실 이 구호의 기원은 오래됐다. 17세기 영국계 이민자들이 미국에서 터를 잡고 살고 있을 때 미국이 살기 좋다는 소문을 듣고 독일계와 네덜란드계 유럽인들이 미국으로 오기 시작했다.

이때 영국계 미국이민자들은 독일과 네덜란드 이민을 막기 위해 이 구호를 들고 나왔다. 이후 미국이 살기 어려워지고 외국인들로 인해 미국인들이 피해를 본다는 생각이 들 때마다 '아메리카 퍼스트'는 계속 나왔다. 이번에도 팍팍해진 중산층의 삶을 선거에 이용하기 위한 구호로 사용됐다.

미국 대선은 금권 선거라고도 불린다. 그만큼 선거에 돈이 많이 들고 부유층의 선거 영향력이 강하기 때문이다. 돈줄을 쥐고 있는 월스트리트와 지역 유지들의 영향력이 컸다. 하지만 2024년 선거는 부유층보다 중산층이 단결하면 선거에 결정적인 영향을 미칠 수 있음을 확인시켜줬다. 중산층은 보수나 진보, 좌파와 우파 등 이념으로 뭉치지 않았다. 자신들의 삶이 먼저라는 아주 실용적인 구호에 열광했다. 이처럼 이념보다 실용성을 따지는 것이 중산층의 성향임을 미국 선거는 보여줬다. 또 중산층의 정치 파워가 상당히 강하다는 것을 많은 사람들에게 각인시켰다.

③ 현대 선거는 중산층이 가른다

현대 민주주의 국가의 선거는 많은 표를 얻는 사람이 이긴다. 선거에서는 한 사람당 한 표를 행사한다. 이런 구조 아래에서 선거를 이기는 전략은 단순하다. 중간에 있는 사람의 표를 얻으면 된다. 선거의 쟁점이 좌파와 우파, 보수와 진보처럼 이념이 될 때는 어느 쪽 후보든 중도 이념을 가진 계층의 표를 얻으면 정권을 잡을 수 있다.

소득 수준별로 투표 성향이 갈릴 때는 후보가 어디에 속하든 중산층의 표를 얻으면 이긴다. 중산층은 이념적으로도 중도인 경우가 많다. 그렇다고 중산층(또는 중도층) 후보가 당선되는 것은 아니다. 실제 선거에서는 양극단에 있는 사람들이 선거 때만 되면 중산층의 표를 얻기 위해 각종 공약을 내놓고 선거운동을 한다. 그 결과 한쪽 성향의 후보가 집권한다. 문제는 여기서 끝나지 않는다. 선거가 끝나면 집권한 후보의 정책이 다시 극단으로 회귀하는 경향이 강하다. 특히 2020년 이후 선거에서는 이런 경향이 더 두드러진다. 경제학 논리는 이런 경우를 설명하는 데도 활용된다.

왜 공약은 중도 이념으로 수렴할까?

이념이 선거에서 중요하게 작용하는 경우부터 예를 들어보자. 어느 사회나 사람들의 이념은 골고루 퍼져있다. 사람들의 이념을 숫자로 표시하고 1을 극좌, 10을 극우라고 한다면 모든 사람들의 이념은 1에서 10 사이에 위치한다. 선거에서 중도좌파적인 성향을 보유한 A후보자는 4 정도의 사람에게 적합한 공약을 내걸고 중도우파성향의 B후보자는 7 정도의 사람들을 겨냥한 공약을 내걸었다고 가정해보자.

이 경우 이념이 1부터 4인 사람들은 모두 후보 A를 찍을 것이다. 또 이념이 7부터 10 사이에 있는 사람들은 후보 B를 찍는다. 선거가 이념 선거로 자리매김할 경우 자신과 이념이 가까운 사람을 찍는 것은 당연하다. 문제는 이념이 4부터 7까지에 있는 사람들이 누구를 찍을 것인가 하는 점이다. 이념이 5인 사람들은 A후보자와의 이념 간 거리는 1인 반면 B후보자와의 이념 간 거리는 2만큼이다. 이 사람은 후보 A에게 투표할 것이다.

같은 이유로 이념이 6 정도인 사람들은 B후보자에게 투표한다. 이렇게 투표자들을 가늠하면 이념이 4과 7의 정중앙인 5.5를 기준

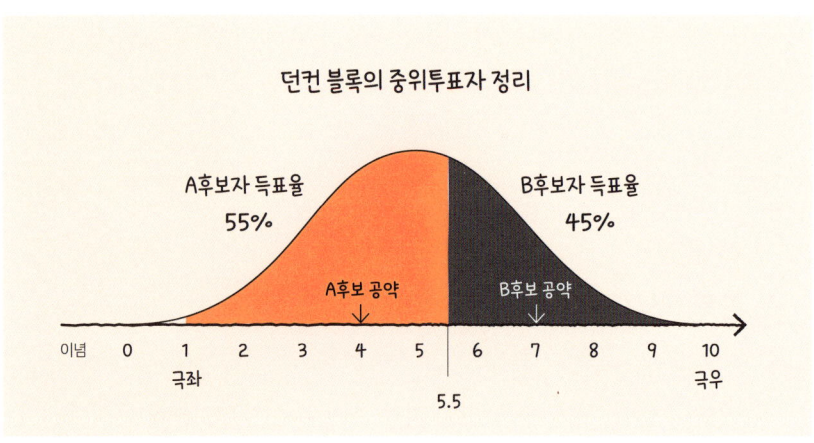

으로 이보다 왼쪽에 위치한 사람은 A후보자를, 5.5보다 오른쪽에 있는 사람들은 B후보자를 선택한다. 사람들의 성향이 골고루 분포해 있다고 한다면 A후보자는 55%의 득표율을 얻고 B후보자는 45%의 득표율을 얻어 A후보자가 선거에서 당선된다(던컨 블록Duncan Black의 중위투표자 정리는 이런 과정을 잘 묘사한다).

선거판이 이렇게 흘러가는데 B후보자가 가만히 있을 리가 없다. B후보자는 공약을 5 정도의 사람들을 겨냥한 것으로 바꾼다. A후보자가 여전히 4 정도의 공약을 유지한다면 어떻게 될까? 같은 논리를 적용하면 A후보자는 45%의 득표율을 얻고 B후보자는 55%의 득표율을 얻어 B후보자가 선거에서 이긴다.

이 때문에 B후보자가 5 정도의 공약으로 바꾸면 A후보자도 5 정도의 공약으로 수정한다. 이론적으로 공약의 이념성만 놓고 봤을 때 A후보자와 B후보자 사이에 별 차이가 없다. 다수결의 원칙이 적용되는 선거에서는 후보자들의 공약이 결국 중간으로 수렴하게 된다.

이 경우 선거는 공약 경쟁이 아닌 인물 경쟁이나 서로 간의 비방과 실수에 의해 결정이 된다. 우리나라 역대 선거도 초창기에는 각 후보들이 선명한 이념을 내세우다가 선거 막판이 되면 중도층을 공략하기 위해 공약을 그들에 맞춰 점점 수정했다. 그러다 결국 공약은 별 차이가 없어진다. 선거는 인물 선거로 탈바꿈되고 그것마저 여의치 않으면 상대방 흠집 내기에 주력하는 경우를 자주 보게 된다.

이행되지 않고 사라지는
중산층을 위한 공약

이념과 더불어 소득 계층별로 투표 성향이 다를 때는 중산층의 표를 얻는 것이 선거의 당락을 좌우한다. 각종 선거 때가 되면 중산층과 중도층을 위한 공약들이 경쟁적으로 쏟아진다. 선거는 후보자의 이념적 성향과 무관하게 중산층과 중도층을 위한 공약이 내걸리고 이를 통해 당선자가 결정된다. 하지만 그들이 중간계층을 위해 내건 각종 공약들이 실제 실행되지는 않는다. 왜 그럴까?

위의 예에서 이념 성향 3 정도인 사람이 중산층을 위한 공약을 내걸고 선거에 참여해 승리했다고 가정해보자. 선거에서 이기면 집권당이 되고 집권당이 모든 정책을 주도한다. 이때 집권당의 의사결정은 이념 성향이 1에서 5.5까지인 사람들이 나서서 다수결의 원칙과 비슷한 방식으로 이뤄질 가능성이 높다.

선거에서 패한 이념 성향이 5.5~10인 사람들은 아예 정책 의사결정에서 배제가 되는 것이다. 이제 선거에서 이긴 1에서 5.5까지의 이념 성향을 갖고 있는 사람들이 다수결의 원칙으로 의사결정을 한다고 했을 때도 같은 이유로 이들의 중간, 즉 3.25 정도의 이념을 가진 사람들의 표를 얻는 것이 의사 결정에서 우위를 점하는 방법이다. 이때 중위투표 전략은 이념 성향 3.25 징도 되는 사람을 공략하는 것이다. 의사 결정에 임하는 사람들은 이념 성향 3.25 정도인 사람들이 좋아할 만한 정책을 내놓고 이를 관철한다.

한 번의 다수결의 원칙으로 집권당을 뽑고 집권당 내에서 또다시 다수결의 원칙으로 정책 의사결정을 한다면 그때는 이념 성향이 3 정도인 사람들이 좋아할 만한 정책이 실제 집행될 가능성이 높다. 예를 들어, 대통령 선거에서는 전체 국민의 중간인 사람들이 좋아할 만한 정책을 내걸고 표를 얻어 당선이 된다. 그 다음에는 집권당 내에서 의사 결정을 할 때 당내에서 중간 사람들이 좋아할 만한 정책이 채택되는 식이다.

이를 감안하면 실제 집행되는 정책은 진보나 보수 강경파들에게 경도된 정책일 가능성이 높다. 전체 이념상에서 2.5나 7.5 정도의 성향이 좋아할 만한 정책이 실제 수립되고 집행된다. 정당 내에서 다수결의 원칙이 반복될수록 극단적인 이념에 맞추는 정책이 수립될 가능성이 높다. 집권당 내에서 집권 세력을 뽑고 거기서 또 한 번의 투표를 통해 정책을 결정하는 과정이 반복되면 이념이

1.25와 8.75 정도로 치우친 정책이 집행될 가능성이 제기되는 것이다.

한국을 비롯한 많은 나라에서 중산층 또는 중도층의 정치 의지가 강하지는 않다. 정치를 통한 개혁에 찬성 또는 반대하는 사람들은 이념적으로 진보와 보수에 치우친 경향이 있다. 선거는 이념적으로 치우친 사람들이 중산층과 중도층을 공략해 선거를 이기지만 실제 정책은 중산층과 무관하게 진행되는 경우가 많았다.

중산층은 선거 후 정치에서 소외된다. 그러다 보니 다음 선거에서는 이전에 지지했던 정당이나 정치 세력에 등을 돌리는 경우도 많다. 하지만 어느 순간 중산층이 자신들의 목소리를 내고 이를 관철시키려는 의지가 강해진다면 선거판은 달라질 수 있다. 2024년 미국 선거에서 트럼프 대통령이 당선된 것도 중산층과 중도층에 변화의 바람이 불었기 때문이다.

선거를 좌지우지한 자영업자

우리나라에서 중산층을 이루는 주요군 중 하나가 자영업자다. 자영업자는 자신이 직접 근로를 한다는 점에서 근로자의 특성이 있다. 또 규모는 작지만 생산수단을 소유한다는 측면에서 기업주 또는 경영자로서의 성격도 갖는다. 자영업자들이 선거에서 발휘하는 영향력은 결코 만만치 않다.

통계청에 따르면 2021년 11월 현재 전체 취업자(2,779만 명) 중 자영업자(556만 명) 비율은 20%에 달한다. 우리나라 취업자 5명 중 1명은 자영업자다. 자영업자와 함께 일하는 무급 가족종사자(101만 명)까지 합하면 자영업자 비율은 24%로 늘어난다. 여기에 1명 이상을 고용한 자영업자도 134만 명이나 있다. 이들이 평균 2명씩 고용하고 있다고 가정하면 자영업에 직접 연관된 인원만 900만 명에 육박해 전체 취업자의 3분의 1에 해당한다.

미국, 일본, 영국, 프랑스 등 선진국의 자영업자 비율이 10% 안팎인 것을 감안하면 우리나라는 자영업자가 경제에서 차지하는 비중이 매우 높다. 자영업자들은 평소에 정치적 성향을 발휘하지 않는다. 생업에 바쁘기 때문이기도 하고 하나의 세력으로 응집하기에 워낙 다양한 사람들이 포함돼있기 때문이다.

자영업자의 정치적 영향력은 선거 때 발휘된다. 우리나라가 대통령 직선제를 시행한 1987년부터 시행된 대통령 선거에서 직종별 투표 성향을 살펴보면 선거 때마다 자영업자의 지지를 많이 받은 후보가 당선됐다.

한국갤럽조사연구소에 따르면 1992년 대선에서 김영삼 후보에 대한 자영업자 지지율은 37.6%로 김대중 후보(27.5%)보다 높았다. 당시 화이트칼라와 학생층에서는 김대중 후보의 지지율이 높았지만 결과는 김영삼 후보의 당선이었다. 1997년 대선에서 김대중 후보에 대한 자영업자의 지지율은 41.5%로 이회창 후보(36.4%)를 앞섰다.

자영업자들은 김영삼-김대중 구도에서는 김영삼을 선택했지만, 김대중-이회창 구도에서는 김대중을 선택했다. 이데올로기나 지역

감정 같은 선입관보다는 실용적인 선택을 한 것으로 보인다. 정권은 보수와 진보, 여와 야를 오가면서 바뀌었지만 자영업자들의 지지를 받는 후보가 당선되는 구도는 이후 선거에서도 이어졌다.

외견상 막강한 정치·경제적 힘이 있음에도 불구하고 우리나라 자영업자들은 경제정책에서는 뒷전이었다. 보수 정권이 집권하면 친자본적인 정책을, 진보 정권이 집권하면 친노동적인 정책을 폈다. 성장 정책은 대기업 위주로, 분배 정책은 노동 위주로 흘러갔다. 자본·노동의 이분법적 사고에 따른 정책이 낳은 결과다.

현실에서 자영업주와 고용인 간 관계는 전통적인 자본·노동의 관계처럼 적대적이지 않았다. 영세하지만 업주와 점원이 함께 열심히 일해 돈을 벌고 그 돈을 서로 나눠 갖는 공동체적 성격도 있다. 자영업자들은 선거 때 중요한 역할을 하지만 선거를 마치고 나면 정책에서 소외된다. 선거 때마다 달콤한 공약으로 유권자들의 환심을 사고 집권 후에는 잊어버리는 '조삼모사'식 술책에 중산층이 가장 많이 피해를 보는 현실이 반복된다.

4

중산층에게
유리한 정책이란

　모든 정부가 정책을 정할 때 표방하는 것은 '국민을 위한다'는 것이다. 여기서 말하는 국민이란 그 나라에 사는 모든 사람이다. 하지만 과연 그런지는 꼼꼼히 따져볼 필요가 있다.
　예를 들어, 국가를 방어하는 국방정책은 우리나라 모든 국민을 위하는 것이다. 국방이 허물어지는데 피해를 보지 않을 국민은 없다. 우리나라를 대표해서 나가는 올림픽 선수를 육성하는 정책도 국민들을 위하는 것이다. 올림픽에서 금메달을 따는데 싫어할 국민은 없기 때문이다.

경제정책의 상대성

　하지만 경제정책은 이야기가 조금 다르다. 경제정책 중 모든 국민을 위하는 정책은 찾아보기 어렵다. 예를 들어, 정부가 세금을 올려 이 돈으로 빈곤층을 지원해주는 정책을 편다면 빈곤층은 이익을 보는 반면 세금을 내는 사람들은 손해를 본다.

정부가 특정 지역에 대규모 아파트 단지를 만든다면 이 지역에 땅을 갖고 있는 사람은 이익을 보는 반면 개발단지에 들어가지 못한 지역은 상대적으로 손해를 보게 된다. 이처럼 경제정책은 이해를 보는 사람과 손해를 보는 사람이 동시에 발생할 경우가 많아 이해관계를 조절하는 것이 매우 중요하다.

중산층의 입장에서는 정부 정책이 중산층에게 유리한 정책인지를 따져볼 필요가 있다. 과거 논란이 많았던 한미 자유무역협정(FTA)을 예로 들어보자. 한미 FTA는 과거 노무현 정부 때인 2007년 타결됐지만 재협상과 국회 비준 과정을 거쳐 이명박 정부 때인 2012년부터 실질적으로 실행됐다.

이 과정에서 수많은 우여곡절을 겪었다. 미국과 FTA를 체결하는 과정에서 우리나라 수출이 늘어 경제적으로 큰 이득을 볼 것이라는 논리에서부터 우리나라 농가가 큰 피해를 입어 생존이 어려울 것이라는 주장까지 각계각층에서 상반된 여론이 형성됐다.

FTA는 원칙적으로 양국 간에 자유무역을 하자는 취지의 협상이다. 한국과 미국이 관세를 포함한 무역장벽을 없애 자유롭게 교역을 하자는 것이다. 양국이 자유무역을 하게 되면 두 나라 모두 이익을 보게 된다는 것이 전통적인 경제학에서 말하는 '무역의 이익'이다. 복잡하게 설명하지 않더라도 자유무역이 이익이 된다는 것은 쉽게 이해할 수 있다.

소비자나 생산자 입장에서 자유무역은 선택의 폭이 넓어지는 것이다. 소비자 입장에서는 한국 물건을 소비할 수도 있고 미국 물건을 소비할 수도 있다. 미국 물건이 좋지 않으면 안 사면 된다. 즉, 선택의 폭이 넓어지면 적어도 손해 볼 일은 없다.

수출 기업 입장도 마찬가지다. 우리나라 수출 기업은 FTA로 무역장벽이 없어지면 미국이라는 시장을 하나 더 얻게 된다. 시장이 늘어나는데 손해 볼 기업은 없다. 이렇게 FTA를 통해 소비자와 수출 기업들이 이익을 얻을 수 있는 기회가 늘어난다.

하지만 FTA로 손해를 보는 사람도 있다. 바로 경쟁력이 높은 미국 기업이 수출을 하는 품목과 동일한 품목을 생산하는 국내 기업들이다. 예를 들어, 미국산 소고기의 가성비는 한우보다 높다. FTA로 미국 소고기 수입이 늘어나면 국내 한우 생산자들은 피해를 보게 된다.

FTA와 관련해서 진영 간의 논쟁이 벌어졌다. FTA를 진행하자는 쪽은 수출 대기업들이 주를 이뤘고, FTA에 대한 반대 목소리는 농축산물 단체와 이들을 지지하는 사람에서 비롯됐다. 수출 대기업들은 FTA를 통한 경제성장 효과에 주목했다. FTA를 통해 우리나라 GDP가 상당 폭 증가할 수 있다는 논리를 내세웠다. GDP가 증가한다는 것은 결론적으로 우리나라에서 생산하는 물건의 양이 많아진다는 것이다.

우리나라에서 만들어지는 물건의 양이 많아지면 우리 경제 전체에 좋은 것이고 그렇다면 FTA를 통해 GDP를 늘리는 것이 필요하다는 논리다. 반면 농민단체들은 자신의 생존권을 내세웠다. 설사 우리나라 GDP 총량이 늘어나더라도 농민의 소득이 줄어든다면 별다른 의미가 없다는 주장이다.

예를 들어, 농민과 수출 대기업이 FTA를 체결하기 전 100만큼의 소득을 농민 30, 대기업 70만큼 나눠갖고 있었다고 하자. FTA를 체결한 후 대기업의 소득은 90으로 늘어나고 농민의 소득이 20으로 줄었다면 어떻게 볼 것인가. 전체적으로 우리나라 소득은 100에서 110으로 늘었다고 좋아해야 하는가, 아니면 농민의 소득이 30에서 20으로 줄어드니 국민들 형편이 악화됐다고 해야 하는가.

진영 논리에 매몰되면 이것이 FTA에 대한 찬반 논쟁으로 번진다. 양측이 생존권과 국가 경제 이익이라는 선명한 논리를 내세우는 동안 중간의 논리는 파고들 공간이 없어진다. 이렇게 갈등 요인이 깊어간다. 우리가 과거에 경험했던 일들이다.

FTA 문제를 중간자적인 입장에서 보면 해법을 찾을 수도 있다. 우리나라 대부분의 중산층은 양극단의 논리를 좋아하지 않는다. 그렇다고 생각이 없는 것도 아니다. 자기의 이익에도 민감하고 부당하게 손해를 보는 것에 대해서도 반대한다. 경제학은 이런 입장에 대해 해법을 제시한다.

중산층에게 적용될
파레토의 원칙

경제학에서 상태의 '개선' 또는 '발전'을 어떻게 정의하는지 살펴보자. 가장 많이 인용되는 것이 앞서 언급한 '파레토 개선Pareto improvement'이라는 개념이다. 이탈리아 경제학자 빌프레도 파레토는 '하나의 자원배분 상태에서 어느 누구에게도 손해가 가지 않게 하면서 최소한 한 사람 이상에게 이득을 가져다주는 변화'를 파레토 개선이라고 정의했다. 경제학에서 어떤 두 개 이상의 상황 변화를 평가할 때 가장 많이 인용되는 용어다.

그럼 한미 FTA는 '파레토 개선'이라고 할 수 있을까? 파레토 개선이 되기 위해서는 소득이 줄어드는 사람이 없어야 한다. 하지만 FTA를 체결하면 농민의 소득은 감소하고 수출 대기업의 소득은 늘어난다. 그렇기 때문에 FTA를 체결한다고 해서 '파레토 개선'이 이뤄지는 것은 아니다.

그럼 FTA는 하면 안 되는 것일까? 이런 이유 때문에 FTA를 하지 않는다면 중장기적으로 우리나라 경제를 발전시킬 기회를 잃어버리는 것일 수도 있다. 이럴 때 한 가지 해결 방법이 있다. 농민들의 소득이 줄어드는 것을 보상해주는 것을 전제로 FTA를 체결하는 것이다.

위의 예에서 FTA의 체결로 수출 대기업의 소득은 70에서 90으로 20만큼 늘어나고 농민들의 소득은 30에서 20으로 10만큼 줄어든다. FTA를 체결한 후 수출 대기업이 늘어난 소득 20 중 10만큼을 농민들에게 보전을 해준다면 농민들의 소득은 줄어들지 않고 수출 대기업의 소득은 10만큼 늘어난다. 이런 보상을 전제로 FTA를 체결한다면 '파레토 개선'은 이뤄진다.

그렇다면 농민들도 굳이 FTA를 반대할 만한 경제적인 이유가 없어진다. 수출 대기업도 FTA 체결 전보다 소득이 늘어나니 나쁠 것이 없다. 이 경우 우리나라 GDP도 늘어나고 계층 간 업종 간의 갈등도 줄어드는 것이다. 경제학적인 합리성이 허용하는 영역이기도 하다.

이런 방향에 대해 수출 대기업과 농민 모두 반대할 수 있다. 수출 대기업은 '내가 번 돈을 왜 농민들에게 지원해줘야 하느냐'라고 할 수 있고 농민들도 '수출 대기업이 번 돈을 10만큼만 보상해 줄 것이 아니라 15만큼은 줘야 한다'고 주장할 수 있다.

하지만 중간자적인 입장에서나 경제학적 논리로 볼 때 최소한 10만큼은 보상해주는 것이 타당하다는 주장을 해본다. FTA 체결과 같은 제도 변화는 수출 대기업이 특별히 잘하거나 농민 단체가 특별히 잘못해서 발생한 일이 아니다. 우리나라 사람들의 합의에 의해 제도를 바꿔나가는 과정이다. 이럴 땐 손해 보는 사람이 없도록 제도적으로 기반을 마련하는 것이 중요하다.

그렇다고 대기업들이 자신들의 노력을 통해 얻은 모든 이익을 나눠줘야 한다는 것은 아니다. 대기업들이 투자와 기술개발 등을 통해 얻은 이익은 그들의 의사에 따라 취득하고 처분할 수 있도록 해야 한다. 그래야 우리나라 경제가 고도화되고 발전할 수 있다.

하지만 정부는 중간자적인 입장에서 정책을 입안해야 한다. 정부의 정책에 따라 손해를 보고 이익을 볼 경우에는 손해를 보는 사람에 대한 배려가 필요하다. FTA와 같은 대외 무역정책도 그중 하나라고 볼 수 있다.

우리나라는 과거 1970~1980년대 고성장 시기에 국가 전체적인 부를 중요시했다. 국가 전체적으로 수출이 늘어나고 이로 인해 GDP가 늘어나면 우리나라가 잘살 수 있다고 봤다. 수출 주도형 경제를 만들기 위해 수출 대기업을 지원하는 정책을 폈다. 대기업이 성장하면 이로부터 고용이 늘어나고 그 효과가 서민들한테 퍼지는 이른바 '낙수효과'를 노린 것이다.

근로자나 소비자들의 희생을 담보로 대기업이 성장한 것도 사실이고 대기업의 성장으로 근로자들의 고용과 소득이 늘어나는 낙수효과가 있었던 깃도 사실이다. 하지만 선진국에 들어선 2020년대 이후에 개인들의 희생을 담보로 국가의 성장을 꾀하는 논리는 더 이상 설득력을 얻기 어렵다. 중산층 이하 서민들 한 사람 한 사람의 이익도 중요하기 때문이다. 이런 측면에서 경제정책을 펼 때 '파레토 원칙'을 준수하는 것은 한층 중요해졌다.

국가의 지원금은 중산층에게 공짜일까?

정부의 거시 경제정책의 목표는 실업과 인플레이션을 적절히 조정하는 것이다. 정부 재정에서 돈을 풀거나 중앙은행인 한국은행이 금리를 낮추는 것 등은 모두 경기를 조절해 물가와 실업 사이의 적절한 균형을 유지하려는 목적이다. 이런 관점에서 정부는 다양한 정책을 편다.

경제 위기가 오면 정부는 더 바빠진다. 경제 위기란 기업들이 멈춰서고 사람들이 대규모로 해고돼 일자리를 잃는 것이다. 정부는 다양한 정책을 동원해 경제 위기를 막는다. 미국은 2008년 자신들이 야기한 주택거품이 붕괴되면서 위기가 닥치자 시중에 돈을 무제한으로 푸는 양적완화$_{QE, Quantitative Easing}$ 정책을 통해 위기를 타개했다.

양적완화란 중앙은행이 대규모 채권매입과 대출 확대 등으로 시중에 유동성을 대폭 공급하는 정책을 말한다. 이 정책은 2020년 코로나19로 인한 경제 위기 때도 시행됐다. 미국뿐만 아니라 일본, 유럽, 한국 등 여타 국가들도 경제 위기를 막기 위해 양적완화 정책을 실시했었다.

2020년 코로나19로 인해 경제가 멈춰서는 위기가 닥치자 각국은 국가 재정에서 대규모로 돈을 풀고 중앙은행이 금리를 0% 수준까지 낮추도록 해서 경기를 부양하는 정책을 폈다. 이런 거시 경제 정책도 시간이 지나면 계층별로 다른 효과를 야기하는 측면이 있다. 중산층 입장에서 정책을 평가해보자.

한마디로 말하면 중산층에게 정부 정책은 공짜가 아니다. 대표적인 사례 중 하나가 우리 정부가 추진했던 재난지원금이다. 코로나19 때 우리나라 사람들은 재난지원금이라는 명목으로 1가구당 40~100만 원씩을 받았다. 1인 가구는 40만 원, 2인 가구 60만 원, 3인 가구 80만 원, 4인 가구 100만 원 등이다. 4인 가구 기준으로 월 소득이 평균 500만 원 정도 하던 사람들이 재난지원금을 받으니 그달은 소득이 600만 원으로 늘었다. 이 사람은 재난지원금을 받은 달에는 풍족하게 소비했다.

먹고 싶은 것도 사먹고 사고 싶은 옷도 샀다. 그런데 몇 달이 지난 후 정부가 뿌린 돈으로 인해 물가가 10% 올랐다고 생각해보자. 그럼 이 사람은 이번에는 500만 원의 소득을 똑같이 받더라도 물가가 올랐기 때문에 실질적인 소비 여력은 450만 원으로 줄어든다. 소비는 한번 늘리기는 쉽지만 늘린 소비를 다시 줄이는 것은 상당히 고통스럽다. 소비는 일종의 습관이기 때문이다.

재난지원금을 받았을 때는 소득이 600만 원으로 늘었다고 생각했지만 몇 달이 지난 다음 물가가 10% 오르면 이 사람의 실질소득은 450만 원 정도로 줄어든다. 그럼 소비 계획을 다시 짜야 한다. 아울러 물가 오름세가 2개월 이상 진행되면 이 사람의 소득은 2달 연속 50만 원씩 줄어든다. 물가상승세가 3개월 연속 계속되면 실질소득 감소폭이 100만 원을 넘어 재난지원금을 받지 않고 물가가 오르지 않는 것이 오히려 더 유리한 상황이 된다.

살림살이를 해본 사람들 입장에서 50만 원의 실질적인 소득이 줄어든다는 것은 큰 문제다. 여기서 중산층과 상류층, 하류층 간의 이해관계가 엇갈린다. 예를 들어, 월 소득이 1,000만 원이 넘는 사람들은 재난지원금을 받았을 때 소득이 1,100만 원이 된다. 이런 사람들은 소득이 100만 원 늘었다고 소비를 늘리지는 않는다. 아울러 물가가 올라 실질 소득이 10% 줄어든 900만 원이 됐다고 해서 소비가 크게 줄어들 일도 없다. 여윳돈이 늘어나고 줄어들 뿐 소비 생활 자체가 달라지지 않는다.

반면 월 소득 200만 원이 안 되는 저소득층의 경우 코로나 19로 일하는 시간이 줄어들거나 일을 못하게 되는 상황이 닥치면 생존 자체가 위협받는다. 이런 사람들에게는 100만 원의 재난지원금은 큰 힘이 된다. 어려운 시절에 생존하는 것은 매우 중요하다. 나중에 물가가 10% 올랐을 경우 실질소득 감소분은 20만 원 정도로 감소폭이 크지 않다. 아울러 어려운 시기 생존을 함으로써 재기의 발판을 마련한 것에 비하면 물가 상승으로 실질소득이 줄어드는 것이 큰일은 아니다.

반면 중산층은 코로나19로 생존이 위협을 받을 정도는 아니었지만 그렇다고 자신이 누릴 수 있는 모든 것을 누리고 살지도 못했다. 한 달 정도 100만 원의 소득이 늘었을 때 싫어할 사람은 없지만, 이후 물가가 올라 실질소득이 줄어들게 되면 중산층은 상대적으로 가장 큰 타격을 입는다. 앞에서 언급했듯이 월 소득 500만 원인 사람의 경우 2개월만 물가상승률이 10%를 넘어서게 되면, 100만 원의 재난지원금을 안 받고 물가가 오르지 않는 것이 뭐로 보나 유리하다.

이처럼 중산층은 물가에 민감한 계층이다. 일시적인 재난지원금으로 소득이 늘어나는 것보다 물가가 안정되는 것이 심리적으로나 현실적으로 더 도움이 되는 사람들이라는 점을 쉽게 알 수 있다. 현실도 이를 반영한다. 우리나라의 총통화(M2)를 기준으로 본 통화량증가율은 2018~2019년에는 5~6% 정도였다. 그러다 2020년부터 빠른 속도로 올라 2021년 9월에는 12.8%까지 올랐다. 통화량 증가의 원인은 정부가 코로나19로 인한 경제 위기를 극복하기 위해 금리를 낮추고 돈을 풀었기 때문이다.

이렇게 풀린 돈은 인플레이션이라는 부메랑으로 돌아왔다.

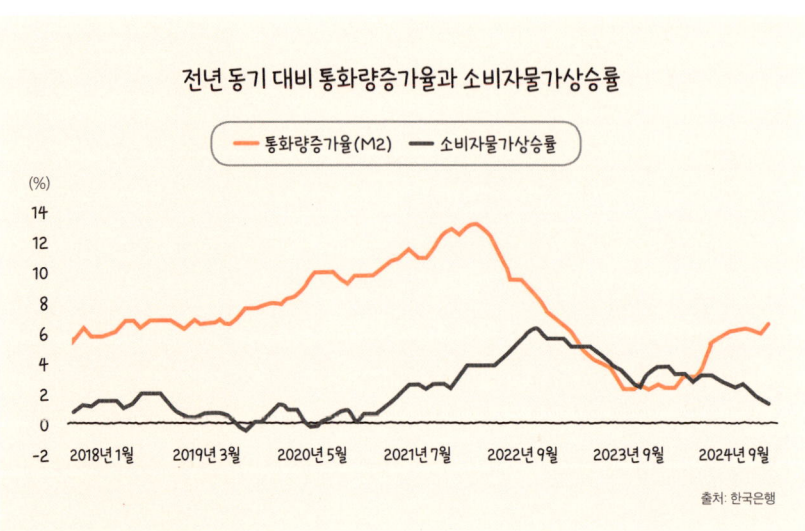

2021년 초까지 1%대였던 소비자물가상승률은 2022년 7월에는 6.3%까지 올랐다. 정부가 돈을 풀자 시차를 두고 물가상승률에 반영된 것이다. 물가가 5%포인트 이상 오르자 실질소득이 그만큼 하락하면서 소비자들은 생활고를 호소했다.

한번 오른 물가는 기대심리까지 반영돼 다시 떨어지기까지 시간이 걸린다. 이렇게 고물가 시대가 지속되자 한국은행은 금리를 올려 물가 잡기에 나섰다. 0%대였던 기준금리는 3.5%까지 올랐다. 금리가 오르니 대출금리도 동반 상승했다. 소비자물가가 오른데다가 대출금리까지 오르니 사람들의 신음소리도 커졌다. 이럴 때 가장 큰 피해를 보는 계층은 중산층이다. 대출도 가장 많고 소비도 가장 왕성하기 때문이다. 중산층은 이처럼 정부 정책의 득실을 가장 면밀하게 따져봐야 하는 계층이다.

5

점점 똑똑해지는
중산층

중산층은 점점 똑똑해지고 있다. 갈수록 공부도 많이 하고 경제적인 관심도 많다. 이런 똑똑한 중산층이 많아지면 정부의 정책도 영향을 받는다. 정부가 뭘 하려고 해도 중산층들이 이를 알고 대처를 미리하면 정부의 정책은 효과를 발휘하기 힘들다. 중산층은 정책 효과를 제대로 내도록 할 수도 있고 반대로 정책을 무력화할 수도 있다.

정부의 대표적인 정책 중 하나가 국민들에게 필요한 물건과 서비스를 제공하기 위해 세금을 거둬 재원을 조달하고 이를 통해 사업을 하는 것이다. 한 마디로 민간 기업들이 실행하기 어려운 일들을 정부가 주도하기 위해 세금을 걷는다. 대표적인 예가 도로와 철도를 만들고 국방력을 키워 우리나라 사람들을 보호하는 경우다. 이런 일들은 대규모 투자를 요구하지만 민간 기업이 투자를 하고 영업을 통해 돈을 버는 것이 매우 어렵다. 이럴 때 정부가 나서는 것이 일반적이다.

도로나 국방 등 개인이나 민간 기업이 공급하기 어려운 물건이나 서비스 등을 공공재라고 한다. 세금을 거둬 공공재를 공급하는 것은 정부의 일반적인 기능이다. 공공재를 공급하는 정부의 기능은 자본주의 경제 어디서나 필요하다.

**통화정책과
재정정책이 성공하려면?**

정부가 다른 차원의 경제정책을 펼 때도 있다. 예를 들어, 경기가 불황이면 중앙은행이 돈을 풀어 경기를 띄운다. 또 정부가 국채를 발행해 돈을 모은 후 이 돈을 지출해 경기를 띄우기도 한다. 중앙은행이 돈을 풀고 조이는 것을 통화정책, 정부가 재정 지출을 통해 경기를 조절하는 것을 재정정책이라고 한다.

통화정책과 재정정책이 효과를 발휘하기 위해서는 경제주체들이 정부 정책에 어떻게 대응하는지가 매우 중요하다. 그런데 이런 정책들은 중산층이 똑똑해지면서 효과를 발휘하기 어렵다. 이유는 이렇다.

우리나라 중앙은행인 한국은행이 금리를 내리고 시중에 돈을 공급하면 이 돈은 기업과 개인의 호주머니로 들어간다. 그럼 이들은 순간 자신이 쓸 수 있는 돈이 늘어난 것으로 생각한다. 개인은 물건에 대한 소비를 늘린다. 기업은 이 돈으로 투자를 늘린다. 소비와 투자가 늘어나면 기업은 고용을 늘리고 물건의 생산도 늘린다. 이렇게 경기가 살아나는 것이다.

그런데 한 꺼풀 뒤집어 보면 조금 다른 얘기를 할 수도 있다. 중앙은행이 돈을 풀면 이는 미래의 물가 상승을 야기한다. 쉽게 말해서 우리나라 경제에 물건도 100개, 화폐의 양도 100원이 있다면 물건 하나의 평균 가격은 1원이다. 그런데 돈의 양을 200원으로 늘린다면 물건 하나의 평균 가격은 2원이 된다.

우리나라 돈이 해외로 빠져나가지 않는 한 항상 성립하는 기본적인 경제법칙이다. 이런 생각을 하는 사람이 많아지면 중앙은행이 돈을 풀어도 사람들은 소비와 투자를 쉽게 늘리지 않는다. 가격이 오를 것에 대비해 미래에 쓰기 위해 돈을 모아둔다.

사람들이 소비와 투자를 늘리지 않고 미래 물가 상승에 대비하기 위해 돈을 모아둔다면 경제 내에서 고용과 생산이 늘어나기 어렵다. 여기에 근로자들은 미래에 물가가 오를 것에 대비해 임금을 올려줄 것을 요구한다. 기업 입장에서는 임금 인상으로 비용이 늘어나면 고용을 늘리기보다 더 줄일 가능성이 높다. 이렇게 되면 돈을 풀어 경기를 살리겠다는 정부의 목표는 달성되지 않는다.

통화정책의 성공에 가장 큰 역할을 하는 사람들이 중산층이다. 일단 수적으로 가장 많은 비중을 차지하고 있다. 부유층의 경우 평소에 돈이 많기 때문에 정부의 돈 풀기로 호주머니에 몇 푼 더 들어왔다고 해서 소비를 늘리지는 않는다. 빈곤층은 주머니에 돈이 들어오면 대부분 소비로 이어지기는 하지만 그 규모가 크지 않다. 평균적으로 소비하는 비율이 높고 숫자도 많은 중산층이 정부의 정책에 호응해 소비를 늘려야 경기는 불황에서 탈피할 수 있다.

통화정책의 경로도 관련이 있다. 중앙은행이 돈을 풀면 이 돈은 시중은행으로 흘러가고 이 돈은 주로 대출을 통해 민간으로 들어간다. 이 과정에서 통화량이 늘어나고 돈은 사람들의 호주머니로 흘러간다. 은행 등 금융권에서 대출을 가장 많이 받는 사람들이 중산층이다.

부유층은 대출을 받을 일이 별로 없다. 반면 빈곤층은 은행에서 대출을 받기 어렵다. 중산층이 풀린 돈을 대출을 통해 얼마나 가져가고 또 이 돈을 어떻게 쓰느냐에 통화정책의 성패가 달려있다. 예를 들어, 일본의 경우 중앙은행이 금리를 0% 가까이 낮추고 돈을 풀어도 사람들이 이 돈으로 소비를 늘리지 않고 대출도 받지 않았다. 그 결과 일본은 1990년대 이후 30년간 불황을 겪는 '잃어버린 30년'을 경험했다. 통화정책의 핵심 고리에 있는 중산층이 움직이지 않았기 때문이다.

중산층은 또 고민을 많이 하는 사람들이다. 인터넷이 발달하고 각종 온라인 사이트에 경제 정보가 넘쳐나면서 경제 상황에 대해 공부도 많이 한다. 중산층은 날이 갈수록 똑똑해진다. 이들은 정부가 돈을 풀면 나중에 물가 상승으로 이어질 것이라는 예상을 한다. 한두 번 겪어보면 알 수 있는 일이다. 그래서 정부가 돈을 풀어 물가가 올라갈 것으로 예상하면 미래를 대비하기 위해 현재 소비를 줄일 수도 있다. 일시적으로 소비를 늘리기보다 지속적으로 소비하는 것이 이들에게는 더 중요한 일이기 때문이다.

정부가 돈을 풀어도 중산층이 소비나 지출을 늘리지 않는다면 물건에 대한 수요가 늘어나지 않고 기업들이 물건을 더 많이 생산할 이유도 없다. 이 경우에는 정부가 돈을 풀어도 생산을 늘리는 데 기여하지 못하고 고스란히 물가만 올리게 된다. 이런 일이 반복된다면 정부가 돈을 풀어 경기를 띄우는 정책은 효과를 발휘할 수 없다.

세금 깎아주면 무조건 경기가 좋아질까?

정부가 세금을 깎아주거나 정부 지출을 늘려 경기를 띄우려고 하는 재정정책도 중산층과 밀접한 관련이 있다. 먼저 세금을 깎아주는 정책을 통해 경기를 띄우려고 하는 정책을 살펴보자. 감세 정책에 대표적으로 등장하는 것이 소득세다. 자신이 얻는 소득에 대해 세금을 부과하는 것이다. 정부가 소득세율을 깎아준다면 개인들이 실제 사용할 수 있는 소득은 늘어난다. 예를 들어, 연봉 5,000만 원인 사람의 소득세율을 평균 1%포인트 깎아준다면 연간 50만 원 만큼 가처분소득이 늘어나는 셈이다.

그럼 우리나라 전체적으로는 소비할 수 있는 여력이 얼마나 늘어날까? 통계청에 따르면 2023년 우리나라 취업자 수는 2,841만 명이다. 이들의 1인당 감세액이 평균 50만 원이라면 14조 원 정도 소비 여력이 생긴다. 이 돈을 모두 소비에 사용한다면 물건을 더 만들어야 하고 이 과정에서 고용과 생산이 늘어나는 구조다.

한번 늘어난 소비는 향후에도 지속되고 이를 통해 생산과 소비도 함께 증가하는 경향이 있다. 재정정책이 원활하게 작동하면 이런 선순환 구조를 만들게 된다. 그런데 현실을 보면 이런 이론적인 구조와는 조금 다른 얘기를 할 수 있다.

우리나라의 경우 기존에 근로소득이 있으면서도 세금을 내지 않는 근로자 비중이 35% 정도다. 소득이 낮거나 각종 공제 등을 통해 소득을 면제받는 경우 소득세를 내지 않는다. 대부분이 중산층 이하인 경우가 많다. 이를 감안하면 우리나라 근로자 소득 상위 65% 정도가 세금을 낸다고 보면 된다. 이 중 정부가 세금을 깎아줄 경우 실제 소비를 늘리는 사람은 대부분 중산층이다. 상류층의 경우 이미 충분히 소비를 하고 있기 때문에 소득세를 조금 깎아준다고 해서 소비를 늘리지 않는 경우가 많다.

하지만 중산층은 여전히 돈 쓸 곳이 많은 사람들이다. 세금을 깎아주면 소비로 이어지는 경우가 많다. 이 때문에 재정정책의 중요한 경로에 중산층이 자리 잡고 있다고 볼 수 있다. 통화정책의 경우와 마찬가지로 재정정책의 경우에도 중산층이 똑똑해지면 정책 효과를 발휘하기 어렵다. 사람들은 정부가 지금은 세금을 깎아주지만 감세 정책으로 인해 재정에 구멍이 생기면 이를 메꾸기 위해 세금을 다시 올릴 것으로 생각한다. 세금을 다시 올리면 그때는 소비를 줄여 세금을 내야 한다.

한번 늘린 소비를 다시 줄이는 것은 아예 소비를 늘리지 않는 것만 못하다. 예를 들어, 세금을 줄여준다고 해서 자녀 학원을 하나 더 늘렸는데 나중에 세금을 다시 늘리면 학원 보내는 것을 중단

해야 하기 때문이다. 이럴 바에는 학원을 처음부터 보내지 않는 것이 좋다고 생각할 수 있다. 이런 생각을 한다면 정부가 세금을 깎아준다고 해도 중산층은 소비를 늘리지 않는다. 그럼 정부의 재정정책은 효과를 발휘할 수 없게 된다.

정부가 세금은 그대로 두는 대신 정부 소비와 지출을 늘려 경기를 띄우려고 할 때도 비슷한 얘기를 할 수 있다. 정부가 거대한 공원을 짓거나 도로를 만들어 고용과 생산을 늘리려고 하는 경우도 있다. 모든 정부의 사업에는 돈이 필요하다. 이 돈을 세금을 거둬서 충당하지 않으면 정부가 빚을 내야 한다. 정부가 빚을 내는 방식은 국채를 발행하는 것이다. 국채를 발행해 이를 사람들한테 팔면 정부는 필요한 자금을 조달할 수 있다.

자금을 조달해 건설 사업을 하면 고용을 창출하고 생산을 늘릴 수 있다. 그런데 문제는 여기서 끝나지 않는다. 정부가 채권을 발행해 시장에 팔면 채권 발행 물량이 늘어나고 채권 값은 떨어진다. 이는 채권금리가 올라간다는 것을 의미한다. 채권금리가 올라가면 일반 대출금리도 올라간다. 이렇게 되면 대출을 받은 사람들이 내야하는 이자가 늘어난다.

또 채권금리가 올라가면 민간 기업들이 자금을 조달하는 비용도 늘어난다. 이 경우 민간 기업은 투자를 줄이게 되고 대출이자를 더 내야 하는 사람들은 소비를 줄일 수밖에 없다. 정부가 직접적으로 사업을 하면서 채권을 발행하면 그 사업의 생산과 고용은 늘어나지만 다른 민간 부문에서는 소비와 투자가 줄어들어 정부 사업의 효과가 상쇄된다. 이런 이유 때문에 정부가 사업을 늘린다고 해서 경제가 살아나는 것은 아니다.

정부가 고액의 상속세를 깎아주거나 아니면 빈곤 계층에게 각종 보조금을 지원하는 것은 특정 계층의 사람들을 도와주려는 별도의 정책 목적이 있다. 정책은 정부의 판단에 따라 할 수 있는 부분이다. 하지만 막연히 정부가 세금을 깎아주거나 통화량을 늘려 경기를 띄워보겠다는 정책은 득보다 실이 많을 수 있다. 거꾸로 말하면 정부가 정책을 내놓고 이 정책이 효과를 발휘하기 위해서는 중산층의 행동양식에 부합하는 성책을 펴거나 아니면 중산층의 협조를 구해야 한다는 얘기다.

PART 5

중산층의
시장을 보는 눈

1

주식_
좋은 정보와 나쁜 정보

　자영업을 하는 50대 김모 씨는 옛 친구들로 구성된 카카오톡 대화방에 들어갔다. 대화방에서 오랜만에 옛 친구들을 만났고, 주로 과거 추억을 공유하는 이야기를 나눴다. 김모 씨도 한 번씩 과거 사진이나 에피소드를 올리며 친구들과 소통했다. 그러다 삼삼오오 저녁때 만나 술잔을 기울이기도 했다. 그러던 어느 날 한 친구가 주식 관련 정보를 올리기 시작했다.
　이 종목을 사서 몇 배의 수익을 올렸다는 성공담도 올라왔다. 이런 정보에 여러 친구들이 솔깃하면서 카카오톡 대화방은 주식 얘기로 넘쳐났다. 한동안은 주식 종목 분석과 함께 이 종목에 투자해 돈 번 얘기가 카카오톡 대화방의 주류를 이뤘다. 이런 얘기를 듣고 새로 들어온 친구들도 있었다. 그러다 어느 순간부터 돈을 잃었단 얘기가 나오기 시작했다. 급기야 친구가 추천한 종목에 거의 전 재산을 모두 투자했다가 주가가 급락해 쪽박을 찬 얘기가 나오면서 카카오톡 대화방이 잠잠해졌다.

김모 씨는 이 정도 되면 종목을 추천한 친구가 어느 정도 책임을 져야 하는 것 아니냐는 생각도 갖고 있다. 정감 어린 얘기로 시작했던 카카오톡 대화방은 어느 날 돈의 얘기만 넘쳐나는 비인간적인 대화방이 돼 버렸다. 김모 씨는 직접 주식 투자를 하지는 않았지만 카카오톡 대화방의 진화와 몰락을 보면서 많은 생각을 하게 됐다.

한국의 중산층은 돈 버는 데 관심이 많은 사람들이다. 과거 한때는 열심히 일을 해서 돈을 벌면 충분히 먹고살 만하다고 생각했다. 재테크를 할 시간에 일을 하는 것이 더 좋다고 생각했던 사람들이다. 그런데 몇 번의 계기를 거치면서 열심히 일하는 것만으로는 충분하지 않다는 생각이 팽배해졌다. 고용이 불안정해지면서 평생직장이라는 개념이 사라졌고 월급보다 투자로 버는 돈이 많은 사람들이 속속 등장하면서 주식에 대한 관심도 높아졌다.

예금이자가 연 1%도 안 되는 저금리 시대가 오래 지속되면서 안정적인 예금이 재산 증식 수단으로서 역할을 하지 못한 측면도 있다. 한국예탁결제원 통계를 살펴보면 2023년 말 기준으로 우리나라 개인 중 주식을 갖고 있는 사람 수는 1,403만 명이다. 20대 이상 성인 인구 3명 중 1명은 주식을 갖고 있는 셈이다. 금융회사들이 설문 조사를 할 때도 10명 중 7명은 주식 투자를 하고 있는 것으로 조사된다. 삼성전자 주식을 보유한 사람 수만 해도 521만 명에 달한다. 중산층의 경우 거의 대부분 주식을 보유하고 있다고 보면 된다.

중산층의 실제 주식수익률은?

그럼 중산층은 주식을 통해서 돈을 많이 벌까? 많은 사람들이 주식 투자를 통해 연간 20% 정도의 수익을 기대하고 있다. IMF 때인 1997~1998년 우리나라는 예금금리가 연 20%에 달하는 초고금리 시대를 경험한 적도 있다.

주식투자는 손실을 볼 위험이 있기 때문에 기대수익률이 높은 것이 당연히다. 그런데 기본적인 통계를 통해 우리나라 주식시장의 특성을 파악해보면 중산층이 이 시장에서 돈을 벌기가 만만치 않음을 알 수 있다.

최근 30년간 주가지수가 어떻게 움직였는지를 살펴보자. 아래 그래프는 2015년을 100으로 해서 각국의 주가가 상대적으로 어떻게 움직였는지를 보여주는 그림이다. 이 그림에서 보면 우리나라

주가는 1994년 1월 44.3에서 2024년 11월에는 124.5로 집계됐다. 2015년 주가가 100으로 볼 때 94년 주가는 2015년 주가의 44.3% 였고 2024년 11월에는 124.5%였다는 얘기다.

이를 수익률로 환산해보면 30년간 181% 정도다. 30년 전에 100원을 주고 산 주식이 30년 후에는 281원 정도가 됐다는 의미다. 단순히 평균을 내보면 연간 6% 정도의 수익을 올린 것으로 계산할 수 있다. 복리의 개념을 도입해서 연평균 수익률을 계산해보면 3.5% 정도다. 사람들은 주식 투자를 통해 20%의 수익률을 기대하지만 실제 우리나라에서 주식을 투자한 사람들은 지난 30년간 평균 3%대의 수익률을 올렸다는 계산이다.

같은 방식으로 미국 주식시장의 30년간 수익률을 계산해보면 615% 정도가 나온다. 미국 주가지수는 평균적으로 1994년 26에서 2024년 11월에는 186으로 파악됐다. 단리 기준으로 연평균 수익률은 20% 정도, 복리 기준으로는 6.2% 정도로 계산된다.

우리나라 주식의 평균수익률보다 2배 정도 높다. 코로나19 사태 이후 미국주식에 투자하는 서학개미들이 늘어나는 이유가 있는 셈이다. 대신 한국 주식시장은 미국 시장보다 훨씬 역동적으로 움직인다. 지난 30년간 주가가 가장 낮았던 때 주식을 사서 가장 높았던 때 팔았다면 얼마만큼의 수익률을 올릴 수 있었을지 계산해볼 수도 있다.

이런 계산 방식으로 수익률을 계산해보면 우리나라 시장에서 주가가 가장 낮았을 때 주식을 사서 가장 높았을 때 팔았다면 945%의 수익률을 올릴 수 있었던 것으로 계산됐다. 미국은 같은 비교를 한 수익률이 656%였다. 즉, 한국 주식시장은 주식시장의 급등락이 심해 투자를 한 다음 10배를 벌 수 있는 기회는 제공한 셈이다. 다만 현실적으로 이런 기회를 잡을 수 있는 사람은 매우 드물다.

거꾸로 생각해보면 한국 시장에서 가장 비쌀 때 주식을 사서 가장 쌀 때 손절매를 했다고 하면 주식 투자로 재산이 10분의 1로 줄었다는 얘기다. 한국 주식시장은 미국 시장에 비해 평균 수익률을 낮지만 상당히 투기적인 요소를 갖고 있디고 볼 수 있다.

시장 구조뿐만 아니라 주식시장에서 정보가 흐르는 과정도 중산층에게 그리 유리하지 않다. 정보의 생산과 유통에서 중산층이 좋은 위치를 선점하기 어렵다. 주식 투자로 돈을 벌려면 정보력이 필수다. 소위 말하는 고급 정보가 있으면 돈을 벌기가 너무 쉽기 때문에 투자자들은 항상 고급 정보에 목마르다.

남들이 모르는 인수합병(M&A) 정보나 신제품 개발 정보 등을 얻기 위해 많은 사람을 만나고 유튜브나 각종 사이트를 뒤진다. 급기야 정보를 미끼로 거액을 요구하는 주식 리딩방에도 서슴지 않고 가입한다. 리딩방의 결론은 뻔하다. 소수의 승자와 다수의 패자가 생긴다. 그럼에도 불구하고 수많은 주식 리딩방들이 활개를 치고 있다.

증권가 정보의 흐름

증권가는 정보의 홍수다. 수많은 확인되지 않은 정보들이 굴러다닌다. 어떤 정보는 보물이지만 대부분은 쓰레기다. 하지만 모든 정보는 그럴 듯하게 포장돼서 돌아다닌다. 사람들이 혹하는 이유다. 그동안 취재의 경험을 살펴볼 때 정보의 옥석을 가리기는 매우 어렵다. 하지만 정보가 유통되는 과정은 조금 보인다.

증권가의 정보는 어떻게 유통될까? 예를 들어, 한 회사가 기가 막힌 신기술을 개발했다고 생각해보자. 이 정보는 처음에는 기술을 개발한 사람들이 가장 먼저 알 것이다. 그 다음 지휘라인을 통해 회사 경영진에게 보고된다. 놀랄 만한 기술일수록 보고라인은 단순하다.

그렇기 때문에 처음에 이 정보를 공유한 사람은 10여 명도 안 된다. 그들은 내부 규정 등으로 주식을 직접 사기는 어려운 경우가 많다. 이 정보는 시간이 지날수록 10여 명 근처에 있는 사람들로 퍼져나간다.

가족이나 친척, 친구 등등 그들 주변에 있는 사람들이 정보를 처음 접하게 될 가능성이 높다. 이들이 정보의 1차 고리를 형성한다. 이 사람들은 정보를 얻게 되면 가장 먼저 무엇을 할까? 십중팔구는 주식을 산다. 큰 폭의 주가 상승이 예상되는 믿음직한 정보를 먼저 취득했는데 주식을 안 살 이유가 없다. 자신들이 투자할 수 있을 만큼의 돈을 가지고 주식을 산다.

그 다음 이들은 뭘 할까? 자신이 주식을 산 이후에는 이 정보를 자기만 알고 있을 이유가 없다. 주변의 사람들에게 이 정보를 흘린다. 그러면 2차 고리에 있는 사람들이 이 정보를 접하게 된다. 이들은 정보를 원래 소스로부터 직접 들은 것이 아니기 때문에 약간의 의심은 갖고 있다. 그래도 정보의 내용이 구체적이고 믿을 만하다고 생각되면 2차 고리에 있는 사람들도 주식을 산다. 이들도 주식을 산 다음에 이 정보를 유통시킨다. 그리고 3차 고리에 있는 사람들에게 이 정보가 흘러간다.

이처럼 주식시장에서 알짜 정보들을 접한 사람들은 행동을 먼저 한 후 정보를 유통시킨다. 이 과정에서 주가는 조금씩 오르기 시작한다. 한 가지 분명한 철칙이 있다. 2차 고리에서 정보를 접한 사람들은 1차 고리에 있는 사람들보다 수익률이 높을 수 없다. 마찬가지로 3차 고리에 있는 사람들은 2차 고리에 있는 사람들보다 수익률이 낮다.

이렇게 4차, 5차, 6차 고리에 있는 사람들로 정보가 유통된다. 이 과정에서 정보의 가치는 갈수록 떨어지고 주가에 미치는 영향도 줄어든다. 그러다 6차 고리 쯤 가면 정보가 주가에 대부분 반영돼 이 정보의 가치는 거의 사라진다. 이때도 정보를 얻는 사람들은 반신반의하면서 주식을 산다. 마지막에 주식을 산 사람들은 이후 주가 하락을 경험한다. 분명히 좋은 정보인 것은 맞는데 그 정보가 이미 주가에 충분히 반영된 다음 주식을 샀기 때문에 손해를 보게 되는 것이다.

주식시장의 원리중 하나는 이처럼 시장에서 행동하는 속도가 정보의 유통속도보다 항상 빠르다는 것이다. 이 때문에 자신이 알짜 정보를 접하게 됐을 때 자신이 몇 차 정보 고리쯤에 속하는 것인지를 동시에 따져보는 것이 매우 중요하다.

그래야 자신이 얼마만큼의 수익률을 올릴 수 있을지 예상이 되기 때문이다. 많은 중산층들은 대부분 정보가 생산될 때 이 정보에 접근하기는 어려운 사람들이다. 이 때문에 유통 과정에서 좋은 정보를 접할 가능성이 높다. 이때는 반드시 자신이 정보를 취득하게 되는 순위가 몇 번째일지도 동시에 감안해야 한다. 그래야 주식 투자로 쪽박을 차는 것을 막을 수 있다.

가짜 정보가 유통되는 과정도 비슷하다. 주식시장에서 만약 내가 가짜 정보에 속아서 주식을 샀고 이 사실을 알게 됐다고 생각해보자. 가만히 있으면 주가는 하락할 것이 뻔하다. 이때 내가 손실을 조금이라도 줄일 수 있는 방법은 이 정보를 유통시키는 것이다.

이를 통해 투자자들이 새로 유입되면 나는 주식을 팔고 나가면 손실을 조금이라도 줄일 수 있다. 물론 새로 들어온 사람은 더 큰 손실을 보겠지만 내 코가 석자인데 다른 사람 생각을 할 여유는 없다. 이렇게 되면 가짜 정보일수록 유통 속도가 빨라지고 유통 범위도 더 넓어진다.

물론 작전세력처럼 처음부터 의도적으로 가짜 정보를 유통시키는 경우도 있다. 이런 것은 범죄행위다. 하지만 일반 투자자들이 정보를 유통시켜 자신의 손해를 조금이라도 줄이려고 하는 행위는 얼마든지 있을 수 있다.

증권가 주변에는 온갖 정보들이 돌아다닌다. 이 정보를 확인하는 것도 어렵고 확인한다고 해도 자신이 어느 정도 순번으로 정보를 접하게 됐는지를 아는 것은 더 어렵다. 이 때문에 좋은 정보라고 믿고 투자했다가 낭패를 보는 사람들이 여기저기서 생겨난다. '홍수에 먹을 물이 없는 것 같은 상황'이 반복되는 것이 증권가 주변이다.

중산층 투자의 기본원리

투자를 하기 전에 명심해야 할 몇 가지 원리들이 있다. 먼저 '공짜 점심은 없다는 것'이다. 이 말은 자신이 이익을 보는 행위를 할 때 반드시 이면에는 대가를 치른다는 것이다.

옛날 미국 서부개척 시대에 술집에서는 술을 팔기 위해 점심을 공짜로 제공했다. 사람들은 공짜 점심을 먹으러 술집에 들어갔다. 하지만 들어가서 점심만 먹고 나오는 경우는 매우 드물었다. 사람들은 그 식당에 점심 먹으러 들어가서 술을 한두 잔씩 마셨고 어떤 사람은 고주망태가 돼서 나오기도 했다. 그러면 밥은 공짜로 먹었지만 술값은 만만찮게 나왔다. 그제야 사람들은 '공짜 점심은 없구나' 하는 것을 알았다고 한다.

투자도 마찬가지다. 투자를 할 때 알아야 할 가장 중요한 철칙이 돈을 많이 벌 가능성이 높으면 돈을 잃을 가능성도 높다는 것이다. 누구나 아는 얘기 같지만 막상 실전에 들어가면 의외로 귀가 얇아진다.

투자가 이뤄지는 자본시장의 성격도 몇 가지 알아볼 필요가 있다. 자본시장은 주식, 채권, 코인 등이 거래되는 시장이다. 자본시장은 정글과 비슷하다. 돈을 갖고 싸우는 곳이기도 하다. 다시 말하면 상대방의 돈을 뺏어 먹으려고 혈안이 돼서 돌아다닌다. 내가 주식 투자로 두 배를 벌기 위해서는 내 주식을 2배의 값을 주고 사는 사람이 있어야 한다.

자본주의 사회에서 모든 사람들은 평등하다. 하지만 자본시장에서는 자본이 많고 적음에 따라 불평등하게 시장이 굴러가기도 한다. 수천억 원을 굴리는 기관 투자자와 수천만 원을 굴리는 개인 투자자의 영향력이 같을 수는 없다.

투자와 관련한 몇 가지 명언들도 눈여겨볼 만하다. 먼저 '잭팟을 터뜨렸다고 말하는 사람들을 부러워할 필요가 없다'는 말이 있다. 투자할 때 누가 얼마를 벌었다는 소문에 매우 민감하게 행동할 가능성이 높다. 그만큼 귀가 얇아지기 때문이다. 하지만 이런 막연한 부러움은 투자의 적이다. 내가 아닌 다른 사람이 돈을 얼마나 벌었는지는 나와 상관없는 일이다.

'모르는 투자는 금물'이라는 말도 있다. 투자를 할 때는 자신의 성향과 능력 범위를 명확히 알아야 한다. 아울러 자신이 투자를 하는 대상의 장단점도 명확히 분석한 후 투자해야 한다. 자신이 스스로 분석하고 거기에 대한 확신이 들 때 투자를 하는 것이 바람직하다. 다른 사람을 따라하는 행위는 금물이다.

'시장에 비관론이 있을 때 투자하라'는 말도 있다. 투자의 기회는 역발상에 있다. 주가가 떨어질 때는 비관론이 팽배해지고 주가가 오르면 낙관론이 많아진다. 하지만 시장은 반대로 움직인다. 주가가 과도하게 떨어졌을 때는 반등할 가능성이 높고 주가가 너무 높으면 다시 떨어질 가능성이 높다.

투자를 할 때 연 수익률을 얼마로 잡으면 좋을까? 조금 현실적으로 생각해 볼 필요가 있다. 2024년 주식에 투자를 했을 때 얼마를 벌 수 있는지 생각해보자. 2024년 우리나라 주식시장은 등락을 거듭했다. 주가지수를 하나의 주식 종목으로 가정하고 수익률을 계산해 볼 수 있다.

2024년 1월 주가지수가 낮았을 때가 2,435였고 연중 가장 높았던 때는 7월 2,891이었다. 주가지수가 가장 낮을 때 투자해 가장 높을 때 팔았다고 생각하면 이 사람의 수익률은 18.7% 정도로 계산된다. 물론 개별종목의 경우 주가가 두세 배 오른 경우도 있지만 평균적으로 주식에 가장 효과적으로 투자했을 때 수익률이 20%가 채 안 된다.

많은 중산층들이 대박 투자를 꿈꾸지만 현실적으로는 불가능하다. 연 20%가 넘는 수익률을 목표로 투자하는 것은 거의 도박에 가깝다. 그렇다고 은행 예금금리 정도 되는 수준인 5%보다 낮은 수익률을 목표로 한다면 굳이 투자에 손을 댈 이유가 없다. 합리적인 중산층이라면 연평균 수익률이 5%에서 많게는 15% 정도까지를 목표로 하는 것이 바람직하다. 20%, 30%의 수익률을 목표로 투자 시장에 뛰어드는 것은 수익보다 위험을 더 키울 수 있다.

② 채권_
저성장 시대의 대안

　사회봉사단체에서 경제 강연을 할 때 만난 박모 씨는 70대 은퇴자다. 그는 자신이 채권 투자로 짭짤한 수익을 올린 얘기를 들려줬다. 2022년은 미국이 기준금리를 빠른 속도로 올리고 한국도 미국을 따라 금리를 인상했던 때다. 박 씨는 이 정도 금리가 오래가지는 않을 것으로 생각했다. 금리가 나중에 떨어진다면 채권에 투자하는 것이 좋겠다고 판단했다. 어떤 채권을 고를지 고민해봤다. 당시 3년 만기 국채금리는 연 4%, 같은 만기의 한국전력 채권금리는 연 5%가 넘었다. 박 씨는 한국전력이라는 기업을 따져봤다.
　전기요금을 정부가 올리지 못해 적자를 보고 있는 기업이라 이 기업이 발행한 채권은 금리가 높았다. 그래도 한국전력이 망하지만 않으면 이자와 투자원금을 받을 수 있다. 박 씨가 보기에 국가 기간산업인 전력을 독점적으로 공급하는 한국전력이 망할 것 같지는 않았다.

그래서 이자율이 높은 한국전력채권(한전채)에 투자했다. 한전채는 2년이 지난 2024년 8월에는 금리가 연 3%까지 떨어졌다. 박 모 씨는 2년간 한전채 이자를 받고 남은 기간에는 채권을 팔아 이중으로 수익을 올렸다. 금리 하락폭도 커 매매 차익도 꽤 높았다.

대박을 올리지는 못했지만 박 씨는 경제 흐름을 읽고 투자를 통해 비교적 높은 수익을 올린 케이스다. 당시 은행 예금금리가 연 3%도 채 안됐던 것을 감안하면 박 모 씨는 채권 투자로 10%가 넘는 수익률을 올렸다. 이처럼 경제 흐름만 정확히 읽어도 꽤 높은 수익률을 올릴 수 있다. 경제 흐름과 채권 투자는 서로 밀접한 관련이 있다.

1997년 IMF 외환위기 때가 떠오른다. 당시 국가가 발행하는 국고 채권금리는 20%를 육박했다. 회사채의 금리는 25%까지 올랐다. 우리나라 역사상 전무후무한 일이다. 채권은 발행 주체가 부도가 나지만 않으면 이자와 원금은 지급한다. 국채의 경우 우리나라가 망하지만 않으면 원리금은 걱정 안 해도 된다는 얘기다. 실제 조금이라도 경제 흐름을 볼 줄 아는 사람들은 당시 이런 채권을 사서 큰돈을 벌기도 했다.

물론 주식과 부동산 투자로도 돈을 많이 벌긴 하지만 주식은 종목에 따라 부동산은 입지에 따라 큰 이득을 볼 수도 있고 큰 손해를 입을 수도 있다. 종목과 입지는 변수가 워낙 많다. 개인이 투자하기에는 어려운 영역이다. 하지만 박 모 씨처럼 경기 흐름을 보고 투자를 해도 상당부분 고수익을 올릴 수 있다. 경제 흐름은 어떻게 읽을 수 있을까?

세계의 경제 흐름이 시작되는 곳, 미국

인정하고 싶지 않지만 세계 경기 흐름은 미국에서 시작한다. 그만큼 미국이 세계경제에 미치는 영향력이 크다. 그럼 미국의 경제는 어떻게 굴러갈까? 그걸 아는 것이 경제 흐름을 읽는 첫걸음이다.

미국 경제는 생산, 소비, 투자라는 변수를 통해 굴러간다. 소비와 투자가 늘어나면 이에 맞춰 생산도 늘린다. 그러면 기업은 고용을 늘린다. 그럼 개인의 소득이 늘어나고 기업의 이익도 증가한다. 그럼 다시 소비와 투자는 늘고 생산도 늘어나는 경기호황 국면이 지속된다.

반면 어떤 이유에서인지 소비와 투자가 줄어들면 기업은 생산과 고용을 줄인다. 그럼 다시 소득과 이윤이 줄어들고 이는 다시 생산을 줄이는 원인으로 작용한다. 이때는 불황이 닥친다. 자본주의 경제는 1800년대 태동한 이후 불황과 호황을 항상 반복하면서 경기순환과정(비즈니스 사이클)을 겪어왔다.

문제는 처음으로 돌아간다. 그럼 애초에 소비와 투자는 왜 늘어나고 줄어드는 것인가. 미국에서 유행하는 실물경기변동이론real business cycle theory에 따르면 처음에는 경제에 우리가 모를 충격이 가해진다. 이 충격에 따라 개인과 기업들이 반응하는 과정에서 소비와 투자가 늘어나고 줄어든다고 설명한다.

예를 들어, 2020년 코로나19 팬데믹과 같은 것이 인류가 통제할 수 없는 큰 충격이다. 이런 충격이 발생하면 개인의 소비와 기업의 투자가 직접적으로 영향을 받는다. 갑자기 폭염이나 한파가 닥치는 등의 기후변화가 발생하는 것도 경제에 충격을 준다. 2000년도에 발생한 9·11테러 같은 현상이나 중동지역의 전쟁으로 국제유가가 급등하는 것도 경제에 충격을 주는 요인이다. 이런 충격들은 우리가 예측해서 대비하기 어렵다는 점에서 경제 외부에서 발생하는 충격이다.

경제에 긍정적인 충격을 주는 경우도 있다. 예를 들어, 유전이 개발됐다던지 아니면 인공지능이 개발되면서 생산의 자동화가 이뤄지는 충격이 발생하면 생산성이 급등하게 된다. 이런 충격들이 사람들의 소비와 투자에 영향을 미치고 이로부터 경기순환과정이 진행되는 것이다.

미국은 이런 외부충격으로 경기순환과정이 발생할 때, 정부와 연방준비제도가 기준금리를 조정하고 재정지출을 늘리고 줄이면서 호황과 불황의 시기와 강도를 조절한다. 미국도 외부에서 어떤 충격이 발생할지 모르기 때문에 충격이 발생하면 경기 진폭을 줄일 수 있는 만반의 준비를 하고 있는 셈이다.

예를 들어, 2020년 코로나19로 극심한 경기 침체가 발생했을 때 연준은 기준금리를 0%까지 낮췄고 정부는 수조달러의 재정을 풀어 경기가 고꾸라지는 것을 막았다. 미국은 미국을 위한 정책을 편다. 어찌 보면 당연한 얘기다.

도널드 트럼프 대통령이 '미국우선주의$_{America\ first}$'라는 슬로건을 내걸고 당선됐지만 어찌 보면 미국은 건국 이후부터 미국우선주의를 철저하게 실천해왔다고 볼 수 있다. 문제는 미국의 경기와 정책이 세계경제와 거미줄처럼 엮여 있다는 점이다. 경기 흐름을 보기 위해서 미국을 봐야하는 것도 이런 이유 때문이다.

우리나라를 예로 들어보자. 코로나19가 발생해 미국이 극심한 경기 침체를 겪고 이를 막기 위해 미국 연준이 금리를 0%까지 갑자기 내리면 어떤 일이 벌어질까? 미국이 금리를 내리면 미국에서 풀린 달러의 양은 대폭 늘어난다.

이 돈들은 미국에만 있지 않는다. 전 세계로 달러가 유통된다. 달러는 세계 모든 국가가 선호하는 통화다. 달러에 대한 수요는 항상 존재한다. 미국은 달러를 기축통화로 만들면서 전 세계경제를 달러로 촘촘하게 엮었다. 달러가 우리나라로 들어오면 환율이 떨어진다. 환율이 떨어지면 원화는 강세가 되고 이는 수출에 악영향을 준다.

우리나라도 금리를 낮추고 통화 공급을 늘려야 환율이 적정 수준을 유지하게 되고 우리나라 실물경제에 미치는 악영향을 줄일 수 있다. 이렇게 '미국의 경제충격→미국 금리 인하→원달러 환율 하락→한국 금리 인하→원달러 환율 상승→실물경제 회복'의 순환과정을 밟는다.

그러다 미국에서 돈이 너무 많이 풀리자 물가가 급등하기 시작했다. 2021년 1%대였던 소비자물가상승률(전년 동기대비)이 2022년에는 9%를 넘어섰다. 물가가 이렇게 오르면 경제가 정상적으로 돌아갈 수 없다. 미국은 0%였던 기준금리를 대폭 올려 2023년에는 5.5%까지 인상시켰다. 미국의 금리인상으로 미국 내에 있는 달러를 흡수해 물가를 안정시켰다. 이 과정에서 다른 나라에 있던 달러까지도 미국으로 돌아간다.

미국의 금리가 다른 나라보다 높은데 굳이 다른 나라에 달러를 놔둘 이유가 없기 때문이다. 이때 우리나라의 원-달러 환율은 급등(원화가치 급락)하고 이를 막기 위해 우리나라도 금리를 대폭 올렸다. 이 과정에서 많은 사람들이 금리 인상으로 신음하고 경기는 더 위축됐다. 미국의 충격이 전이되는 원리를 아는 것은 세계 경제 흐름을 이해하고 예측하는 데 매우 중요하다.

코로나19와 같은 충격은 전 세계를 동시에 강타했기 때문에 이런 식의 공통적인 정책 대응이 가능했다. 하지만 미국경제의 문제를 해결하는 과정에서 세계경제가 충격을 같이 받는 경우도 있다. 2008년에 발생한 '세계금융위기'가 대표적인 사례다.

세계금융위기는 미국의 주택경기가 거품을 형성하면서 집값이 급등하자 미국 은행들이 너도나도 대출을 마구 해줘 거품을 키운 사례다. 그러다 주택가격 거품이 꺼지면서 미국 경기가 폭락한 것이 세계금융위기의 전개 과정이다. 이때도 미국은 기준금리를 0%까지 낮추고 '양적완화'라는 정책을 통해 돈을 수조 달러 이상 풀었다. 미국이 미국에서 내생적으로 발생한 문제를 풀기 위해 돈을 풀었지만, 이는 곧 세계경제로 파급됐다. 미국의 달러는 온 세계로 퍼졌고 이 과정에서 다른 나라들도 미국과 함께 금리를 대폭 내렸다. 우리나라도 제로금리 정책에 동참했음은 물론이다.

미국은 이런 식으로 외부충격이 닥치던 내부 충격이 터지던 자기나라를 위해 정책을 편다. 이 정책은 고스란히 다른 나라로 전이된다. 특히 미국과 관련이 깊은 우리나라 경제는 미국의 충격에 따라 경제가 출렁인다. 한국이 정치적으로는 미국으로부터 독립했지만 경제적으로는 독립하지 못했다는 얘기가 나오는 것도 이런 이유 때문이다.

세계의 경기 흐름을 이해하기 위해서는 미국 경제에 어떤 충격이 불어 닥치고 미국이 이를 해결하기 위해 어떤 정책을 펴는지, 그리고 이 정책효과가 우리나라로 어떻게 전이되는지를 살펴봐야 한다. 이런 습관이 들면 우리나라 경기 흐름을 이해하고 예측하는 데 많은 도움이 된다.

③

금리와 환율_
투자 종목을 바꾸는 열쇠

　30대 회사원 A씨는 아침에 일어나면 습관적으로 원-달러 환율과 10년 만기 국고채, 10년 만기 미국 재무부 채권금리를 체크한다. 2024년 12월 9일 그가 체크한 내용은 이렇다. 원-달러 환율은 전날보다 9.2원 올라 1433.2원을 기록했다.
　10년 만기 미국 국채금리는 연 4.17%, 같은 만기 한국 국채 금리는 연 2.7%다. 미국 국채는 전날보다 조금 오른 반면 한국 국채 금리는 전날보다 큰 폭으로 하락했다.

**환율과 금리의 추이에서
배우는 경제 흐름**

　환율과 금리를 체크해보면 질문이 계속 이어진다. 환율이 하루

사이 9원 이상 올랐다는 것은 뭔가 이유가 있는 것이다. 무슨 이유일까 곰곰이 생각해보니 우리나라 대통령의 계엄 선포와 이에 따른 후폭풍으로 국가신용도가 악화되고 있다는 생각이 들었다.

정치 리스크$_{risk}$가 경제에 영향을 미치고 있는 것이다. 지하철을 타고 가던 도중 뉴스가 흘러나온다. 여전히 대통령의 거취를 놓고 우리나라 여야 정치권이 대립하고 있다는 소식이다. 직감적으로 환율이 떨어지기는 쉽지 않겠다고 생각을 해본다.

환율에 대한 생각을 정리하니 그 다음은 금리다. 미국은 시장금리가 올랐는데 한국은 떨어졌다. 그동안 비슷하게 움직이는 것이 일반적이었는데 오늘은 서로 다르게 움직였다. 두 시장에 미치는 재료가 달랐다는 얘기다.

그러고 보니 미국은 경기 회복세가 뚜렷해지면서 물가가 조금씩 오르고 있다는 얘기가 들린다. 경기가 회복되고 물가가 오르면 금리는 올라가는 것이 일반적이다. 반면 한국은 여전히 경기가 침체를 벗어나지 못하고 있다. 그러다 보니 물가도 떨어진다. 미국과 한국의 경기와 물가에 대한 전망이 엇갈리면서 금리도 따로 움직이는 것 같다.

A씨는 습관적으로 환율과 금리를 체크해본다. A씨가 생각에 몰두하다 보면, 자연히 여러 가지 경제적인 상상이 꼬리에 꼬리를 물고 일어난다. 중간에 상상이 막히면 시간을 조금 내어서 인터넷도 뒤져보고 챗GPT에 물어보기도 한다. 그러면서 조금씩 경제에 대한 이해를 높여갔다고 한다.

경제를 읽는 두 축은 환율과 금리다. 두 가지 지표만 제대로 이해하면 경제가 돌아가는 것을 누구보다 쉽게 판단할 수 있다. 금리는 개인들의 경제행위를, 환율은 국가 경제를 압축적으로 보여주는 지표다.

금리는 자금시장에서 자금의 수요와 공급에 의해서 결정된다. 자금에 대한 수요는 보통 기업이 투자를 하거나 개인이 집이나 큰 물건을 살 때 발생한다. 기업이 투자를 하려고 할 때는 미래에 대한 전망이 좋을 때다. 투자를 한 다음 경기가 좋아져야 투자에 따른 이익이 크기 때문이다. 이 때문에 경기가 좋아지려고 하면 기업들의 투자는 늘어난다. 개인이 집을 살 때도 앞으로 집값이 오를 것으로 예상될 때다. 마찬가지로 경제가 좋아질 것으로 예상될 때 개인들의 자금 수요도 늘어난다.

이렇게 기업과 개인의 자금 수요가 늘어나면 금리는 올라간다. 즉, 경기 상승 기대→기업과 개인의 자금 수요 증가 → 시장 금리 상승의 경로를 밟는 것이다. 반대로 경기가 하락할 것 같으면 기업은 투자를 줄이고 개인도 대출을 줄인다. 그럼 경기 하락 기대→기업과 개인의 자금 수요 감소→금리 하락의 경로가 형성된다.

자금의 공급은 주로 정부나 중앙은행이 기준금리 정책을 통하거나 통화량을 조절해 결정한다. 자금의 공급도 경기와 관련이 있다. 하지만 이때는 금리와 통화량이 먼저 움직인다. 경기가 과열 조짐을 보이면 정부와 중앙은행은 시중에 공급하는 돈의 양을 줄여 경기를 진정시키려고 한다. 이때는 중앙은행이 통제하는 기준금리를 올리거나 통화량을 줄인다. 이 영향으로 시장 금리도 올라간다. 반면 경기 하강 기간이 계속되면 정부와 중앙은행은 기준금리를 내려 경기를 부양하려고 한다. 이때 기준금리는 낮아지고 이에 맞춰 시장 금리도 내려간다.

금리의 움직임은 금리에서 그치지 않는다. 금리가 올라가면 경기가 좋아진다는 것을 의미하고 경기가 좋아지면 기업들의 실적도 개선된다. 그럼 전체적으로 주식시장에서 기업들의 주가가 올라가는 요인으로 작용한다.

물론 주가는 전체적인 흐름보다 개별기업의 움직임에 좌우되는 측면이 크다. 그래도 주식시장의 전체적인 분위기를 감지하고 전망하는 데 금리만한 지표가 없다. 또 금리가 올라간다는 것은 돈의 값이 올라간다는 것이다. 이 경우 돈과 대체 관계에 있는 자산, 즉 금이나 코인 등의 가격은 상대적으로 하락하는 요인으로 작용한다. 채권의 가격은 금리와 반대의 흐름을 갖는다. 금리가 올라갈 때 채권값은 떨어진다.

이렇게 금리의 흐름을 예측하면 수익을 올리는 투자 전략을 만들 수 있다. 금리가 올라갈 때는 주식을 사고 채권은 가급적 사지 않는 것이 좋다. 주식시장에 눈을 돌릴 때다. 반면 금리가 내려갈 것으로 예상되면 주식보다는 채권이 유리하다. 또, 금리가 내려갈 때는 금 등 대체 자산을 구입하는 것도 생각해볼 수 있다. 금리의 흐름을 알고 전망하는 것은 이처럼 높은 수익을 얻기 위한 포트폴리오를 구성하는 데 큰 도움이 된다.

잃지 않으려면 활용해야 하는
환율 정보

환율의 움직임은 금리와는 조금 다르다. 환율에 미치는 재료들은 금리보다 10배는 많다. 먼저 국가 경제에서 발생하는 모든 일들이 환율에 영향을 미친다. 우리나라가 수출을 많이 하면 해외에서 달러가 많이 들어온다. 외환시장에서 달러 공급이 많아지면 달러의 값은 떨어지고 원화의 값은 오른다. 이때 달러 대비 원화 환율은 떨어진다.

우리나라처럼 대외의존도가 높은 나라는 무역수지가 매우 중요하다. 무역수지가 적자를 보이면 달러가 외부로 빠져나가고 이때 원화 값은 떨어지고 환율은 오른다. 환율이 올라 원화 값이 떨어지면 국내 주식과 채권에 투자했던 외국인들은 원화 환율 상승으로 손실을 입는다.

원화로 주식과 채권을 샀기 때문에 원화 값이 하락하면 보유하고 있는 주식과 채권 가치가 전반적으로 떨어지기 때문이다. 이 경우 외국인들의 국내 시장 이탈은 빨라지고 이는 원화 값 하락, 즉 환율 상승을 더 부추기는 요인으로 작용한다.

실물경제가 외환시장을 좌우하기도 하지만 외환시장이 먼저 움직이고 실물시장이 영향을 받는 경우도 있다. 외환시장에서는 국가통화를 사고팔면서 이익을 올리는 투기세력들이 항상 존재한다. 이들은 향후 통화가치가 불안정할 것으로 예상되는 통화를 타깃으로 삼아 대규모로 외환을 사고팔면서 시장을 교란시킨다.

시장 교란행위에는 현물거래뿐만 아니라 선물 거래도 이용된다. 미래에 통화가치가 하락할 것으로 예상되면 현재 시장에서 해당 통화를 조금씩 팔아 통화가치 하락을 부추긴다. 통화가치 하락을 막기 위해 정부가 개입하면 파는 물량을 더 늘린다. 정부는 통화가치를 막기 위해 시장 개입 강도를 높이면서 환투기 세력과의 한판 대결이 벌어진다. 이 과정에서 방어에 성공하면 시장이 안정되지만 실패하면 걷잡을 수 없이 외환시장이 불안해지기도 한다.

우리나라가 1997년에 겪은 외환위기 때도 이런 상황이 벌어졌다. 정부가 외환시장 개입을 통해 환율을 안정시키기 어렵게 되자 시장은 환투기 세력의 놀이터가 됐다. 그 결과 국가부도 사태로 이어지고 IMF로부터 구제금융을 받기에 이르렀다. 세계 기축통화인 미국 달러를 제외하고는 이런 위험에 노출되지 않은 나라는 없다.

정치와 사회·문화적 요인에 의해서도 환율은 움직인다. 2020년대 이후 전 세계적으로 한류 붐이 불면서 한국을 찾는 외국인이 늘어났다. 외국인이 늘어나면 이들이 가져오는 달러의 양도 늘고 이로 인해 원화는 강세를 보인다.

반면 2024년 12월에는 우리나라 정치가 극도로 불안해지면서 환율도 급등했다. 대통령의 계엄령 선포와 이로 인한 탄핵 등으로 리더십 공백 상태가 발생하자 외환시장에서 원화 값은 급락했다. 경제적인 요인뿐만 아니라 정치적인 요인에 의해서도 외환시장은 크게 움직인다.

환율은 또 우리나라 요인뿐만 아니라 해외 요인에 의해서도 움직인다. 이른바 '환율의 상대성'이다. 미국이 기준금리를 올리면 세

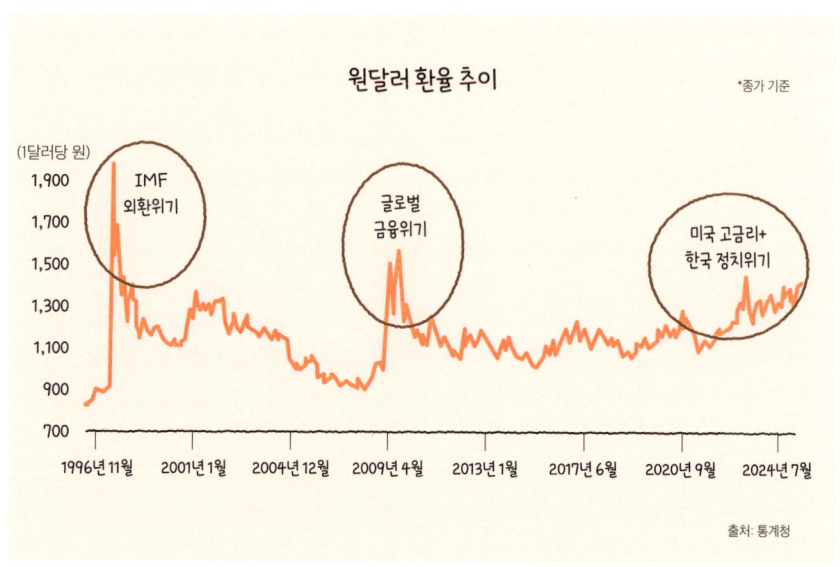

계 자금시장에서는 돈이 미국으로 흘러 들어간다. 저금리 국가에서 고금리 국가로 자금이 이동하는 것은 물이 위에서 아래로 흐르는 것처럼 자연스러운 현상이다. 이런 이유로 미국이 금리를 올리면 원화 값은 떨어지며 환율이 상승한다. 환율은 국가 간 상대적인 통화가치이기 때문에 우리나라에 별일이 없더라도 다른 나라에서 큰일이 발생하면 환율은 움직인다.

환율이 온갖 경제 변수에 의해 영향을 받고 특히 국내뿐만 아니라 해외의 변수에 의해서도 민감하게 움직이기 때문에 환율을 예측하는 것은 금리를 예측하는 것보다 10배는 더 어렵다. 환율을 예측하고 투자 이익을 올리려는 시도는 개인 차원에서는 하지 않는 것이 좋다.

대신 환율의 움직임에 따라 손해를 볼 가능성이 있는 경우에는 사전에 미리 대비하는 것이 좋다. 1년짜리 미국 채권에 투자하고 만기까지 보유해 수익을 올리려는 경우에는 환율 변동 위험을 막기 위해 선물환 같은 파생상품을 활용할 수 있다.

　현재 환율이 1달러당 1,400원이라면 미국 채권에 1만 달러를 투자하고 1년 후에 1달러를 1,400원에 팔 수 있는 선물환 계약을 체결해놓으면 환율이 어떻게 바뀌더라도 채권금리 만큼의 수익률을 올릴 수 있다. 이처럼 환율과 관련한 위험은 웬만하면 헤지하는 것이 좋다. 환차익을 올릴 목적으로 환율을 활용하는 것은 중산층에게는 권하지 않는 투자 방식이다.

4

노후_
생애소득과 쓰는 돈

　투자를 하지 않으면 중산층은 살아갈 수 없는 것일까? 꼭 그렇지는 않다. 통계청이 발표하는 '생애주기적자계정(1인 규모)'는 여러 가지 점을 시사한다. 우리나라 사람들은 평균적으로 85세 정도까지 산다. 이때까지 사는 동안 벌어들인 노동소득은 평균 13억 6,049만 원 정도로 계산된다. 13억 6,049만 원이 대략 평균 정도의 소득이다. 우리나라 사람들이 50년 정도 돈을 번다고 생각해보면 1년당 평균 2,720만 원 정도 번다는 계산이다.

사람들의 평생 평균 지출은 얼마일까?

　이렇게 벌어서 쓰는 돈은 얼마나 될까? 85세 안팎의 인생을 사는 동안 1인당 평균적으로 19억 1,216만 원을 소비 행위에 지출한

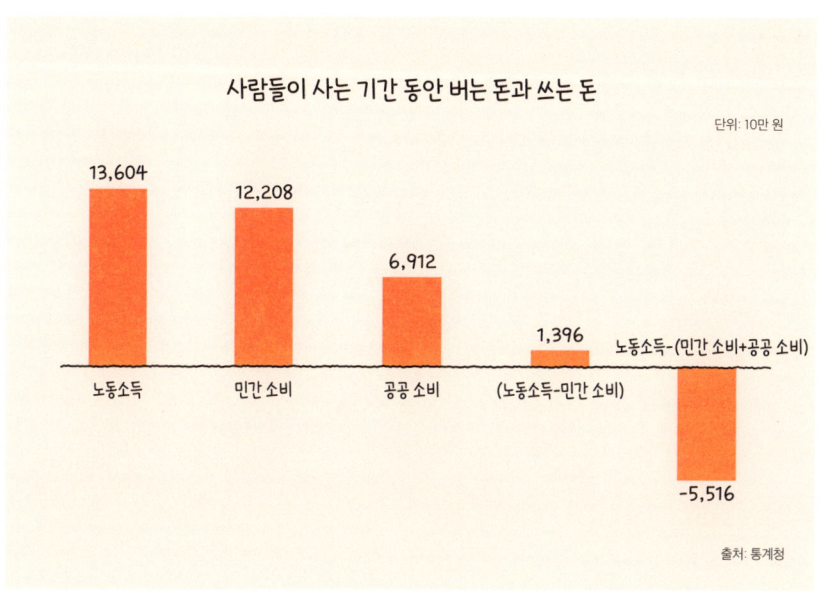

다. 이 중 정부가 이들을 위해 지출하는 공공 소비가 총 6억 9,126만 원, 스스로가 지출하는 민간 소비가 12억 2,089만 원이다.

공공 소비는 정부의 지원으로 소비를 하는 것으로 의무교육비를 포함해 의료보험 등 정부로부터 다양한 지원을 받는 것 등이 해당된다. 의무교육은 분명히 우리가 교육서비스를 받는 것인데 이에 대해서는 상응하는 대가를 지불하지 않는다. 정부가 일방적으로 지원을 해주기 때문이다. 정부는 국민들로부터 세금을 걷어 공공 소비를 위한 재원을 마련한다.

민간 소비는 정부 지원 없이 우리가 쓰는 금액이다. 시장에서 물건을 사고 영화관에서 영화 보는 것 등등 대부분의 소비 행위가 민간 소비에 해당된다. 정부로부터 지원을 받는 공공 소비까지 포함하면 우리나라 사람들은 평균적으로 자신이 번 돈보다 5억 5,000만 원 정도를 더 소비한다.

정부가 공공 소비를 위해 세금을 걷을 때는 모두에게 똑같이 걷는 것이 아니다. 부유층에게는 세금을 많이 걷고 빈곤층에게는 세금을 덜 걷는다. 이런 점을 감안하면 중산층은 자신들이 낸 세금보다 더 많은 공공서비스를 받는다고 생각할 수 있다.

정부로부터 받는 공공 소비를 제외할 경우 우리나라 사람들은 번 돈에서 자신의 호주머니로부터 직접 나가는 민간 소비를 하고 나면 돈이 1억 4,000만 원가량 남는다. 공공 소비까지 감안하면 적자이지만 민간 소비만 감안하면 흑자 인생을 사는 것이다. 소득에는 노동소득 외에 재산에서 발생하는 재산소득과 다른 사람이나 정부로부터 이전받는 이전소득 등도 있어 실제로 얻는 소득은 더 많을 수 있다.

소득과 지출 시기를 조금 더 구체적으로 들어가보자. 우리나라 사람들은 0세부터 25세까지는 대부분 노동소득보다 민간 소비가 많다. 이 기간을 통틀어 적자 금액은 대략 2억 8,049만 원 정도다.

그 다음 본격적으로 사회생활을 하는 시기인 26~63세 기간은 노동소득이 민간 소비보다 많다. 이때 총 흑자 금액은 5억 7,487만 원 정도다. 이후 은퇴를 하면서 소비가 소득을 능가한다. 64세부터 남은 인생 기간 동안의 적자는 대략 1억 5,478만 원이다.

대부분의 사람들이 25세 전후까지는 부모에게 의존한다는 점을 감안하면, 스스로가 인생의 소득과 소비를 계산해보는 시점은 25세 전후한 시간이다. 이때부터 노년까지는 자신이 벌어 소비를 충

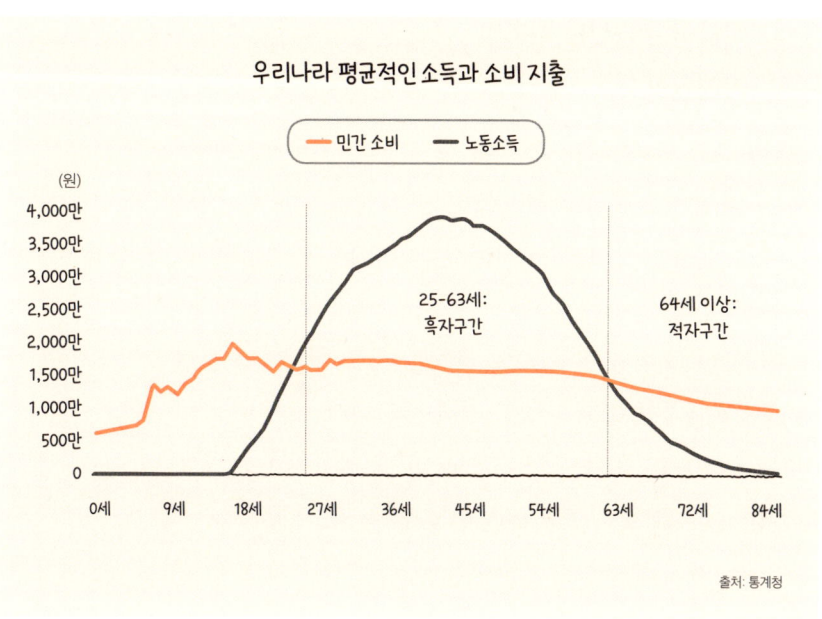

당해야 하는 경우가 많다.

흑자 인생은 46세 때 절정에 달한다. 이때는 버는 돈이 쓰는 돈보다 2,300만 원 이상 많다. 그러다 흑자 폭은 계속 줄어들어 64세가 되면 다시 쓰는 돈이 버는 돈보다 많아진다. 25세부터 63세까지 흑자를 내는 기간 중 돈을 모아놓는다고 하면 총 5억 7,487만 원 정도 된다. 이렇게 모은 돈을 64세 이후 쓰는 돈이 버는 돈보다 많을 때 조금씩 쓰면서 사는 것이다.

바람직한 중산층 저축의
기본원리

중산층이 살면서 재테크를 해야 하는 가장 큰 이유는 버는 돈과 쓰는 돈의 시점이 각각 다르기 때문이다. 돈이 필요한 상황은 누구에게나 온다. 돈을 모을 수 있을 때 이 돈을 충분히 모으고 돈이 모자랄 때 모아놓은 돈으로 생활을 해야 한다. 어떤 방법으로 돈을 불릴까? 가장 쉽고 안전한 것이 예금이다.

26세부터 흑자를 기록할 때 월 10만 원씩 모은다고 생각을 해보자. 10만 원 정도면 중산층 입장에서 그리 많은 돈이 아니다. 이 돈을 그냥 저금통에 쌓아놓을 수도 있고 안전한 은행에 예금할 수도 있다. 은행 예금금리는 연 4%로 가정한다. 그렇게 10년을 모으면 저금통에 모았을 때는 1,200만 원이 모인다. 반면 은행에 예금을 했을 때는 원리금이 1,618만 원이 된다. 은행에 예금을 하면 1년에 4%의 이자가 붙고 원리금을 다시 예금하면 이자에 이자가 붙기 때문이다.

이른바 복리의 마법이다. 같은 방식으로 20년을 예금한다면 저금통에 쌓아놨을 때는 2,400만 원, 은행에 계속 예금했을 때는 3,860만 원으로 그 차이는 더 벌어진다. 그렇게 50년이 지나가면 은행에 예금했을 때는 1억 9,172만 원, 저금통에 쌓아놓을 때는 6,000만 원으로 은행에 예금하면 3배 이상 많은 돈을 만질 수 있다. 햇수가 60년으로 늘어나면 7,200만 원(저금통)과 2억 9,812만 원(예금)으로 차이가 더 벌어진다.

중산층 저축의 기본은 여기서 출발한다. 사람이 돈을 버는 것은 한계가 있다. 어느 순간부터는 돈이 돈을 벌도록 만들어야 한다. 돈이 돈을 벌수 있도록 만들기 위해서는 종잣돈을 마련해야 한다. 종잣돈을 일찍 마련할수록 돈이 돈을 버는 기간이 길어지고 이 경우 훗날 많은 돈을 만질 수 있다.

저축은 적은 돈이라도 꾸준히 하는 것이 중요하다. '천리길도 한걸음부터'라는 격언은 재테크에도 적용된다. 장기간 저축을 할 때는 금리가 매우 중요하다. 위의 예처럼 25세부터 매월 10만 원씩을 저축을 할 때 예금금리가 2%라면 60년 저축을 했을 때 받을 수 있는 원리금은 1억 4,095만 원으로 계산된다. 은행 예금금리가 3%라면 2억 273만 원이다.

수익률이 1% 차이가 별거 아닌 것 같지만 장기로 가면 그 차이는 기하급수적으로 커진다. 만약 수익률 6%인 예금에 월 10만 원씩 60년간 가입하면 원리금은 6억 7,934만 원으로 대폭 뛴다. 수익률이 2%일 때보다 수익률이 6%일 때 무려 5배 가까이 많은 돈을 갖게 되는 것이다.

만약 매월 저축하는 돈을 20만 원으로 늘리고 연 수익률이 6%인 예금에 같은 기간 가입한다면 원리금은 13억 6,000만 원으로 더 많아진다. 지금은 별게 아닌 것 같아 포기하지만 발품을 팔아보면 1~2% 정도 수익률이 높은 상품은 얼마든지 찾을 수 있다.

예금하는 돈이 많아지면 은행 파산에 대해서도 걱정을 하게 된다. 우리나라는 1997년 대동은행, 동화은행, 동남은행, 경기은행, 충청은행 등 5개 은행이 하루아침에 문을 닫은 경험도 있다. 은행이 문을 닫아도 예금자보호제도에 의해 예금자들의 예금은 원리금을 합해 1억 원까지 보장받을 수 있다. 당초 5,000만 원이었으나 2024년 말 새로운 예금자보호법이 국회를 통과하면서 한도를 1억 원으로 높였다. 예금자보호제도의 대상이 되는 금융회사들은 은행·증권사·보험사·종합금융사·상호저축은행 등 5개 금융업권이다.

예금보험제도를 감안하면 한 금융회사에 원리금을 합해 1억 원 이상 예금을 하지 않는 것도 하나의 방법이다. 예를 들어, 5억 원이 있다고 하면 1억 원씩 5개 금융회사에 예금을 하면 원리금을 안전하게 지킬 수 있다.

비과세예금을 적극적으로 활용하면 1%포인트 이상 실질적으로 금리를 올리는 효과가 있다. 비과세예금(저축)은 1인당 5,000만 원까지 이자 및 배당소득에 대해 비과세하는 금융상품이다. 보통의 금융상품이 일반예금 세율인 15.4%(소득세 14% + 주민세 1.4%)인데 비해 비과세상품은 이자 및 배당에 대한 세금이 없다.

대표적 비과세상품으로는 비과세종합저축이 있다. 비과세종합저축은 2019년 1월 1일 기준 조세특례제한법 및 동법 시행령에서 정하는 만 65세 이상 거주자, 장애인, 독립유공자와 그 유족 또는 가족, 상이자, 기초생활보장제도에 따른 수급권자, 고엽제후유의증환자 및 5·18민주화운동부상자를 대상으로 하는 비과세저축상품이다.

또 금융회사가 판매하는 개인종합자산관리계좌(ISA)에 가입하면 200만 원까지 비과세 혜택이 적용된다. 200만 원을 초과하는 수익에 대해서는 9.9%의 세율이 적용된다. ISA로 예적금, 펀드, 국내

상장 주식, 상장지수펀드(ETF) 등에 투자할 수 있다. 직전 연도 총급여 5,000만 원 또는 종합소득 3,800만 원 이하인 사람이 ISA에 가입하면 비과세 혜택은 400만 원까지로 늘어난다.

노후 대비를 위한 연금저축에 가입한 후 연금을 수령할 때도 이자소득세가 부과되지 않는다. 연금 수령에 대한 세금인 3.3~5.5%만 내면 된다. 아울러 연금저축펀드의 장점은 연말정산을 할 때 세액공제를 해준다는 점이다. 세액공제란 이미 낸 세금을 줄여주는 것을 의미한다. 연금보험 역시 연금을 수령할 때 이자소득세 15.4%를 내지 않는다.

비과세와 우대금리 등을 감안하면 은행 예금에만 가입해도 노후자금의 상당 부분을 확보할 수 있다. 우리나라 사람들이 25세부터 약 60년간 월 20만 원씩 연 6%의 수익을 꾸준히 올리는 금융상품에 가입하면 85세 때는 13억 원이 넘는 돈을 받을 수 있다. 이 정도면 우리나라 중위소득자의 노후소득보다 훨씬 많다.

⑤ 학벌_
신호를 읽는 중산층의 능력

　박모 씨는 50대 직장인이다. 부친이 서울 강남 대치동에 터를 잡아 1980년대부터 대치동에서 살았다. 당시 뜨기 시작했던 소위 강남 8학군에서 고등학교를 다녔다. 성적도 우수해서 명문대학을 나왔다. 그의 자식은 초등학교부터 대치동에서 교육을 받았다.
　이른바 '대치동 키즈'다. 아이가 공부를 잘해 초등학교 때 고등학교 수학까지 떼고 중학교부터는 계속 반복학습을 한다고 했다. 그렇게 공부를 해서 좋은 대학을 갈 수 있는 실력을 쌓았다.

'신호'로서의 학벌

　대치동 키즈는 태어날 때부터 조기교육과 선행학습에 이골이 난 사람들이다. 그는 "서울 각지에서 중학교 때 공부를 시키겠다고 대치동으로 이사 오는 사람들이 있다"며 "하지만 대치동에서 초등학교를 보내지 않은 사람들이 대치동 키즈와 경쟁하는 것은 쉽지 않다"고 했다.

대치동에서 선행학습으로 어렸을 때부터 단련된 학생들과 중학교 때부터 와서 공부하는 학생들과의 격차는 쉽게 좁혀지지 않는다는 것이다. 자신도 대치동에서 교육을 받았지만 자식을 보며 안타깝다고 했다. 어릴 때 즐기고 경험할 수 있는 많은 것들을 포기하면서 '공부하는 기계'가 돼가는 모습을 지켜보는 것이 부모로서 그리 좋지만은 않다고 했다.

이 과정에서 수많은 어린아이가 경쟁에서 탈락돼 스스로를 '패배자'라고 생각하는 폐단도 있다. 그래도 자식이 그 힘든 과정을 겪으면서 따라가는 모습을 봤는데 지금 와서 궤도에서 이탈할 수도 없는 노릇이다. 이야기를 나누던 중 박모 씨는 자식을 데리러 갈 시간이라며 총총 걸음을 내딛었다.

중산층의 가장 큰 숙제 중의 하나가 자신보다 조금 더 좋은 지위를 자식들에게 물려주는 것이다. 중산층은 자기 세대는 그럭저럭 먹고살 만한 재산을 모았지만 자식들까지 평생 먹고 살만큼 재산을 모은 사람들은 아니다. 돈을 풍족하게 물려주기는 현실적으로 어렵다.

그들이 선택한 것은 교육이다. 특히 80년대 교육을 통해 나름대로의 지위와 부를 획득한 사람일수록 자식 교육에 대한 집착이 강하다. 그들이 자식 교육에 열중하면서 또 다른 경쟁을 만들어내고 이로 인해 경쟁은 한층 더 격해진다. 교육이 한 사람을 지적으로,

사회적으로 성장시키는 방법이 아니라 경쟁을 뚫는 도구가 되는 것이다. 많은 사람들이 교육의 폐해를 걱정하지만 이런 교육 풍토를 만든 것은 한국의 중산층, 그 자신이다.

학벌이 좋다고 해서 직장에서 일을 잘하는 것은 아니다. 직장을 다녀본 사람들이 대체적으로 공감하는 얘기다. 이를 뒷받침하는 실증연구도 많다. 그런데 기업은 학벌이 좋은 사람을 선호한다. 직무연관성은 약한데 학벌이 좋은 사람을 선호하는 이유는 뭘까? 경제학의 '신호$_{signaling}$이론'에서는 이렇게 설명한다.

능력이 좋은 A와 능력이 조금 떨어지는 B가 있다고 생각해보자. 하지만 능력은 겉으로 드러나지 않기 때문에 기업 입장에서는 A를 골라내기가 쉽지 않다. 이때 A는 자신을 드러내기 위해 노력을 한다. 이럴 때 활용되는 것이 학벌이다.

A는 명문대학을 들어가기 위해 10만큼의 노력을 하면 된다. B는 20만큼의 노력을 해야 명문대학을 들어갈 수 있다. 노력의 정도는 이들이 지불해야 하는 비용이다. 반면 이들을 채용하려는 기업에 들어가면 대략 15 정도의 보수를 더 받을 수 있다. 이때 A입장에서는 10만큼의 노력을 해서 명문대학에 들어가서 이 기업에 채용이 되면 노력에 들어간 비용 10을 감안해도 5만큼의 이익을 볼 수 있다.

반면 B는 15 정도의 보수를 받아서는 5만큼의 손해를 본다. 이 경우 A는 명문대학에 들어가서 '나는 능력이 좋은 사람이다'라는 신호를 기업에게 보낸다. B는 대학을 들어가는 것이 손해이기 때문에 다른 길을 찾는다.

이런 상황을 이해하는 기업은 좋은 대학을 나온 A를 채용한다. 만약 이런 메커니즘이 제대로 작동한다면 기업은 능력이 있는 사람을 뽑을 수 있고 A 입장에서는 노력을 해서 좋은 대학에 들어가 취업하는 것이 이득이 된다. B는 명문대학에 들어가려는 노력을 해서 취업하는 것이 오히려 손해이기 때문에 학벌을 취득하려는 노력을 하지 않는다. 모두가 득을 보는 게임이 되는 것이다. 이런 의미에서 학벌은 자신의 능력을 보여주기 위한 하나의 '신호'가 된다.

학벌주의 사회의
비효율성

　학벌과 직업 간의 직무연관성이 없더라도 학벌은 능력을 표현하는 '신호'로 역할하기 때문에 능력이 있는 사람 입장에서는 좋은 학교를 졸업하는 것이 합리적 선택의 결과다. 하지만 학벌이 모든 것을 결정하는 '학벌주의' 사회가 되면 어떤 일이 벌어질까? 사회적으로 명문대 선호 현상이 심해져 대졸과 고졸, 또는 명문대와 비명문대 간의 보수의 차이가 훨씬 더 커지는 경우를 생각해보자.

　위의 예에서 기업에 취업을 할 때 학벌에 따른 보수 차이가 30이라고 가정해보자. 이때 과거의 기준으로 보면 A는 좋은 대학에 들어가면 20만큼의 이익을 보게 되고 B도 10만큼의 이익을 얻는다. 이럴 땐 A와 B 모두 좋은 대학에 들어가기 위해 노력한다.

　기업이 기존의 방식대로 학생을 선발한다면 A와 B 중 한 명을 선발하기 어렵게 된다. A는 물론 B도 많은 비용을 들여서 학업 성취를 할 것이기 때문이다. 경쟁이 치열해지면 명문대학을 가기가 더 어려워진다. 이때 노력의 정도는 더 강해진다. A는 자신의 능력을 보여주기 위해 노력의 강도를 높이고 B도 A가 높은 강도만큼 더 노력한다. 둘 사이의 변별력이 생기기 위해서는 명문대에 들어가기 위한 노력의 정도가 더 세져야 한다.

대학 입학 경쟁이 치열해지면 명문대를 들어가는 기준이 더 높아진다. 대학이 커트라인을 높여서 A의 경우 25, B의 경우 35만큼의 비용을 지불하는 노력을 해야 대학에 들어갈 수 있다면 어떤 일이 벌어질까? A는 노력을 해서 명문대에 들어간 후 기업에 취직하면 5(30 - 25)만큼의 이익을 본다. 반면 B는 명문대에 들어가 취직을 한다면 5(30 - 35)만큼의 손해를 본다. 이때 교육은 신호효과를 보낼 수 있고 기업은 A를 채용한다.

이 경우 달라진 게 없다. 기업은 능력이 좋은 사람을 채용하고 A는 노력해서 좋은 기업에 취직한다. 하지만 사회 전체적으로 지불해야 하는 비용은 종전 10에서 25로 대폭 늘어난다. A는 학벌을 통해 능력이 향상된 것은 없지만 여기에 투입되는 비용이 두 배 이상 늘어나는 것이다. 기업이 채용을 하고 보수를 지급할 때 학벌에 따른 격차가 커지면 커질수록 사회적으로는 별다른 실익은 없으면서 개인들은 학벌을 얻기 위해 막대한 비용을 지불해야 하는 구조로 바뀐다.

여기에 능력이 떨어지는 사람이 학벌을 통해 잘못된 신호를 보내는 경우도 생긴다. 위의 예에서 학벌에 따른 보수의 차이가 확대

되고 A는 물론 B도 좋은 학벌을 딴다면 학벌의 신호 기능은 사라진다. 기업 입장에서는 다른 기준을 적용해 A와 B중 한 명을 채용해야 한다.

이 과정에서 혈연, 지연 등 각종 네트워크가 작용한다면 기업은 B를 채용할 수도 있다. 이때 사회적 손실은 더 커진다. 기업은 능력이 떨어지는 사람을 채용하고, 많은 사람이 학벌을 따기 위한 경쟁을 벌여 사회적인 비용은 대폭 증가한다. 아울러 무리하게 학벌을 따기 위한 경쟁이 벌어지면 사회적 비용은 늘어나지만 좋은 사람을 고를 수 없는 상황도 벌어진다. 여러 가지로 사회적인 손실이 발생하는 것이다.

이런 점에서 한국의 교육은 과도하다. 온갖 사교육을 동원해 명문대에 진학하기 위한 치열한 경쟁을 벌이고 있다. 때로는 좋은 학교를 들어가는 과정에서 각종 반칙이 난무하기도 한다. 이로 인한 각종 사회문제까지 심각하게 발생한다. 학벌 위주의 채용 풍토가 먼저인지 개인들의 과당경쟁(일반적인 자유 경쟁의 범위를 넘어 손해를 보면서까지 지나치게 하는 경쟁)이 먼저인지 구분이 안 될 정도로 시장이 혼탁해진다.

문제의 해결은 의외로 간단하다. 개인과 기업을 위해서나, 사회를 위해서나 교육은 개인의 능력에 대한 '신호'를 주는 정도의 역할을 하면 된다. 기업들은 학교에 따른 차별을 줄이고 학벌 이외에 근로자들이 자신의 능력을 보여줄 수 있는 방법을 강구하면 과당경쟁에 따른 개인적·사회적 비용을 줄일 수 있다. 학벌보다 일하는 능력에 맞는 보수체계를 만들어 가는 것도 방법이다.

아울러 학벌이나 교육을 통해 자신의 지위를 세습하려고 하는 중산층들이 과도한 욕망을 자제하려는 노력도 필요하다. 중산층을 위한 경제를 만들기 위해서는 중산층 스스로의 자정 노력이 요구되는 경우도 있다. 한국 교육이 그런 경우에 해당된다.

6

비트코인_
합리적으로 이해하는 법

'중요한 것은 돈이 아니라 메시지.' 영화 〈다크 나이트〉에서 사회의 기존 질서를 파괴하려는 악당 조커는 은행털이 등 각종 범죄로 모은 돈을 산더미처럼 쌓은 후 이를 불태우며 이렇게 말한다. 자신의 악행에 대한 명분을 얘기하는 조커의 표정과 대사는 이 영화의 명장면 중 하나로 꼽힌다. 자본주의 사회에서 돈이 최고인 것 같지만 때론 돈보다 메시지가 더 중요할 때가 있다는 말이 악당의 입에서 나오는 것도 영화가 보여주는 역설이다.

21세기 인류사에 막대한 영향을 미친 발명품 중 하나인 비트코인도 역설의 연속이다. 사토시 나카모토가 2008년 9쪽짜리 논문 〈비트코인: 개인 간 화폐거래시스템〉을 발표한 후 세계에는 '머니 게임'의 큰 장이 열렸다.

코인의 '균형가격'은
의미가 있을까?

15년 전만 해도 사람들은 비트코인 수십 개를 주고 피자 한 판을 사먹었다는 얘기를 하며 신기해했다. 그러다 비트코인이 사람들 사이에 거래되기 시작했다. 투자 정보를 제공하는 인베스팅닷컴에 따르면 2010년 8월 비트코인 한 개의 가격은 10센트였다.

이 가격은 농담처럼 들린다. 비트코인 값은 2025년에 10만 달러를 넘었다. 15년 사이 100만 배나 가격이 오른 셈이다. 투자 자산이라고 생각하면 주식, 부동산, 채권 등 어느 자산보다 압도적으로 수익률이 높다. 비트코인을 비롯한 각종 코인에 수많은 사람이 가진 돈을 쓸어 모아 앞다퉈 투자한다. 왜 오르는지 왜 떨어지는지도 모르면서 누구는 일확천금을 얻고 누구는 벼락거지가 된다. 중산층의 관심도 코인에 집중된다.

비트코인은 여전히 유망한 투자자산이다. 다만 투자에 앞서 한 가지는 생각해봄 직하다. 2008년 나카모토가 사회에 던지는 메시지는 뭘까? 나카모토는 논문에서 '개인 간 거래를 할 때 왜 당사자가 아닌 제3의 기관에 의존을 해야 하는가'라는 도발적인 질문을 던졌다. 자본주의 경제에서 발생하는 대부분의 거래는 중간에 누군가 끼여 있다. 당사자를 믿지 못하기 때문이기도 하고 거래의 효율성을 높이기 위해서인 경우도 있다.

예를 들어, 부동산을 거래할 때 중개업자를 낀다. 카드로 물건을 살 경우엔 카드회사가 중간에서 매개 역할을 한다. 돈을 주고 물건을 살 때는 화폐를 발행한 정부와 중앙은행이 제3자 역할을 맡는다. 정부가 종잇조각에 불과한 지폐에 '지급 보증'이라는 신뢰를 불어넣고 개인은 이를 믿고 거래를 한다.

하지만 나카모토는 거래를 매개하는 제3자는 역할을 하는 측면도 있지만 비효율을 야기한다고 봤다. 민간 회사가 거래를 중개할 때는 수수료를 챙긴다. 때론 당사자들을 부추겨 불필요한 거래를 조장하기도 하고 사기를 치는 경우도 있다. 정부가 보장하는 화폐도 예외는 아니다. 대표적인 비효율은 정부가 화폐 발행량을 늘려 물가 상승(인플레이션)을 일으키는 것이다.

인플레이션이 발생하면 내가 갖고 있는 돈의 값은 떨어진다. 정부와 중앙은행은 돈을 찍어내 이익을 보지만 돈값이 떨어지면 일반인이 그 비용을 부담한다. 나카모토가 논문을 발표한 2009년은 미국 정부가 '양적완화' 정책을 펴면서 무지막지하게 돈을 풀 때였다.

정부는 통화정책이라는 명분으로 돈을 찍어내지만 이로 인해 물가가 오르는 부메랑에 대해서는 책임지지 않는다. 정부가 찍어낸 돈이 특정인들에게 집중될 경우도 있고 돈을 풀어도 경제가 살아나지 못하는 경우도 빈번하다. 이때 중산층과 서민은 소득 감소와 물가 상승이라는 이중고를 겪는다. 정부가 정치적 목적에 의해 화폐를 무분별하게 발행하는 경우도 반복된다. 정치인들은 항상 경제보다는 정치가 먼저였고 많은 사람이 통화가치 불안으로 고통받았다.

미국이 돈을 마구잡이로 풀 때 나카모토의 논문이 나왔다는 것은 우연이 아니다. 그는 어떤 기관도 중간에 끼지 않고 사람들이 직접 거래할 수 있는 시스템을 만들면 정부와 정치권의 화폐가치 훼손으로부터 보호할 수 있을 것으로 봤다. 나카모토의 문제의식은 여기서 끝나지 않는다. 자본주의 시스템 근간인 '균형가격'의 논리도 부정한다.

19세기 경제학자 레옹 발라Léon Walras는 자본주의 경제에서 균형가격이 모든 시장에서 만들어질 수 있고 이때 경제의 효율성은 가장 커진다는 것을 이론적으로 증명했다. 재미있는 것은 발라가 균형가격이 만들어지는 과정을 설명하기 위해 만든 모델에도 거래의 당사자 외에 제3자인 경매인이 등장한다는 점이다. 그가 제시한 메커니즘은 이렇다.

시장에서 경매인이 가격을 부르면 수요자는 이 가격에 자기가 얼마만큼 살 것인지 통보하고 공급하는 사람은 이 가격에 얼마나 공급할 것인지를 얘기한다. 경매인은 수요가 많으면 가격을 올리고 공급이 많으면 가격을 내려 수요와 공급이 같아질 때까지 가격을 계속 부른다. 마침내 수요와 공급이 같아지면 거래를 허용한다. 이렇듯 자본주의가 돌아가기 위해서는 중간에서 거래를 매개하는 사람이 있어야 한다.

나카모토의 말대로 중간에 거래를 중개하는 사람 없이 개인 간 거래를 할 수 있다고 하면 '균형가격'은 의미가 없어진다. 같은 물건이라도 사람이 평가하는 주관적인 값어치는 다르다. 개인 간에 같은 물건이 각각 다른 값에 거래된다면 자본주의 가격 시스템도 붕괴된다. 이런 점에서 나카모토는 자유주의자이지만 자본주의자는 아니다.

인류 경제사를 보면 나카모토가 새로운 주장을 한 것도 아니다. 중개인이 없는 개인 간 거래는 물물교환 경제를 연상시킨다. 물물교환의 불편함을 해결하기 위해 화폐가 등장했지만 나카모토는 화폐가 낳은 비효율성 때문에 역설적으로 다시 물물교환 경제를 이야기한다. 21세기 기술 발전이 물물교환 때 개인 간 거래가 갖고 있던 문제점을 해결했다.

먼저 거래 당사자 간 분쟁 가능성을 줄였다. 물건을 미리 받고 자기가 줘야 할 물건이나 돈을 안 준다든지, 한 번 거래하고 다른 사람에게 돈을 줘 또 물건을 두 번 사는 경우가 발생할 수 있다. 이른바 이중 지출$_{double\ spending}$의 문제다. 나카모토는 이 문제를 해결하기 위해 블록체인이라는 기법을 도입했다.

두 사람이 거래한 내역을 디지털 장부로 만들어 경제 내에 있는 모든 사람이 보관하고 이를 체인으로 연결하는 방식이다. 이렇게 되면 물건을 한 번 산 후 이를 다시 번복하는 것은 불가능해진다. 또 거래 내용을 위·변조하려면 모든 사람이 갖고 있는 체인의 기록을 바꿔야 하기 때문에 무척 어려워진다.

아울러 거래 정보는 공유하지만 거래 당사자 개인에 대해서는 익명성을 유지해 개인정보 문제도 어느 정도 해결했다. 비트코인이라는 가상화폐는 이런 거래시스템을 구축한 대가로 주어진다. 나카모토에게 코인은 거래시스템 구축을 위한 인센티브일 뿐 목적은 아니었다.

가상화폐의 명과 암

나카모토는 자본주의 거래시스템의 근본적인 혁신을 말했지만 대중은 비트코인에만 열광했다. 비트코인은 '디지털 자산'으로 포장돼 거래되며 '황금알을 낳는 거위'가 됐다. 각국 정부가 화폐를 무한정 풀면서 돈값은 떨어졌고 1달러도 안 됐던 비트코인 값이 10만 달러를 넘었다.

비트코인 거래를 중개하는 거래소도 우후죽순처럼 생겨났다. 제3자를 끼지 않고 개인 간 거래를 활성화하기 위해 고안된 블록체인 시스템으로부터 나온 결과물인 비트코인이 정작 제3자인 거래소에 의해 왕성하게 거래되는 모순적인 상황이 벌어졌다. 거래소들은 인간의 투기 심리를 부추겨 거품을 키운다.

그 결과 비트코인 값은 폭등했지만 나카모토가 언급한 개인 간 거래시스템 구축은 오히려 요원해졌다. 사람들이 투기에 열중하면서 신뢰를 잃어가는 화폐에 대한 의존도는 더 커졌다. 상황은 여기서 끝나지 않았다. 마치 중앙은행이 화폐를 맘대로 발행하는 것처럼, 비트코인 거품을 목격한 사람들이 앞다퉈 비슷한 가상화폐를 만들고 팔았다.

나카모토가 비트코인을 등장시킨 이유가 '탈중앙화'인 점을 감안하면 유사 가상화폐들은 나카모토의 철학과 상반되는 길을 걸었다. 특정 회사가 코인을 발행해 개인 간 거래에 개입하고 코인의 양을 맘대로 조절하며 가치를 조작하는 것은 나카모토가 가장 경계했던 일들이다.

가상화폐는 또 탈세와 마약 등 지하경제 뇌물에도 악용되고 있다. 검은돈으로서의 역할을 '톡톡히' 하고 있는 것이다. 이 과정에서 은밀하게 거래가 이뤄지고 이는 감춰진다. 나카모토는 개인 간 모든 거래를 경제 내의 모든 사람이 함께 공유해 투명성을 높이는 방식을 제안했지만 현실의 일부 가상화폐는 검은 곳으로 숨어들고 있다. 가상화폐를 둘러싼 인간의 탐욕이 거품에 거품을 더하고 있는 것이다.

자본주의 경제에서 거품은 영원히 자산 값이 오를 것이라는 가정 아래서만 살아 있다. 만약 언젠가 가격이 떨어진다면 거품은 가격이 떨어질 때 꺼지는 것이 아니라 이보다 훨씬 더 빨리 꺼진다. 예를 들어, 향후 99일까지 자산 값이 오른 후 100일째 자산 값이 떨어진다면 사람들은 99일 되는 날 자산을 팔려고 할 것이다. 99일째 자산을 팔면 이날 자산 값이 급락할 것으로 예상되기 때문에 사람들은 98일째 자산을 던지려고 한다. 이를 예상하면 다음엔 97일, 96일 등으로 자산을 파는 시점이 계속 빨라진다.

사람들의 예상과 행동이 더해질 경우 100일 후 자산 값이 하락한다면 지금 당장 자산을 파는 것이 유리하다는 생각을 하게 되고 이때 거품은 하루아침에 붕괴된다. 17세기 네덜란드 튤립버블, 18세기 영국의 '남해회사 South Sea Company 버블' 등 역사 속의 자산거품도 같은 과정을 거쳤다. 값이 영원히 오르는 자산은 없지만 거품이 생길 땐 영원히 오를 것 같은 기대감이 형성되고 이 기대는 하루아침에 꺼진다.

비트코인은 앞으로 어떤 과정을 겪을까? 미국 달러를 필두로 한 기존 중앙은행이 발행하는 법적 통화와는 상반된 거래 시스템을 강조하는 비트코인은 세 가지의 길이 가능하다. 하나는 기존 중앙은행 화폐를 대체하는 것과 다른 하나는 중앙은행 화폐와 경쟁하다가 사라지는 것, 마지막은 중앙은행 화폐와 공존하면서 서로 보완적인 기능을 하는 것이다.

먼저 중앙은행 화폐를 대체하는 수단이 되려면 기존 화폐를 발행하는 제도권의 치열한 공격을 막아내야 한다. '탈중앙화'와 '제3의 기관 배제'라는 나카모토의 이념과 중앙은행을 필두로 한 자본주의 시스템은 서로 상극이다. 서로를 부정해야 생존이 가능하다.

각국 정부는 중앙은행이 발행하는 전자화폐(CBDC)를 발행하면서 비트코인이 거래의 중심으로 부상하는 것을 막고 있다. CBDC가 확산되면 개인 간 거래에 중앙은행의 입김은 더 세지고 경제의 중앙집권화는 더욱 촉진된다.

개인 간 모든 거래 내용을 중앙은행이 관찰할 수 있고 통화량도 통제하기가 훨씬 쉬워지기 때문이다. 이런 세상은 나카모토가 꿈꿨던 세상과는 정반대다. 기존 제도권의 저항이 크면 클수록 비트코인은 설 자리를 잃게 된다. 기존 제도권과의 경쟁 결과에 따라 비트코인의 운명도 결정되는 것이다.

제3의 길은 기존 중앙은행 중심의 법정화폐가 유지되면서 비트코인이 상징적인 디지털 자산으로서 거래되는 것이다. 화폐시스템을 대체하는 나카모토의 발상이 실현되지는 못했지만 비트코인은 그것을 상징하는 존재로 계속 거래되고 투자되는 것이다. 마치 현실에서 금이 화폐시스템을 대체하지는 못했지만 계속 거래되는 것과 비슷하다. 이럴 때 비트코인은 하나의 매력적인 투자자산으로서 역할을 할 수 있다. 이와 함께 코인과 법정화폐의 가치를 연결시켜 코인 거래의 효율성과 화폐 가치의 안정성을 동시에 추구하는 '스테이블 코인Stable coin' 형태로 발전하는 경우도 예상할 수 있다.

나카모토는 비트코인을 통해 '현대 자본주의 거래시스템이 이대로는 지속가능하지 않다'는 메시지를 던졌다. 하지만 이 메시지가 과연 실현될지는 의문이다. 세상은 어쩌면 나카모토가 제시한 것과 정반대로 흘러갈 수도 있다. 현재 거래되는 가상화폐는 1만 개에 달하고 이들의 가치는 수천조 원이다. 탐욕과 좌절이 뒤섞인 이 시장은 이젠 '돈 놓고 돈 먹기'가 난무하는 정글이 됐다. 나카모토는 지금까지 한 번도 자신의 비트코인을 팔지 않았다고 한다.

이 때문에 사람들은 그가 비트코인을 처분하는 순간 코인은 종말을 맞을 것으로 예상하기도 한다. 나카모토는 아직도 세상에 자신의 모습을 드러내지 않았다. 그가 지금의 이 세상을 어떻게 보고 있을지 궁금하다. 그도 어디선가 조커처럼 "내가 원한 건 돈이 아니다. 내가 던지고 싶었던 것은 메시지"라는 말을 되뇌고 있을 수도 있을 것 같다.

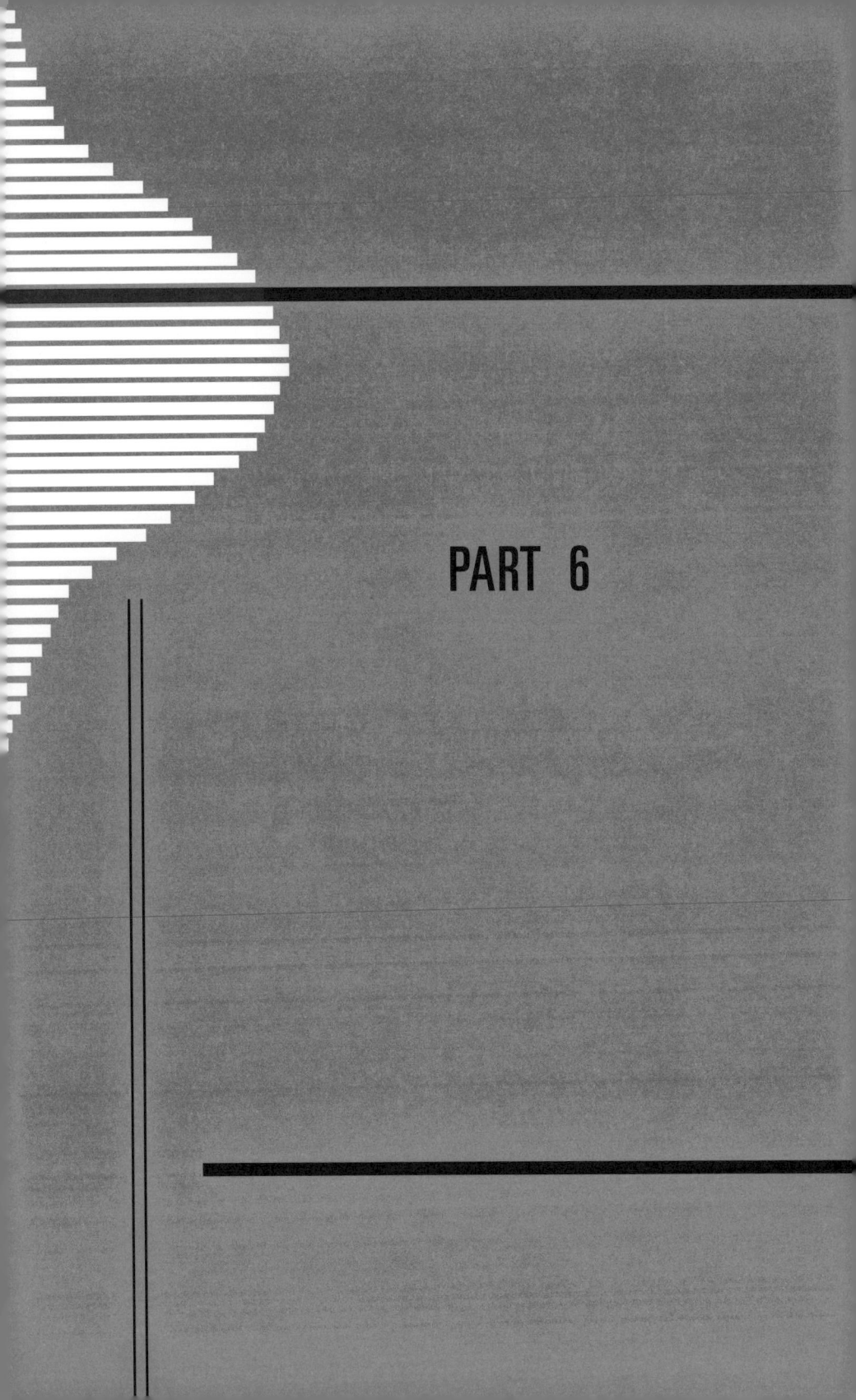

PART 6

중산층의 위기와 돌파구

AI가 가져올 양극화

2016년 1월 몹시 추운 날. 유럽 스위스 다보스에서 열리는 '세계경제포럼(WEF)'을 취재한 적이 있었다. 세계경제포럼, 즉 다보스포럼이 열리는 스위스의 작은 도시 다보스에는 유럽을 비롯한 각국 정상과 세계적인 기업 최고경영자, 노벨상 수상자 등 세계에서 내로라하는 사람들이 집결했다.

다보스포럼이 내놓은 주제는 '4차 산업혁명의 이해'였다. 4차 산업혁명이라는 단어는 그때 당시엔 매우 생소했다. 이 용어는 당시 '인공지능을 통한 기술융합으로 생산을 포함한 사회시스템이 급속히 바뀌는 현상'으로 정의됐다.

인공지능의 등장에 따라 사람들이 적응하기 힘들 정도로 기술 발전의 속도가 비약적으로 빨라지는 상황에 대한 이야기였다. 취재를 가기 전 나름대로 4차 산업혁명에 대해 공부한다고 '머신러닝'이나 '딥러닝' 등의 개념을 찾아보고 이해하려고 했던 것 같다.

하지만 막상 다보스에 도착해 여러 세션에 들어가 취재를 해보니 4차 산업혁명이란 것이 그동안 생각했던 것과 많이 달랐다. 물론 사람의 관절을 형상화한 로봇이 전시됐고, 포럼에 참석한 기업들은 AI를 활용한 각종 신기술을 선보이기도 했다.

그런데 정작 그들이 세미나를 통해 토론 했던 것은 4차 산업혁명이 가져올 사회적 변화였다. 그중의 핵심이 양극화의 문제였다. 포럼은 4차 산업혁명이 필연적으로 양극화를 가져올 것으로 전망했다. 사회 양극화의 문제점을 어떻게 해결할 수 있을지가 실질적인 다보스 포럼의 주제였다. 취재를 하면서 앞으로 양극화 문제가 심각하게 대두될 것 같다는 생각을 하게 됐다. 유럽에서는 그때부터 4차 산업혁명이 가져올 양극화 문제를 논의하고 있었다.

그로부터 2개월 뒤인 2016년 3월. 한국에서는 역사적인 바둑 대국이 열렸다. 천재 바둑기사 이세돌 9단과 알파고라는 인공지능 바둑프로그램 간의 대결이었다. 일반적으로 바둑의 수는 거의 무한대에 가깝다고 알려져 있다. 가로세로 19줄로 만들어진 점 361개에 흑돌과 백돌을 놓는 게임의 경우의 수는 계산이 어려울 만큼 무궁무진하다.

인공지능에 데이터를 넣어서 바둑프로그램을 만드는 것은 불가능하다고 여겨졌다. 하지만 게임의 결과는 4전 3승 1패로 알파고의 완벽한 승리였다. 이때부터 한국에서는 인공지능과 4차 산업혁명 열풍이 몰아쳤다. 알파고라는 프로그램이 바둑천재를 이긴 것은 그만큼 충격적이었다. 우리나라 사람들이 인공지능과 4차 산업혁명에 대해 많은 학습을 하게 된 계기였다.

우리나라의 4차 산업혁명 열풍은 주로 이 혁명이 가져올 기술변화에 집중됐다. 4차 산업혁명이 소개된 계기가 알파고라는 기술을 통해서였으니 어쩌면 당연한 현상인지도 모른다. 다보스포럼이 제기한 4차 산업혁명이 가져올 사회적 변화, 그중에서도 양극화와 관련한 논의는 4차 산업혁명이 가져올 기술변화 논의에 묻혀 많이 취급되지 않았다.

그럼에도 불구하고 기술변화가 몰고 올 양극화라는 화두는 우리가 반드시 해결해야 할 과제다. 양극화는 중산층의 몰락을 의미하고 중산층의 몰락은 경제사회시스템의 붕괴를 가져올 수 있기 때문이다.

노동시장에서
소외되는 중산층

자주 다니는 제법 큰 규모의 식당은 언제부터인가 사람이 홀에서 음식을 나르지 않는다. 모두가 서빙 로봇으로 대체됐다. 주문을 하고 자리에 앉으면 여러 대의 서빙 로봇들이 돌아다니며 음식을 가져다준다. 음식을 받고 '확인' 버튼을 누르면 다시 자기 자리로 돌아간다. 처음에는 어색했는데 이제는 너무 익숙하다. 자주 다니는데 실수나 사고 같은 것을 본 적은 없다. 순간 '여기서 일하는 아르바이트생들은 어디로 갔을까' 하는 생각이 들었다.

종종 가는 안과 접수처에는 상주 인원이 3명 있었는데 어느 날부터 보이지 않았다. 키오스크에 내가 방문한 목적을 적어 넣고 기다리면 병원 의사를 직접 만날 수 있다. 의사의 진찰을 받은 후 키오스크에서 처방전을 출력해서 약국에서 약을 받아가는 방식이다. 서빙 로봇을 볼 때와는 조금 다른 느낌이다. AI로 인해 간호사 업무까지 대체가 가능하다고 생각하니 약간 섬뜩한 느낌도 들었다.

챗GPT는 이제 일을 할 때 없어서는 안 될 존재가 됐다. 무슨 일을 하든 궁금한 것을 물어보면 척척 알려준다. 정보가 상당히 정확하고 고급 연산 같은 것을 수행하는 데 손색이 없다. 옛날이면 10시간은 족히 걸렸을 것 같은 작업도 챗GPT의 도움을 받으면 한두 시간 내에 마칠 수 있다.

AI는 분명 사람에게 도움이 되는 기술이다. 문제는 속도다. 사람이 적응할 수 있는 범위 내에서 AI 기술이 발전한다면 AI는 인류에게 축복이다. 하지만 사람이 적응하기 어려운 속도로 빨리 진행되는 AI의 발전은 인류에게 재앙을 가져다줄 수도 있다. 그중 하나가 AI가 가져올 중산층의 붕괴 현상이다.

AI가 가져올 중산층의 붕괴와 양극화 문제는 경제학 논리로 설명이 가능하다. 경제의 두 축은 생산과 소비다. 먼저 생산 영역에서 AI 기술이 사람이 적응하는 속도보다 빨리 도입되면 어떤 일이 벌어질까? 예를 들어, 옷을 만들어 파는 A라는 회사는 종전에 재봉틀 10개와 사람 10명을 고용해 옷을 만들어왔다. 재봉틀과 사람은 완전히 보완적인 관계다. 사람이 없이 재봉틀만으로 옷을 만드는 것은 불가능했고 재봉틀 없이 사람 혼자서 옷을 만들기도 매우 어렵다.

사람 한 명이 재봉틀 하나를 가지고 옷을 만든다. 옷을 만드는 양을 늘리려고 하면 재봉틀 하나를 더 들여오고 사람 하나를 동시에 고용해야만 생산을 늘릴 수 있다. 이런 관계일 때 사람과 기계는 서로 친구처럼 붙어 다닌다. 생산물을 늘리려면 사람과 재봉틀을 똑같은 수만큼 늘려야 하기 때문이다.

그러다가 재봉틀의 기능이 조금씩 개선된다. 한 사람이 꼭 옆에 붙어서 바느질을 하지 않아도 옷감만 제자리에 가져다주면 스스로 알아서 바느질을 한다. 이런 새로운 기능을 하는 재봉틀이 나오면 꼭 한 사람이 붙어서 작업을 하지 않아도 된다. 대략 한 사람이 재봉틀 2개를 운영할 수 있을 것 같다는 계산도 된다. 이럴 때 A기업의 경영자는 성능이 좋은 재봉틀 하나를 들여올지 여부를 고민하게 된다. 성능이 좋은 재봉틀 10개를 들여오고 사람을 5명으로 줄일지, 아니면 현재의 상황을 계속 유지할지가 문제다.

자본주의 사회에서 기업가는 이윤에 민감하다. 사람의 인건비 5명에 해당하는 비용과 재봉틀 10개를 들여오는 데 소요되는 비용을 놓고 비용이 덜 드는 쪽을 택할 것이다. 기술 발전 초창기에는 재봉틀 값도 비싸고 성능도 떨어지기 때문에 사람을 고용하는 것을 선호한다. 하지만 기술이 어느 정도 발전하면 새 재봉틀을 10개 사고 사람을 줄이는 것이 효율적이라고 생각하게 된다.

이 경우 이 기업가는 근로자 5명을 해고하고 새 재봉틀 10개를 들여오는 결정을 하게 된다. 사람 1명이 재봉틀 2개를 관리하는 방식으로 생산구조가 바뀌고 이런 방식이 도입되면 5명의 근로자는 일자리를 잃는다. 기업의 이익을 최우선시하는 기업주에게 근로자에 대한 자비를 바라는 것은 한계가 있다. 새로 만들어진 재봉틀이 효능이 좋고 비용도 사람을 5명 고용하는 것보다 싸다면 기업주는 새 재봉틀을 도입하고 근로자 5명을 해고할 가능성이 높다.

해고된 근로자들은 일정 기간 실업상태에 놓인다. 그러다 새로운 일자리를 찾는다. 기술 혁신으로 생산성이 늘어나고 이 과정에서 근로자들이 구조 조정되는 것은 불가피하다. 근로자들도 새로운 환경에 적응하기 위해 노력하고 정부와 사회는 이를 뒷받침해주는 역할을 담당해 실업의 충격을 줄이는 것이 필요하다. 과거 우리나라 경제발전 과정에서 이런 식의 구조 조정은 늘 있어 왔다.

하지만 AI가 도입되면서 속도가 한층 빨라졌다. 이제는 재봉틀이 사람 없이도 옷을 만들 수 있는 수준까지 올라갔다. 이때 기업주는 AI재봉틀과 근로자를 놓고 선택의 문제에 놓이게 된다. AI재봉틀이 비용이 싸다면 대부분의 근로자를 해고하고 AI재봉틀 위주로 생산라인을 구성해 옷을 만들 수도 있게 된다.

근로자가 AI재봉틀로 대규모 교체되는 순간은 점진적으로 오지 않는다. 어느 한순간 기업의 결정에 따라 대량의 해고가 발생한다. 이때 사회 전체적으로 대규모 실업 문제가 대두된다. 재봉틀로 옷을 만드는 기업을 예로 들었지만 이런 상황은 모든 산업 분야에서 발생할 수 있다.

AI 기술이 발달할수록 AI로 사람을 대체하려는 기업들의 경영 방식도 광범위하게 확산된다. 그럼 해고로 노동시장에 나오는 근로자들이 급속히 늘어난다. 이렇게 되면 전반적으로 근로자들의 임금은 줄어들고 실업은 늘어난다.

실업이 발생하는 분야와 속도는 AI가 얼마나 빨리 노동을 대체할 것인지에 달려있다. 한국은행이 작성한 'AI와 노동시장 변화'라는 보고서를 인용하면 AI 기술이 대체할 노동은 과거 산업용 로봇이 도입됐을 때나, 소프트웨어가 광범위하게 도입됐을 때와 달랐다. 과거 산업용 로봇은 학력이 낮고 임금이 낮은 근로자를 대체하는 경우가 많았다. 단순 업무를 로봇이 담당했기 때문이다.

소프트웨어는 산업용 로봇보다는 고학력, 고임금 근로자를 대체했다. AI는 고학력 고소득 근로자를 대체하는 정도가 더 많아졌다. 학력이 높아질수록, 임금이 높아질수록 AI에 대한 노출 빈도가 높다는 얘기다. AI는 반복되지 않는 노동과 스스로 판단해서 해야 하는 일을 대체하는 데 활용될 수 있다. 이것이 과거 산업용 로봇이나 소프트웨어와 다른 점이다. 단순 노동이 아니라도 대체가 가능하다는 점이 고학력, 고임금 근로자 대체 가

직업별 AI 노출 지수

	직업	AI 노출 지수
AI 대체 가능성 큰 직업 ↑	일반 의사, 한의사, 임상병리사	99%
	전문 의사	93%
	건축가	87%
	수의사	85%
	회계사	81%
	판사, 검사, 변호사, 변리사	79%
	간호사	78%
	경찰관, 수사관	77%
	치과의사	54%
	화가, 조각가	52%
	중고등학교 교사	43%
	육아 도우미	25%
	약사, 한약사	17%
	기자, 언론 관련 전문가	14%
AI 대체 가능성 작은 직업 ↓	성직자	2%
	대학 교수	1%
	가수, 경호원	0%

출처: 한국은행

능성을 높인 이유다.

직업별로도 과거 신기술이 대체하는 것과 다르다. 의사, 한의사 등 전문직이 AI에 의해 대체될 가능성이 가장 높은 직업으로 평가됐다. 다음이 건축가, 수의사, 회계사, 판검사, 간호사 등의 순이다. 모두가 우리 사회의 중산층 또는 중산층 이상이 갖고 있는 직업들이다.

더 큰 문제는 속도다. 2016년 다보스포럼에서도 AI가 광범위하게 일자리를 대체할 것으로 예상했다. 당시 미래에 직업이 감소할 것으로 전망되는 산업군으로 사무행정직, 제조업 생산, 건설 채광업 등이 지적됐다. 반면 재무관리, 매니지먼트, 컴퓨터 수학 분야는 직업이 오히려 늘어날 것으로 예상됐다. 아울러 시간이 지날수록 AI가 사람을 대체하는 속도도 한층 빨라지고 있다.

AI가 인간 노동을 대체하면서 발생하는 실업은 단기적·마찰적 실업이 아닌 구조적·항구적인 실업이다. 일자리 자체가 없어져서 발생하는 문제이기 때문에 시간이 지나거나 경기가 살아난다고 해서 새로 고용될 가능성이 없다. 특히 AI 실업의 최대 피해계층이 중산층이 될 것으로 보여 극심한 양극화라는 부작용을 더 안게 됐다.

독점이 일상화되는 시장

AI의 확산에 따른 중산층 붕괴 현상은 노동시장에서만 발생하는 것이 아니다. 물건을 판매하는 생산물 시장에서의 변화로도 중산층은 위협받고 있다. 사람이 일을 할 때는 일을 많이 할수록 피로감이 늘어난다. 이 때문에 일의 시간이 늘어날수록 임금을 많이 지급해야 한다. 많은 기업들이 초과근무에 대해서는 평균 임금의 150%를 지급하도록 하는 것을 생각해보면 이해할 수 있다.

예를 들어, A라는 기업이 이세돌 기사를 고용해 사람들에게 바둑서비스를 제공하고 그 대가를 받는다고 가정해보자. 이세돌 기사의 인기가 올라 사람들이 이 기사의 바둑 두는 모습을 더 많이 보고 싶어 한다면 이세돌 기사는 하루에 1판 두던 바둑을 2판 두는 걸로 늘리는 것을 고민해야 한다. 만약 사람들의 요구를 들어주기 위해 바둑을 하루에 2판 둔다고 하면 비용을 따져봐야 한다. 바둑을 1판 둘 때의 피로감과 2판 둘 때의 피로감은 질적으로 다르다.

두 번째 바둑을 둘 때의 피로감은 첫판을 둘 때보다 최소 2배 이상 많다. 그럼 이세돌 기사가 바둑을 두 번째 둘 때는 첫 번째 둘 때보다 2배 이상 임금을 받아야 한다. 이 임금은 바둑이라는 서비스를 관람하는 사람이 지불해야 한다. 이때 두 번째 바둑서비스에 대한 가격은 2배로 올라간다.

옷을 만들어 팔 때도 비슷한 상황이 발생한다. B기업이 재봉틀 10개와 사람 10명을 고용해 옷을 만들 때를 생각해보자. 한 사람이 재봉틀 한 개를 가지고 하루에 옷 10벌을 만든다. 이 회사는 하루 평균 옷을 100벌 만들어 팔았다. 그런데 시장에서 이 회사 옷에 대한 인기가 높아져 옷에 대한 수요가 하루 평균 150벌로 늘어났다면 어떤 일이 벌어질까? 이 경우 한 사람당 하루 평균 15벌의 옷을 만들어야 한다.

종전에 8시간 일을 해서 옷 10벌을 만들었다면 이번에는 평균적으로 50% 정도 일하는 시간을 늘려야 한다. 사람들이 하루에 평균 12시간 정도 일해야 하는 셈이다. 사람이 이렇게 일을 하게 되면 임금은 시간에 비례해서 늘어나지 않는다. 사람들이 일하는 피로도가 누적되기 때문에 야간근무나 잔업에 대해서는 평소 임금의 150%를 지급한다.

이 경우 옷을 15벌씩 만들게 되면 임금이 종전보다 더 많이 늘어난다. 기업들은 이렇게 증가한 임금을 비용으로 책정해 옷값에 반영한다. 그럼 당연히 시장에서 옷은 종전보다 비싸게 된다. 경제학에서는 이런 경우를 '한계비용이 체증'한다고 말한다.

하지만 인공지능이 사람을 대체하면 전혀 다른 방식으로 가격이 책정된다. 먼저 이세돌 기사를 대신해서 알파고가 바둑서비스를 제공한다고 가정해보자. 알파고는 기계이기 때문에 바둑을 두 번 둔다고 해서 첫 번째 판보다 피로감이 더 크지 않다. 똑같이 전기만 제공해주면 바둑서비스를 제공할 수 있다. 바둑서비스에 대한 수요가 늘어난다고 해도 비용이 늘어나지 않아 가격이 오를 이유가 없다.

또 다른 기사가 바둑을 제공할 여지도 차단한다. 바둑서비스를 무한정 제공할 수 있기 때문에 다른 바둑기사들이 끼어들 여지가 없다. 인공지능이 바둑서비스를 제공하는 시장에서는 가장 바둑을 잘 두는 하나의 AI만 필요할 뿐이다.

옷을 파는 시장에서도 비슷한 일이 벌어진다. 옷을 파는 기업이 성능이 좋은 사람이 거의 필요 없는 재봉틀을 들여와 생산구조를 재봉틀 10대와 이를 운영하는 사람 1명으로 바꿔 옷을 생산한다고 하면 어떤 일이 벌어질까? 이 경우 기업 입장에서는 사람에게 들어가는 인건비는 줄어드는 반면 새로운 재봉틀을 들여오는 데 소요되는 비용은 늘어난다.

기업이 총 200만큼의 비용을 들여 생산시스템을 만들었다면 종전에는 재봉틀에 100, 근로자에 100을 투자하는 구조였지만 새로운 구조에서는 재봉틀에 190, 근로자에 10만큼을 투자하는 구조로 바뀐다. 시장에서 이 회사의 옷에 대한 수요가 150벌로 늘어난다면 이 사람은 근로자 1명에게 일을 더 시키고 새로운 재봉틀을 가동하는 시간도 늘린다.

근로자에게는 종전보다 일을 하게 되면 초과임금을 지급해야 하지만 재봉틀을 오래 가동시킨다고 해서 초과로 비용을 지불하는 경우는 없다. 이런 점을 감안하면 근로자의 비중이 높을 때보다 추가로 투입되는 비용이 적게 든다. 기업들이 늘어난 비용만큼을 물건 값에 반영한다고 할 때 근로자 비중이 10%밖에 되지 않기 때문에 물건 값의 상승 폭도 미미하다.

생산 구조가 기계 중심으로 바뀌면 초기에 투자하는 자본의 비중은 높아지지만 물건을 더 많이 만든다고 해서 비용이 더 많이 들어가는 것은 아니다. 이를 감안하면 초기에 대규모 투자를 할 수 있는 큰 기업들이 AI 기술을 도입하기에 용이하다. 규모가 작은 기업들이 창업하기가 더욱 어려워지는 구조가 된다.

기업은 자본의 비중이 높을수록 시장 환경의 변화와 무관하게 물건 값을 낮게 유지할 수 있다. 위의 예에서 새로운 알파고나 재봉틀을 도입한 기업의 경우 시장의 수요가 늘어났을 때 물건 값의 상승률을 낮게 유지할 수 있다. 시장에서 신기술을 도입하지 않은 기업들은 가격 경쟁력에서 밀리게 된다. 이렇게 되면 신기술로 무장한 기업이 시장을 독점한다. 자본력이 상대적으로 부족해 새로운 기술에 투자하기 어려운 기업들은 시장에서 도태된다.

물건이나 서비스를 공급하는 시장이 특정 기업에 의해서 독점화되면 이 기업의 시장 영향력은 막대해진다. 이때는 독점 기업이 가격을 올리더라도 소비자들은 울며 겨자 먹기 식으로 이를 받아들일 수밖에 없다. 자본주의 시장경제의 가장 중요한 미덕인 '경쟁'이 사라진 것에 대한 피해를 소비자가 보는 것이다.

대표적인 사례가 플랫폼 기업이다. 플랫폼 기업은 처음에는 대규모 적자를 감수하고 막대한 자본을 투입해 효율적인 플랫폼을 만든다. 이 과정에서 끊임없는 투자가 일어난다. 그 다음에 대규모 마케팅을 통해 회원들을 대거 모집한다. 사람들은 거의 무료로 이들 플랫폼의 서비스를 이용하며 만족한다. 이 과정에서 경쟁업체들은 초기비용 투자와 대규모 마케팅 비용을 부담할 능력이 없어 도태된다.

플랫폼 시장은 대규모 투자와 마케팅을 감당한 기업들의 독과점 체제로 편성된다. 이렇게 시장 구조를 구축한 다음에는 조금씩 고객들에 제공하는 서비스의 요금을 올린다. 그동안 이들 플랫폼 기업의 서비스에 익숙해진 고객들은 요금을 올리더라도 이를 받아들일 수밖에 없다.

소비자들이 이탈하려고 해도 유사한 서비스를 이용할 수 있는 다른 플랫폼은 이미 사라진 상태다. 시장은 독과점체제로 이용되고 소비자들의 부담은 조금씩 늘어난다. 생산물 시장의 독점화로 많은 경쟁기업들이 도태되는 것은 양극화를 부추기는 요인이다. 아울러 독점 기업들의 가격 인상으로 소비자의 부담이 늘어나는 것도 중산층의 어려움을 가중시키는 요인이다.

AI 경제에서 붕괴되는 중산층

자본주의 경제는 개인들의 합리적인 의사결정이 경제 전체적으로도 가장 효율적인 결과를 가져온다는 것을 기본 명제로 삼는다. 하지만 AI 경제가 가속화될수록 개인들의 합리적인 결정이 경제 전체적으로 효율적인 결과를 가져오지 못할 수도 있다.

그 과정은 이렇다. 고도화된 AI 기술이 도입되면서 노동시장에서는 대규모 해고가 발생할 가능성이 높아졌다. 이는 생산의 효율성을 높이려는 기업의 합리적인 의사결정의 결과다. 경제적 자유를 강조하는 자본주의 경제 테두리 내에서 이런 기업들의 행위를 막을 근거는 없다.

생산물 시장에서 대규모 신기술과 막대한 자본을 가진 기업들의 독과점 체제로 변화하는 것도 경제상황 변화에 따른 합리적 선택의 결과다. 가격 경쟁을 통해 특정 기업이 살아남고 다른 기업이 도태되는 것 역시 시장경제의 자연스러운 원리에 따른 것이다.

그럼 AI가 득세하는 자본주의 경제는 소수의 독과점 기업과 소수의 근로자만이 살아남는 형태로 바뀔 수 있을까? 문제가 그렇게 단순하지는 않다. 휴대폰 시장을 하나의 예로 들어보자. 2023년 우리나라 휴대폰 시장규모는 1,350만 대 정도다. 지금은 삼성전자를 비롯한 여러 개 기업들이 휴대폰을 만들어 판매하고 있다. 그런데 휴대폰 생산공정이 AI를 활용한 공정으로 고도화되면서 평균적으로 휴대폰 제조사에서 일하는 근로자의 50% 이상이 해고를 당한다고 생각해보자.

또 생산물 시장에서 대규모 자본을 투자한 특정 기업의 지배력이 강해져 시장이 독점 체제로 바뀌었다고 가정해보자. 이 경우 1개 기업이 휴대폰 1,350만 대를 공급하는 데는 문제가 없을 것이다. 그만큼 생산 공정의 자동화와 고도화로 생산력이 늘어나면서 한개 기업이 공급할 수 있는 휴대폰 규모는 비약적으로 늘어날 수 있다. AI 기술이 가세하면 충분히 가능한 일이다.

문제는 수요다. 그동안 여러 개의 휴대폰 제조 기업에서 근무하던 근로자와 그들의 가족들은 1인당 1개 정도의 휴대폰을 구매해왔다. 하지만 생산공정에서 대규모 해고가 발생하고 시장이 독점 체제로 바뀌면서 근로자들이 대규모로 일자리를 잃으면 이들을 포함한 가족들은 휴대폰을 구매할 여력이 없어진다.

이들이 휴대폰을 구매할 수 없다면 우리나라 시장에서 휴대폰 수요는 대폭 줄어든다. 독점 기업이 1,350만 대의 휴대폰을 공급하더라도 이를 사줄 수요가 사라지는 것이다. 독점기업은 그동안 시장 경쟁에서 이기기 위해 기술개발에 대규모로 투자를 하고 다른 기업과의 경쟁을 통해서 살아남았다. 하지만 시장의 수요가 대폭 줄어든다면 독점기업은 대규모 손실을 입어 그동안 투자한 돈을 회수할 수 없는 상황이 발생한다.

    생산자와 소비자가 각각 나름대로 합리적으로 의사 결정을 하면서 치열한 경쟁을 해온 결과 모두가 패자가 되는 '승자 없는 경쟁'이 현실화되는 것이다. AI를 통한 기술개발과 이로 인한 중산층의 몰락이 가져오는 경제적인 디스토피아는 이런 과정에서 발생한다. 개인과 기업이라는 경제주체들의 합리적 선택의 결과가 경제 전체를 붕괴로 이끄는 역설이다.

② 인구소멸 중심에 선 중산층

　우리나라의 가장 큰 문제 중 하나는 중산층 소멸이다. 사회적 양극화를 통해서도 중산층이 사라지지만 중산층 자체가 스스로를 소멸시키는 경우도 있다. 어찌 보면 양극화보다 더 심각한 경우다.

　서울소재 중견기업 간부로 일하고 있는 40대 후반 A씨는 아들을 볼 때마다 안쓰러운 생각이 든다. 대학교를 들어가기 위해 공부하고 있는 아들이 어떻게 하더라도 자신보다 못한 삶을 살 것이라는 생각 때문이다. 자신은 90년대 대학을 졸업하고 중견기업에 취직해서 중산층으로서 이것저것 많은 것을 누리면서 살았다고 생각한다. 하지만 아들은 웬만한 명문대를 들어가지 않고서는 취업난을 겪을 것이 뻔하다. 어렵게 취업을 하면 다음은 집 장만에 아이들 교육에 허리가 휠 만큼 뼈 빠지게 일해야 겨우 서울 인근에서 그럭저럭 살 수 있을 것 같은 생각이 든다.

　실제 주변에 보면 부모보다 경제적 지위가 높을 것으로 예상되는 젊은이들이 많지 않다. 부모들은 언제까지 자식 뒷바라지를 해줘야 하는지 걱정인 경우도 많다. 요즘 중산층 자녀들은 우리나라 역사에서 유일하게 부모 세대보다 못한 삶을 살아야 하는 세대가 될 수도 있다.

이런 생각은 아이를 낳지 않는 풍토를 만든다. 1970년대 태어난 사람들은 어렸을 적 '한 사람만 낳아도 삼천리는 초만원'이라는 구호를 흔하게 보면서 살았다. 정부가 아이를 낳지 말 것을 권유하는 산아제한 정책을 알리는 대표적인 구호다. 그럼에도 70년대 태어난 사람들은 주변에 형제가 3~4명인 경우를 흔하게 볼 수 있었다.

1970년대 학생들은 부모를 보면서 '나는 커서 우리 부모보다는 잘살 것'이라는 생각을 하며 살았다. 경제적으로도 여유가 없고 살아가는 방식에서도 전근대적이고 불합리한 것들이 많았던 부모의 생활이 못마땅했기 때문이다. 그렇게 커왔던 사람들이 지금의 중산층을 형성하고 있다. 그들은 일견 자신의 목표를 이뤘다. 부모보다 많이 배웠고 좋은 일자리를 가졌다. 소득도 높고 생활수준도 향상됐다. 집 한 채씩은 갖고 있고 먹고사는 것에 대한 걱정은 덜었다. 한국의 정치·경제·사회도 발전시켰다.

그렇게 중산층이 된 사람들, 또는 그들의 자녀들이 자식 낳기를 포기하고 있다. 정부 기관인 저출산고령화위원회 자료에 따르면 우리나라 출생아 수는 1970년대 100만 명에서 2023년에는 23만 명으로 5분의 1토막이 났다. 약 30년 후인 2052년에는 10만 명대로 떨어진다고 한다.

저출산은 고령화를 앞당긴다. 우리나라는 2025년부터는 초고령 사회에 진입한다. 일본, 독일, 프랑스 등 선진국들이 이미 초고령 사회에 진입했지만 우리나라의 진입 속도가 가장 빠르다. 여성 1명당 평생 낳는 아이 수를 의미하는 합계출산율은 1970년대 4.5명에서 2023년에는 0.72명으로 줄었다.

여성 한 명이 평생 아이 한 명도 낳지 않는 것이다. 이런 추세가 이어지면 2100년에는 한국 인구가 2,440만 명으로 떨어진다. 2023년 인구 5,177만 명의 절반도 안 된다. 특히 2021년 0~4세 인구는 한국이 165만 명, 북한이 170만 명으로 해방 이후 처음으로 북한 인구수가 우리나라를 앞질렀다.

아이를 낳지 않고 늙어간다는 것은 어떤 의미일까? 2세를 낳아 자신의 유전자를 유지하는 것은 인간의 본능이다. 자신의 육체는 사라지더라도 유전자는 계속 이어지기 때문이다. 클린턴 리처드 도킨스Clinton Richard Dawkins라는 영국의 동물학자는 '생물 진화의 주체는 유전자이며, 생물들은 모두 유전자의 자가 복제 속에서 만들어진 기계적 존재'라고 말하기도 했다.

한 사람이 무한히 사는 것을 전제로 경제를 설명하는 무한생존 모델은 모두 인간의 번식 본능과 유전자 복제 본능을 염두에 둔 것이다. 그런데 자식을 낳지 않는다는 것은 본능을 거스르는 것이다. 스스로 모든 미래의 경제활동을 중단하는 일종의 자살행위와도 비슷하다.

출생률 저하 현상이 계층 간 양극화에서 비롯되고 있다는 주장도 놀랍다. 한국경제연구원은 2010년과 2019년을 비교해 소득 계층별로 출산율 변화가 어떻게 일어났는지를 분석했다. 소득은 하위층부터 상류층까지 3분위로 구분했고 출산율은 100가구당 출산한 가구 수를 기준으로 측정했다. 그들의 분석 결과에 따르면 소득 하위층인 1분위의 출산율은 2010년 2.72에서 2019년에는 1.34로 50.7%나 줄었다.

중간소득 계층인 2분위 출산율은 같은 기간 6.5에서 3.56으로 45.2% 줄었다. 소득 상류층인 3분위의 출산율은 7.63에서 5.78로 24.2% 줄어드는 데 그쳤다. 소득 상류층의 출산율은 천천히 줄어들고 있는 반면 하류층으로 갈수록 출산율 저하 현상이 뚜렷하다는 애기다. 저출산고령화위원회의 분석에서도 비슷한 애기가 나온다. 소득 10분위를 기준으로 계산했을 때 소득 4분위와 7분위의 출산율 저하 속도가 가장 빠른 것으로 조사됐다. 중산층의 출산율 저하 현상이 가장 뚜렷하게 발견된다.

한국의 현상은 세계적인 현상과는 사뭇 다르다. 세계은행 자료에 따르면 후진국으로 갈수록 출생률이 높은 것으로 파악된다. 1인당 국민소득(GNI)이 1만 3,846달러 이상인 고소득 국가의 출생률은 평균 1.5명이었지만 중위소득 국가의 출생률은 평균 2.1명, 저소득 국가(국민소득 1,135달러 이하)의 출생률은 4.6명으로 조사됐다. 저소득 국가의 출생률이 고소득 국가보다 3배 이상 높다는 결과가 나온다.

하지만 한국은 고소득 계층의 출생률이 저소득 계층보다 3배 이상 높고 출생률이 줄어드는 속도도 훨씬 완만하다. 이런 차이는 한국적 특성에서 나온다. 한국 경제가 쪼그라드는 상황에 양극화까지 진행되면서 자식이 나보다 하위계층으로 떨어질 수 있다는 불안감이 아이를 낳지 않는 결과로 이어진다는 점이다.

우리나라 출생률이 1997년 IMF 구제금융을 받은 이후부터 하락 속도가 빨라졌다는 통계도 이런 분위기를 뒷받침한다. 중산층 이하는 아이를 낳지 않고 고소득층만 아이를 낳는다면 양극화 문제는 시간이 지날수록 더욱 심해진다.

중산층의 의식 조사 결과도 우리나라 출생률 저하의 문제는 경제적인 문제임을 보여준다. 저출산고령화위원회의 국민인식조사 결과에 따르면 우리나라 사람들이 일과 가정이 양립할 수 있고 경제적 여건이 개선된다면 낳고 싶은 자녀의 수는 1.8명으로 파악됐다. 2024년 출생률(0.72명)의 2.5배에 달하는 수준이다.

정부는 아이를 낳고 기르는 부담과 기회비용을 줄여주고 필요한 시기에 소득 걱정 없이 아이를 키울 수 있는 정책을 적극적으로 추진하고 있다. 2006년부터 2023년까지 정부가 저출생 문제 해결을 위해 책정한 예산은 총 380조 원에 달한다. 아이 한 명을 낳는 데 1억 원씩 지원한다고 하면 380만 명을 낳을 수 있다는 계산이다.

하지만 우리나라의 출생률은 정부의 예산 집행이 무색할 만큼 계속 하향 추세를 이어왔다. 정부의 예산은 아이를 낳은 후 아이를 키우는 데 들어가는 돈을 지원하는 것에 초점을 맞추고 있다. 아이를 많이 낳으면 육아수당을 지급하고 학비도 면제해주고 주택 청약이나 대출 등에 우대 혜택을 주는 것이다.

하지만 이는 아이를 낳은 다음에 지원을 받는 것이다. 우리나라의 문제는 많은 사람들이 미래에 대한 전망이 어두워 아이를 선뜻 낳지 못하는 것이다. 중산층이 튼튼해지고 이들이 미래에 대한 걱정 없이 생활을 영위할 수 있다면 출산을 굳이 마다할 이유가 없다.

1980~1990년대 우리나라 사람들은 당시 생활은 어려웠지만 미래는 더 잘살 것이라는 기대와 희망 아래 아이들을 낳았고 서로 복작거리면서도 어우러져 살았다. 어렵다고 기죽지 않았고 잘산다고 잘난 척하지 않았다. 건강한 중산층이 늘어나면 양극화 문제뿐만 아니라 출산율을 높여 미래의 우리 경제를 튼튼하게 지탱할 수 있는 원동력이 될 수 있다.

AI 발전 속도에 대한
고민이 필요한 시점

중산층 복원은 중산층이 담당해야 한다. 중산층이 뭉칠 때 경제는 물론 정치적으로도 가장 강력한 힘을 발휘하기 때문이다. 중산층이 중심이 돼서 각종 사회제도를 개편하는 것이 필요한 시점이다. 이유부터 살펴보자.

AI가 본격적으로 도입돼 양극화가 진행되는 시대에 중산층이 향후 처할 현실은 소수의 상류층이 되거나 다수의 하류층으로 전락하는 것이다. 이 과정에서 불확실성이 갈수록 커져 중산층이 미래를 예측하기가 매우 어렵다. 과거 중산층의 경쟁은 의사, 변호사, 금융업·대기업 임직원 등 누구나 선호하는 직업을 갖기 위한 경쟁이었다. 승자와 패자는 늘 갈렸지만 불확실성은 크지 않았다.

하지만 AI 시대는 상황이 다르다. 예를 들어, 열심히 공부해서 의사가 됐는데 의사부터 먼저 AI에 대체될 수도 있다. 안정된 직업자체가 불확실하다. 생산물시장이 독점화되면서, 많은 중소기업과 자영업자들의 붕괴도 필연적이지만 어느 업종의 독점화가 빠르고 광범위하게 진행될지 예측이 어렵다. 이럴 때 중산층은 어떤 선택을 해야 할까?

현재 우리나라는 60%의 중산층, 20%의 상류층, 20%의 하류층이 어우러져 사는 사회다. AI 시대가 가속화하면 미래에는 중산층이 양극단으로 분화돼 상류층 10%와 하류층 90%인 사회로 바뀔 가능성이 높다. 물론 이때 상류층 10%가 보유하는 소득이나 재산은 종전보다 훨씬 많다. AI 시대 양극화되는 세상을 만들지 않기 위해서는 개인적인 합리성과 경쟁을 넘어서는 집단적인 의사결정이 필요할 수 있다. 이런 의사결정은 중산층이 주도해야 한다.

경제의 방향을 바꾸고 속도를 규제하는 것은 경제보다는 정치의 영역이다. 중산층을 두텁게 만드는 제도를 도입해 중산층 비율을 높이는 쪽으로 방향을 정할지 아니면 계속 진행되는 양극화를 용인하는 제도를 택할지 결정해야 한다. 이때 중산층의 정치력이 중요하다. 정치적 의사결정을 통해 중산층을 당분간 두텁게 유지하는 것이 바람직하다는 결론이 나온다면 방법을 찾아야 한다. 전문가들이 제시하는 몇 가지 방법이 있다.

2024년 노벨경제학상 수상자인 다론 아제모을루(Daron Acemoglu) 미국 MIT대 교수는 정부가 나서서 AI 기술의 발달 속도를 늦춰야 한다고 주장했다. 사람들의 의식이 적응하는 속도보다 기술 발전 속도가 빠를 경우 감당할 수 없는 일이 발생할 가능성이 높기 때문에 의식의 적응 속도에 맞춰 기술 발전을 이뤄야 한다고 역설했다.

예를 들어, 시장 기능만 작동할 때는 AI를 활용한 혁신적 기술 비중이 매우 빠른 속도로 높아진다. 하지만 정부가 AI 기술 확산으로 발생할 수 있는 사회적 이익과 사회적 피해를 계산하고, 사회적 피해가 클 경우 AI 도입과 관련한 규제를 만들거나 세금을 물려 AI 확산 속도를 늦출 수 있다.

이 경우 AI를 통해 진행되는 독점화는 늦어질 수 있고 사람들이 어느 정도 적응할 수 있는 시간을 확보할 수 있게 된다. AI 기술 적용이 가져오는 피해가 현실화될 가능성이 높은 경우에는 속도를 다소 늦추더라도 사회적 손실과 이익을 충분히 검토해 진행하는 것이 필요하다는 주장이다.

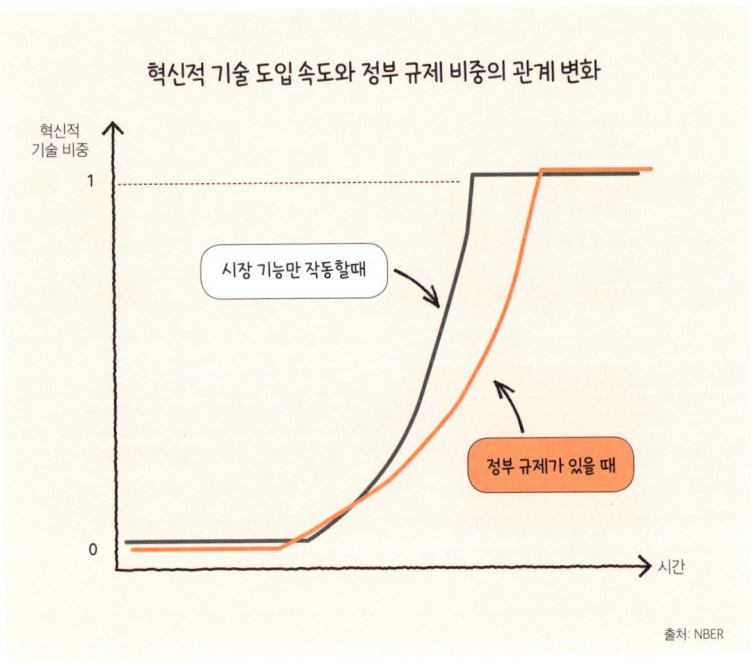

정부가 할 수 있는 규제에는 여러 가지가 있다. 경쟁에서 이기더라도 사회적 부와 소득을 과도하게 독점하지 못하게 제도를 만들고, 경쟁에서 져도 생활고에 시달리지 않도록 사회보장 시스템을 두텁게 해야 한다. 노동시장에서는 AI 기술 도입으로 인해서 근로자들의 무분별한 해고를 하지 못하도록 제도화하는 것이 필요하다.

또 근로자들이 자발적으로 일을 나누는 노력도 필요하다. AI 기술을 도입하면서 사람이 일할 필요가 줄어들었을 때는 근로 시간과 임금을 줄이면서 서로서로 협조하는 행태가 중요하다. 자신이 해고 대상에 포함되지 않는다고 안도할 수 있는 근로자는 없다. '직업나누기job sharing'는 AI로 인해 노동시장에서 벌어지는 대량의 해고를 막기 위해 꼭 필요한 제도적·문화적 요소다.

생산물시장에서는 특정 기업이 빠른 속도로 독점화되는 것을 막는 조치가 필요하다. 기존에도 자본주의 경제는 경쟁 메커니즘이 정상적으로 작동하도록 독점에 대해서는 일정 부분 규제하고 있었다. 이 제도를 AI 시대에 현실적으로 적용해 독점화를 늦춰야 한다.

AI의 도입으로 직장에서 해고를 당한 사람이 재기할 때까지 정부가 여러 가지 제도적·금전적 지원을 해주는 것은 개인을 위해서도 중요하지만 경제적·사회적으로도 큰 의미를 갖는다. 해고자들이 많아지면 사회불안 요인이 될 가능성이 높고 경제적으로도 양질의 노동력을 도태시키는 것이기 때문이다.

아울러 거대 기업과의 경쟁에서 절대적으로 불리한 위치에 있는 중소기업과 스타트업 등 소규모 기업들도 재기할 수 있는 각종 프로그램을 만드는 것이 중요하다. 경쟁에서 도태된 개인과 기업에 대한 지원 조치는 일종의 시혜나 복지정책 차원을 넘어선 중요한 경제정책이다.

도태된 사람과 기업에 대한 확고하고 집중적인 지원이 없으면 경제 시스템이 붕괴될 정도의 위기가 닥칠 수 있다. 중산층에서 이탈되더라도 최소한의 생활은 보장하고 자신의 노력에 따라 다시 중산층으로 진입할 수 있도록 사회나 경제시스템을 작동하는 것이 필요한 시점이다.

③

중산층을 현혹하는 마귀, 포퓰리즘

중산층을 위한 정치는 때론 포퓰리즘의 형태를 띠기도 한다. 포퓰리즘을 추구하는 정치인들이 명분으로 내세우는 것이 '대중을 위한 정치'다. 이 대중에 가장 많이 포함되는 사람들이 바로 중산층이다. 하지만 포퓰리즘 정치의 결과는 중산층을 위한 것이 아닌 경우가 많다. 오히려 중산층에게 가장 많은 해악을 끼치는 정치 행태다. 중산층 입장에서는 포퓰리즘을 내세우는 정치인들을 오히려 경계해야 한다.

네덜란드 정치학자인 카스 무데는 포퓰리즘을 '국민을 일반 대중과 기득권층으로 나누고 양자 간의 갈등을 조장해 통치하는 정치 스타일'로 정의했다. 여기서 기득권층은 부도덕하고 무능하며 부패한 집단으로 매도된다. 포퓰리스트들은 이 같은 정치적 아젠다를 내세우며 자신들은 일반 대중을 대표하는 정치인이라고 포장한다.

기득권층으로 분류되는 사람들은 다양하다. 때론 부자들인 경우도 있고 좌파와 우파처럼 이념이 다른 사람을 지칭할 때도 있다. 어떨 때는 다른 민족이나 외국인을 지칭하기도 한다. 어쨌든 포퓰리스트들은 대중과 소수를 나눠 소수에 대한 증오를 부추긴다.

마누엘 펑케Manuel Funke 키엘 세계경제연구소 박사 등은 1900년부터 2020년까지 세계 60개국 정부의 리더 중 포퓰리스트를 구분하고 이들의 경제적 성과를 측정하는 논문을 발표했다. 논문에 따르면 지난 120년의 기간 중 총 1,482명의 정치 리더들이 집권했다. 이들 중 51명(3.4%)이 포퓰리스트 정치 리더로 분류됐다. 미국의 도널드 트럼프 대통령을 비롯해 나렌드라 모디Narendra Modi 인도 대통령, 레제프 타이이프 에르도안Recep Tayyip Erdoğan 튀르키예 대통령 등이 모두 포퓰리스트에 포함됐다.

정치인의 연임을 포함할 때 이들 국가의 총 1,853개 집권 임기 중 72개(3.9%)의 임기가 포퓰리스트에 의해 통치됐다. 국가별로는 미국, 브라질, 아르헨티나, 베네수엘라, 칠레, 에콰도르, 인도네시아 등 20여 개 국가가 포퓰리스트의 통치를 받았다. 포퓰리즘은 과거의 일이 아니다. 역사상 포퓰리즘이 가장 득세했던 시기는 2018년으로 이때는 세계 20개 국가의 리더가 모두 포퓰리스트였다.

포퓰리즘은 국민의 먹고사는 문제를 해결하겠다고 등장하지만 결과적으로는 경제에 큰 해악을 미친다. 말과 정책 효과가 정반대인 셈이다. 특히 포퓰리스트의 경제적 해악은 그들이 통치할 당시가 아닌 미래에 나타나는 경향이 강하다. 이는 포퓰리스트가 등장했을 때 국민을 속이기에 좋은 환경을 제공한다.

평케 박사는 데이터 분석 결과 포퓰리스트 등장 이후 처음 3년간은 별다른 부작용이 나타나지 않는다고 했다. 하지만 경제에 미치는 부정적 영향은 3년 후부터 나타난다. 부정적 영향은 갈수록 커져 포퓰리스트 통치 후 15년이 경과하면 1인당 국민소득이 정상적인 통치가 이뤄졌을 때보다 10% 이상 감소한다고 평가했다. 평균적으로 1년간 성장률을 0.7%포인트 정도 하락시키는 것이다.

예를 들면, 포퓰리즘적인 정책이 수행되지 않았다면 우리나라의 성장률이 매년 2%씩 성장한다고 했을 때 포퓰리스트 정책이 시행되면 이 성장률이 매년 1.3% 이하로 떨어진다는 계산이다. 가뜩이나 인구 감소와 고령화로 잠재성장률이 하락하고 있는 우리 경제에서 포퓰리스트의 등장은 중장기적으로 경제에 치명적인 악영

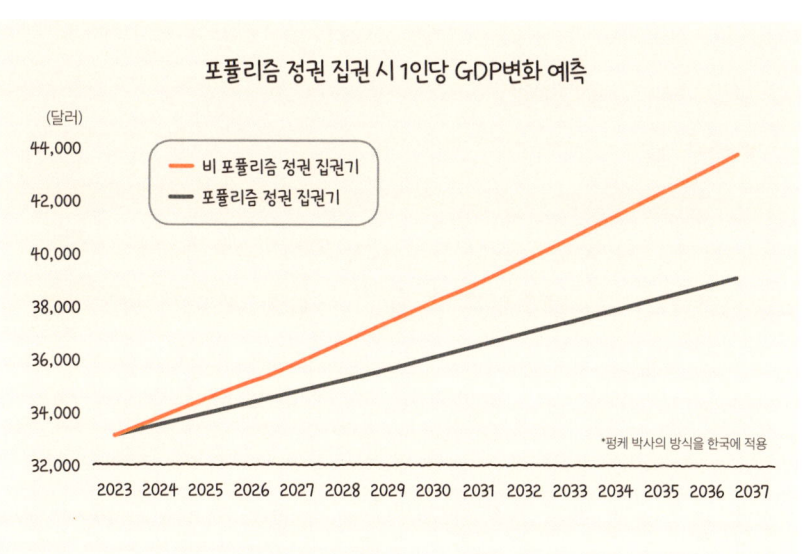

포퓰리즘 정권 집권 시 1인당 GDP변화 예측

*평케 박사의 방식을 한국에 적용

향을 미친다.

포퓰리즘은 좌파와 우파를 가리지 않는다. 좌파 포퓰리즘은 주로 자본가·부유층과 일반 서민으로 국민을 나누고 부유층을 적대시하면서 빈부 갈등을 조장해 통치 기반으로 삼는다. 반면 우파 포퓰리즘은 민족·인종 문제와 종교적 이슈를 들고 나와 편을 가르고 갈등을 부추긴다.

1900년 이후 포퓰리스트들이 집권한 72개의 임기 중 좌파가 35개, 우파가 37개의 임기를 집권했다. 좌우 모두 엇비슷하게 집권한 셈이다. 남미국가들은 좌파 포퓰리즘이, 유럽 국가들은 우파 포퓰리즘이 득세했다. 좌우 포퓰리즘은 서로 다른 이데올로기를 들고 나왔지만 경제적으로 악영향을 미치는 정도는 비슷했다.

포퓰리즘 정권이 한번 들어서면 장기간 득세한다는 점도 특징이다. 포퓰리스트의 평균 집권 기간은 좌파의 경우 5.8년, 우파는 5.1년인 것으로 조사됐다. 반면 포퓰리즘 정권이 아닌 경우 집권 기간이 평균 3.3년이었다.

포퓰리스트가 국가에 미치는 해악은 여기서 끝나지 않는다. 좌파 포퓰리스트들은 대표적인 공약으로 소득 분배의 개선을 얘기한다. 하지만 펑케 교수의 분석 결과 실증적인 데이터상으로는 소득 분배가 거의 개선되지 않는 것으로 파악됐다. 국민을 자본가와 노동자로 나누고 노동자를 위한 정책을 내걸지만 집권 기간 중 노동소득분배율의 변화도 없었다.

역사적으로 포퓰리스트들은 좌우의 극단적인 이념을 갖고 있는 사람들이 많았다. 우파 포퓰리스트의 대표적인 예는 나치즘으로 독일은 물론 전 세계를 전쟁으로 내몰았던 아놀프 히틀러를 들 수 있다. 히틀러는 독일 국민을 아리안 민족과 유대인 등 이방인으로 나누고 이방인을 적대시하는 정책을 통해 아리아인의 지지를 얻었다. 그의 정책은 결국 유대인을 대량으로 학살하고 독일 국민을 전쟁터로 몰아넣었다.

우파 포퓰리스트가 집권하면 다른 나라와의 갈등을 조장한다. 이들은 대외 무역에서 관세를 올리고 국내외 투자를 축소시키는 정책을 추진한다. 이로 인해 한 국가의 경제 개방도는 줄어들고 경제는 고립되는 경향을 보였다.

반면 좌우 포퓰리스트 모두 정부 돈을 물 쓰듯 쓰면서 GDP 대비 국가부채 비율은 포퓰리즘 국가에서 10%포인트 이상 높아지는 것으로 파악됐다. 물가상승률도 비교적 높았다. 아울러 민주주의는 한층 위축되고 일부 국가는 권위주의 국가로 가는 경향을 보였다. 경제성장률이 하락하고 경제가 위축되면 중산층이 가장 많은 피해를 본다. 고용이 어려워지고 임금은 줄어들어 소비가 위축된다. 정부의 재정적자는 심화돼 세금 부담은 더 커진다.

좌파 포퓰리스트는 베네주엘라의 마두로 정권이 한 예다. 마두로는 국민을 소수의 부자와 다수의 인민으로 나누고 부자와 기업인을 적대시하는 정책을 펴면서 인민의 지지를 얻었다. 그 결과 대규모 국부 유출과 기업 기반의 붕괴로 한때 부국이었던 베네수엘라는 만성적인 빈국으로 전락했다.

포퓰리스트들은 집권할 때까지는 다수의 국민을 위한다고 하지만 집권에 성공하면 본색을 드러내 중도층이 아닌 좌우의 극단적인 지지층을 위한 정치를 편다. 그 피해는 중산층에 집중된다.

포퓰리스트의 말로는 좋지 않았다. 분석 대상이 된 포퓰리즘 지도자의 임기 58개 중 선거에 의해 정치 지도자가 평화롭게 물러난 경우는 20개에 불과했다. 18개의 임기는 탄핵과 쿠데타 등으로 지도자가 자리에서 내려왔다. 아울러 3개의 임기는 지도자가 건강상의 이유로 물러났고 2번은 자살로 임기가 마무리됐다. 15개의 임기는 정치적 이유 등으로 사임을 통해 끝났다.

역설적으로 포퓰리스트는 중산층이 키워내지만 중산층에게 가장 해를 많이 끼친다. 이 피해를 실제 경험하는 경우도 늘어난다. 이제는 포퓰리스트들을 걸러내는 것이 중산층의 역할이 됐다.

④

용의자의 딜레마에
빠진 중산층

　한국의 중산층이 경제학에서 말하는 '용의자에 딜레마'에 빠지는 경우를 종종 본다. 겉으로는 합리적인 선택을 하는 것 같지만 그 결과는 여러 가지 경우 중 가장 안 좋은 걸로 귀결되는 경우가 발생하기 때문이다.

　자본주의 경제에서 '경쟁'은 미덕이다. 경쟁을 통해 승자와 패자가 갈리는 과정이 경제 전체적으로는 자원의 낭비를 막고 효율성을 부른다는 것이 자본주의 경제의 철칙이다. 하지만 때론 경쟁의 결과가 오히려 경쟁하는 사람들을 더 어려운 상황으로 몰아갈 수도 있다. 대표적인 예가 경제학의 한 분야인 게임이론에서 말하는 '용의자의 딜레마' 상황이다.

　용의자의 딜레마의 고전적인 사례는 이렇다. 두 명의 용의자가 있다. 이들은 경범죄 혐의가 입증돼 연행된 사람들이다. 하지만 용의자들은 자신은 물론 상대방도 더 큰 범죄를 저지른 것을 알고 있다. 수사관은 경범죄 외에 더 큰 범죄에 대한 의심은 있지만 물증이 없다. 자백을 받아야만 혐의 사실을 입증할 수 있다.

이런 환경에서 용의자의 합리적 선택은 어떤 것일까? 얼핏 보면 두 명의 용의자 모두 자백을 하지 않는 것이 가장 좋은 선택이라는 생각이 든다. 그런데 문제는 그리 단순하지 않다. 형량을 어떻게 결정하느냐에 따라 합리적인 선택이 달라진다.

예를 들어, 두 명 모두 자백을 하지 않으면 경범죄로 모두 1년의 형을 선고받는다. 이때 조사를 하는 수사관이 한 사람이 자백을 할 경우 그 사람은 경범죄를 묻지 않고 풀어주고 나머지 사람에 대해서만 새로운 범죄의 형을 가중처벌 한다고 제안한다.

한 명이 자백을 하면 그 사람의 형량은 0이고 다른 사람의 형량은 10이 된다. 둘 다 자백을 하면 각각 3년의 형을 살게 된다. 조사관이 두 사람이 모두 서로 소통하지 못하도록 각방에 넣어 놓고 이런 제안을 할 때 용의자들은 어떤 선택을 할까?

먼저 용의자 1의 경우를 생각해보자. 본인이 자백을 할 경우 상대방은 자백을 할 수도 안 할 수도 있다. 상대방이 자백을 하면 3년

	형량	용의자1 자백하지 않을 경우		용의자1 자백할 경우	
용의자2	자백하지 않을 경우	1	1	10	0
	자백할 경우	0	10	3	3

의 형량, 자백을 안 하면 형량은 0이다. 본인이 자백을 안 할 경우 상대방이 자백을 하면 형량이 10년, 자백을 안 하면 형량은 1년이다. 이 용의자는 본인만 놓고 볼 때는 자백을 할 경우가 형량은 3년 또는 0이지만 자백을 안 할 경우에는 형량이 10년 또는 1년이 된다. 상대방이 어떤 행동을 취할지 모르는 경우에는 자백을 하는 것이 형량을 조금이라도 줄일 수 있는 방법이다.

용의자 2의 입장에서도 똑같이 생각할 수 있다. 용의자 1이 어떤 행동을 취할지 모르는 경우에는 자백을 하는 것이 유리하다. 이 경우 두 사람은 모두 자백을 하게 되고 각각 3년의 형량을 받는다. 수사관 입장에서도 용의자들의 이기심과 교묘한 심리를 활용해서 자백을 받아낼 수 있다.

법을 집행하는 입장에서는 용의자의 딜레마 상황을 통해 범죄 사실을 입증하는 것은 사회 전체적으로도 바람직한 것이다. 하지만 경제적인 상황에서 보면 '용의자의 딜레마'는 과도한 사회적 비용을 지불하는 사례로 인용된다. 두 경제주체가 제도적 허점 때문에 사회적으로 불필요하고 과도한 비용을 지불하는 경우가 많기 때문이다.

한국의 중산층이 처한 현실도 용의자의 딜레마 같은 경우가 많다. 예를 들어, 1억 원짜리 집이 매물로 나왔다. 2명의 잠재적 매수자가 있다. 두 사람 모두 집이 당장 필요하지 않다. 그래서 두 사람 모두 집을 사지 않으면 집값은 유지된다. 두 사람 모두 필요할 때 1억 원에 집을 살 수 있다.

그런데 어느 날 집값이 오를 것이라는 정보가 시장에 흘러다닌다. 이럴 때 한 사람이 집을 사면 1억 원의 차익을 얻을 수 있다고 하자. 한 사람이 집을 필요하지도 않은데 사버리면 다른 사람은 정작 필요할 때 집을 살 수 없어 큰 손해를 본다. 하지만 두 사람 모두 집을 사려고 덤빈다면 집값이 한꺼번에 올라 2억 원으로 치솟는다. 이때는 두 사람 모두 집을 사지 못하고 집값만 오르는 결과를 낳는다.

이 경우 용의자의 딜레마와 마찬가지로 상대방이 집을 살지 안 살지 모르는 상태에서는 내가 집을 산다고 시장에 나가는 것이 유리하다. 집을 사면 상대방이 안 살 경우에는 이익을 올릴 수 있고 상대방이 살 때 나도 같이 산다고 해야 한 사람만 집을 사서 큰 손해를 보는 것을 막을 수 있기 때문이다.

두 사람 모두 상대방의 행동에 대한 확신이 없다면 일단 집을 사려고 덤비는 것이 향후 얻을 수 있는 이익의 기대치를 높이는 전략이다. 사람들이 이런 생각으로 부동산 시장에 몰리면 집값은 급등한다. 결국 모두가 손해를 보는 상황이 발생한다.

경쟁을 통해 시장이 혼탁해지는 경우도 발생한다. 대학 입시에서 두 사람이 실력 경쟁을 통해 입학 여부를 결정한다면 선의의 경쟁을 통해 합격자를 가른다. 그런데 어느 순간 한 사람이 비용이 많이 드는 사교육을 하기 시작한다.

사교육을 받으면 입시에 유리한 정보를 얻을 수 있어 합격 가능성이 높아진다. 상대방 입장에서는 사교육을 안 받으면 입시에 떨어져 큰 손해를 입는다. 같이 사교육을 받으면 입시를 하더라도 사교육 비용을 지불해야 하기 때문에 사교육 없이 합격할 때보다 많은 비용을 지불하게 된다.

상대방이 사교육을 받을 것인지 안 받을 것인지에 대해 정보가 없다면 일단 사교육을 받는 것이 유리하다. 상대방이 사교육을 안 받는다면 합격할 수 있고, 상대방이 사교육을 받는다고 할 때 나도 사교육을 받는 것이 유리하기 때문이다.

결국 제한된 학생을 선발하는 입시에서 모든 사람이 사교육을 받는다고 해도 입학 정원이 늘어나지는 않는다. 누군가는 합격하고 누군가는 떨어지는 상황은 변하지 않지만 개인들은 사교육에 엄청난 비용을 지불해야 한다. 모두를 '용의자의 딜레마'에 빠뜨리는 상황이다.

용의자의 딜레마를 해결하고 중산층 경제를 탄탄히 하는 방법은 몇 가지가 있다. 경쟁에 참여하는 사람들이 만나 과당한 경쟁을 하지 않도록 합의하고 이를 지키는 것이다. 아울러 상대방이 계속 지킬 것이라는 신뢰가 있어야 한다.

하지만 신뢰가 깨지지 않으리라는 보장은 없다. 사람들은 이익에 민감하기 때문이다. '용의자의 딜레마' 사례처럼 서로 간에 자백을 하지 않기로 약속을 했다고 해도 밀실에 들어가서 조사를 받다 보면 자백을 하고 이익을 챙기는 것이 좋겠다는 생각을 하는 것이 인지상정이다. 경제에서도 마찬가지다. 실수요자가 아니면 집을 사지 말자고 해놓고도 부동산이 오를 것 같으면 실수요 여부를 떠나서 먼저 가서 사고 싶은 것도 당연하다.

이럴 때를 대비한 경제적인 전략이 있다. 첫 번째는 일단 서로 신뢰를 하고 출발한다. 실수요가 아니면 집을 사지 않기로 하고 이를 지킨다. 그 다음 상대방이 신뢰를 어긴 것으로 확인됐을 때는 나도 더 이상 믿지 않고 '용의자의 딜레마'에 나오는 사람처럼 행동한다.

이런 상황이 계속 반복된다면 사람이 한번 신뢰를 어기면 자신에게도 불리한 상황이 계속된다는 것을 알기 때문에 약속을 지키게 된다. 약속을 지키되 상대방이 어겼을 때는 나도 어긴다는 원칙을 갖고 행동하는 전략을 '팃포탯Tit-for-Tat(눈에는 눈, 이에는 이)' 전략이라고 한다.

더 좋은 것은 이런 상황이 계속 반복돼 사람들이 스스로 협조하도록 만드는 것이다. '용의자의 딜레마' 상황이 계속 반복돼 집값이 급등하면 많은 중산층들이 피해를 보게 된다. 이런 상황이 반복되면 여러 번의 학습 효과를 통해 실수요가 아닌 과도한 집사기를 자제한다. 이 과정에서 상대방 행동에 대한 신뢰도 형성된다.

우리나라 중산층은 1960년대 이후 스스로를 단련시켰고 나름대로의 경쟁력도 갖췄다. 경쟁에서 이겨서 계층이 올라간 경우도 있고 경쟁에서 탈락해 계층이 떨어지는 경우도 많이 경험했다. 조금씩 경쟁이 심해지다가 2000년대 들어오면서 경쟁의 강도가 한층 세졌다. IMF 사태 이후 전 세계적으로 신자유주의 경제가 지배하면서 '승자독식'의 분위기가 가세한 것이 한 원인으로 작용했다.

경쟁은 2008년 금융위기, 2020년 코로나19 경제 위기를 거치면서 강도를 더해갔다. 과당경쟁을 통한 폐해도 많아지고 있다. 경제적으로 '용의자의 딜레마' 상황이 갈수록 심해지고 있는 것이다.

다행스러운 것은 이 과정에서 학습 효과를 통해 경쟁을 자제하자는 움직임도 생겨나고 있다. 과당경쟁에 따른 사회적 비용에 대한 문제 제기와 함께 학습 효과도 커지고 있는 셈이다. 중산층이 '용의자의 딜레마'에서 탈피하는 가장 좋은 방법은 이 같은 학습 효과로 인해 상대방에 대한 신뢰와 협조가 자연스럽게 확산되는 것이다.

맺음말

중산층이 〈오징어 게임〉을 만든다면

넷플릭스의 화제작 〈오징어 게임〉은 이렇게 시작한다. 456억 원의 상금을 놓고 456명이 모여 목숨을 건 경쟁을 벌인다. 경쟁은 마지막 한 명이 남을 때까지 계속된다. 그 결과 마지막 남은 한 명이 456억 원을 다 갖는 것이다. 결국 이 경쟁은 1명만 살아남고 455명은 죽는 게임이다. 이 드라마를 보면서 현실의 자본주의가 극단화된 상황을 묘사한다는 생각을 하게 된다. 몇 가지 이유가 있다.

먼저 경쟁의 치열함이다. 자본주의 경제에서도 물리적인 생명은 아니지만 '경제적 생명'을 걸고 치열한 경쟁을 벌인다. 그 결과 승자와 패자가 갈린다. 한번 승자가 되면 승자들끼리의 또 다른 리그가 열린다. 1차전 승자들끼리의 경쟁이다. 경쟁은 2, 3, 4라운드까지 계속 이어진다. 평생을 경쟁 속에서 산다. 마지막에는 소수의 승자와 다수의 패자로 나뉘진다. 소수는 부를 독식하고 다수는 '경제적인 생명'을 잃는다.

경쟁을 누구도 강요하지 않지만 대부분의 사람들은 경쟁에 필연적으로 참여한다는 점도 극과 현실이 비슷하다. 극에서는 모든 사람이 자발적으로 게임에 참여하도록 유도한다. 하지만 그들은 게임에 참여할 수밖에 없는 환경에 처한 사람들이다.

현실의 자본주의 사회에서도 자유는 언제나 보장된다. 개인은 누구든 물리적으로 누구에게 속박되지 않고 무엇을 하도록 강요받지 않는다. 모두가 자신의 선택이라는 모양을 띤다. 일을 할 것인지 말 것인지, 소비와 투자를 할 것인지 말 것인지, 저축을 할 것인지 말 것인지 등등 모두가 자신의 선택이다. 극단적으로 실업도 소득과 여가 사이에서 본인이 여가를 선택한 결과로 설명되기도 한다.

하지만 현실적으로 실업을 선택할 사람이 얼마나 될까? 경쟁에서 자유로운 사람들은 사회에서 도태된 사람들이다. 노숙자, 범죄자, 마약 중독자 등등. 과연 그들의 삶도 선택이라고 할 수 있을까? 자본주의 사회에서 경제적 생명을 유지하기 위해서 참여하는 경쟁은 '자유'로 포장되지만 그 이면에는 눈에 보이지 않는 강압이 작용한다. 현실이 점점 더 〈오징어 게임〉과 비슷하게 흘러가기 때문에 그것을 극으로 묘사한 작품이 인기를 얻는다.

우리 경제도 이대로 간다면 〈오징어 게임〉과 비슷한 상황이 전개될 수 있다. 이럴 땐 게임의 규칙을 바꾸려는 노력이 필요하다. 이 노력은 중산층이 주도할 때 성공가능성이 가장 높다. 한 가지 상상을 해본다. 이 책에서 언급한 중산층들이 〈오징어 게임〉을 디자인한다고 하면 어떤 모양이 될까?

먼저 상금 456억 원은 이데올로기의 산물이다. 사람의 욕망이

끝이 없다는 이데올로기가 많은 상금으로 묘사된다. 중산층에게 456억 원의 상금은 너무 많다. 다다익선이긴 하지만 그래도 그 범주를 넘어선다. 중산층은 소비를 중심으로 소득을 살핀다. 자신이 평생 쓸 수 있는 소비를 먼저 계산하고 이에 필요한 소득을 산출한다. 거기까지가 중산층의 욕망이다. 극중에서 실제 456억 원을 획득한 사람은 이 돈을 다 쓰지도 않고 금고에 넣어둔다.

중산층의 입장에서는 자신이 소비를 통해 다 쓸 돈도 아닌데 '욕망이 무한하다'는 이데올로기에 갇혀 인생을 끊임없는 경쟁의 소용돌이에 몰아넣을 이유는 없다. 게임을 새로 디자인한다면 일단 우승 상금을 낮출 필요가 있다.

두 번째는 경쟁에서 탈락한 사람들에 대한 배려다. 극에서처럼 경쟁은 지극히 우연적인 사건에 의해 승패가 갈린다. 자신의 능력보다 운에 의해 좌우될 때도 많다. 그렇기 때문에 중산층들은 불안하다. 중산층들은 경쟁을 할 의지가 있는 사람들이지만 경쟁에서 승리를 장담할 수 있는 사람들은 아니다. 이런 점에서 경쟁에서 탈락한 사람들에게도 최소한의 생존을 위한 지원은 있어야 한다. 탈락자에게 1인당 5,000만 원 정도의 참가비를 주면 어떨까?

이 경우 456억 원의 절반인 270억 원이 탈락자를 위해 사용되고 나머지 280억 원 정도가 게임을 위한 상금이 된다. 한 사람이 상금을 독식하는 것도 중산층은 바라지 않을 것 같다. 우승 상금을 줄이더라도 조금 더 많은 사람들이 상금을 받을 수 있다면 게임에 끝까지 더 열심히 참여할 수 있을 것이다. 예를 들어, 1등 한 명에게는 50억 원, 2등 5명에게는 25억 원, 3등 10명에게는 10억 원 배분하면 총 275억 원이 배분된다.

　욕망이 무한하지 않고 소득보다 소비를 중요하게 생각하는 중산층들이라면 게임에 참여해서 50억 원만 상금으로 받아도 충분히 만족할 것 같다. 한 사람에게 몰아주기보다는 이렇게 차등 지급하는 상금 제도를 마련해 조금 더 많은 사람들이 상금을 받을 수 있다면 경쟁의 질도 높아질 것이다.

　게임의 규칙을 만들 때 중요한 또 한 가지는 반칙을 없애는 것이다. 영화에서는 게임의 규칙을 지켜가며 게임을 하는 경우도 있지만 중간 중간 심한 반칙을 하는 사례도 나온다. 그때마다 매번 과정보다 결과가 더 중요하게 평가된다. 한마디로 게임 규칙의 사각지대에서 반칙을 해서 게임에 이겼다면 이겼다는 결과만 남는다. 현실의 자본주의 경제에서도 각종 반칙이 횡행하고 반칙이 통용되는 경우도 종종 있다.

　이런 게임은 한국의 중산층과는 맞지 않는다. 게임의 규칙은 한 번 정했으면 절대 반칙과 편법을 허용해서는 안 된다. 그래야 경쟁에 참여한 모두에게 공평한 기회가 제공된다. 경쟁이 없이 모두가 1억 원씩 나눠 갖는 방안은 극에서도 나오지만 현실적으로도 한국의 중산층에게는 맞지 않는다. 우리나라 중산층은 경쟁에 대한 자신감이 어느 정도 있는 사람들이다. 아울러 게임을 하면서 자신의 능력을 확인하고 발전시키는 데도 익숙하다.

　극중에서는 게임으로 묘사됐지만 이를 경제로 치환해서 본다면 게임은 자본주의 시장경제에서 하나의 생산활동이다. 모두에게 똑같이 배분하는 사회에서는 사람들이 게임에 열심히 참여하지 않는다. 마찬가지로 현실경제에서도 생산활동이 정상적으로 이뤄지지 않는다. 게임이 반복되면서 중산층의 현실을 자각하는 능력도 높아진다는 점은 극과 비슷하다. 중산층들도 비인간적이고 치열한 경쟁이 반복되고 그 경쟁의 결과가 사람들을 궁지로 몰아넣는다는 것을 알게 되면 게임의 규칙을 바꾸려고 노력하게 된다.

세상에 공짜가 없다. 게임의 규칙을 바꾸려는 노력은 극렬한 저항에 부닥친다. 이 저항을 극복하지 못하면 게임의 룰을 바꿀 수 없다. 중산층이 처한 현실도 비슷하다. 중산층이 시장경제의 규칙을 조금이라도 바꾸려면 때론 기득권층으로부터, 때론 빈곤층으로부터도 저항을 받는다.

경제의 규칙을 바꾸는 것은 정치를 통해서 가능하다. 게임에 매몰돼서는 규칙을 바꿀 수 없는 것처럼 현실에서도 경제에만 매몰되면 규칙을 바꾸기 어렵다. 중산층이 시장경제의 규칙을 바꾸고 이것이 실현되도록 감시하기 위해서는 사회적 정치 공간에 대한 참여를 늘리고 거기서 결정된 내용들을 실천하는 정치적 의지가 중요하다. 중산층의 정치가 활성화된다면 세상을 보다 실용적이고 효율적으로 바꾸는 데 기여할 수 있다. 이런 점에서 '중산층 경제학'은 진행 중이다.

중산층 경제학

초판 1쇄 2025년 6월 27일

지은이 노영우
펴낸이 허연
편집장 유승현 **편집2팀장** 정혜재

책임편집 이예슬
마케팅 한동우 박소라
경영지원 김정희 오나리
디자인 김보현

펴낸곳 매경출판㈜
등록 2003년 4월 24일(No. 2-3759)
주소 (04557) 서울시 중구 충무로 2(필동1가) 매일경제 별관 2층 매경출판㈜
홈페이지 mkbook.mk.co.kr **스마트스토어** smartstore.naver.com/mkpublish
페이스북 @maekyungpublishing **인스타그램** @mkpublishing
전화 02)2000-2612(기획편집) 02)2000-2646(마케팅) 02)2000-2606(구입 문의)
팩스 02)2000-2609 **이메일** publish@mkpublish.co.kr
인쇄·제본 ㈜M-print 031)8071-0961
ISBN 979-11-6484-785-3(03320)

ⓒ 노영우 2025

책값은 뒤표지에 있습니다.
파본은 구입하신 서점에서 교환해 드립니다.